Internationale Sozialpolitik

Internationale Sozialpolitik

Herausgegeben von
Michael v. Hauff/Brigitte Pfister-Gaspary

Mit Beiträgen von
Wolfgang Bohling, Udo Gaspary, Winfrid Haase,
Michael von Hauff, Helmut Kaupper, Dieter Masberg,
Brigitte Pfister-Gaspary, Peter Pintz, Bernd C. Schmidt,
Karin Thöne

Gustav Fischer Verlag · Stuttgart · New York · 1982

Anschriften der Herausgeber:

Dr. Michael von Hauff
Universität Stuttgart, Betriebswirtschaftliches Institut, Abt. Wirtschaftstheorie und
Betriebssoziologie, Postfach 5 60, 7000 Stuttgart 1

Dr. Brigitte Pfister-Gaspary
Institut für Projektplanung, Bubenhaldenstr. 39, 7000 Stuttgart 30

CIP-Kurztitelaufnahme der Deutschen Bibliothek

Internationale Sozialpolitik / hrsg. von Michael
v. Hauff ; Brigitte Pfister-Gaspary. Mit Beitr.
von Wolfgang Bohling . . . – Stuttgart ; New
York : Fischer, 1982.
    ISBN 3-437-50269-7
NE: Hauff, Michael von [Hrsg.]; Bohling, Wolfgang [Mitverf.]

© Gustav Fischer Verlag · Stuttgart · New York · 1982
Wollgrasweg 49, D-7000 Stuttgart 70 (Hohenheim)
Alle Rechte vorbehalten
Satz: Bauer & Bökeler Fotosatz GmbH, Denkendorf
Druck: Grammlich, Pliezhausen
Einband: Großbuchbinderei Clemens Maier, Leinfelden-Echterdingen
Printed in Germany

ISBN 3-437-50269-7

Vorwort

Die Zahl der Publikationen sagt wenig über die Relevanz einer bestimmten Thematik aus. Sonst käme der internationalen Sozialpolitik eine völlig untergeordnete Bedeutung zu. Dies wäre faktisch jedoch in keinster Weise zu rechtfertigen, da das zentrale Anliegen der internationalen Sozialpolitik, die Vermeidung bzw. Verringerung von sozialen Spannungen, einen wichtigen Beitrag für die internationalen Friedensbemühungen leistet. Das eklatante Defizit an Publikationen zu diesem Themenbereich ist wohl hauptsächlich ein Problem der Vielschichtigkeit und der raschen Weiterentwicklung. So fand dieser Themenbereich bisher keinen Einzug in die Lehrpläne der Hochschulen in der Bundesrepublik Deutschland. Um dieses Defizit zu verringern, entstand dieser Reader. Dankenswerterweise fand sich eine Reihe von Mitwirkenden aus Hochschule, Politik und entwicklungspolitischer Projektplanung zur Mitarbeit bereit.

Internationale Sozialpolitik subsumiert heute eine Vielzahl von Aktivitäten und Institutionen, deren Einordnung und Systematisierung das Anliegen des ersten Beitrags ist. Im folgenden ist der Reader in drei Schwerpunkte untergliedert. So geht es zuerst um den Bereich Internationale Sozialpolitik im europäischen Raum. Während die Analyse der Europäischen Sozialcharta den Rahmen sozialpolitischer Grundsätze aufzeigen soll, geht es in den beiden anderen Beiträgen um die zwischen- und überstaatlichen Abkommen und die sozialpolitischen Ziele und Aufgaben der EG. In dem folgenden Kapitel werden die vielfältigen sozialpolitischen Bestrebungen und politischen Aktionen weltweit wirkender Organisationen dargestellt und diskutiert. Ausgangspunkt für die Aktivitäten sind die Menschenrechte. Ferner wird der internationalen Arbeitsorganisation wegen ihrer überragenden Bedeutung ein eigener Beitrag gewidmet. Das letzte Kapitel wendet sich ausschießlich der Entwicklungspolitik zu. Das bedeutet, daß nach Auffassung der Herausgeber die Entwicklungspolitik, soweit sie im Kontext internationaler Sozialpolitik definiert wird, dieser zuzuordnen ist. Die Wahl der Themen dieses Kapitels wurde durch die aktuellen Problemstellungen, die in der Diskussion zur Entwicklungspolitik bestimmend sind, geprägt. Entsprechend geht es neben der Diskussion um die Grundbedürfnisstrategie, um die besondere Stellung der Frau in Entwicklungsländern und die Funktion und Möglichkeiten von Selbsthilfeorganisationen.

Unser besonderer Dank gilt der Abteilung «Internationale Sozialpolitik» des Bundesministeriums für Arbeit und Sozialordnung, die sich mit Erfolg für eine umfassende Unterstützung dieses Bandes einsetzte. Dies war eine wesentliche Voraussetzung dafür, daß der Band so erscheinen konnte, daß er sowohl den Hochschulbereich, den Bereich der politischen Fort- und Weiterbildung als auch interessierte Leser erreichen kann.

Stuttgart, im Juni 1982   Michael v. Hauff, Brigitte Pfister-Gaspary

Inhalt

Autorenverzeichnis

Dr. jur. Wolfgang Bohling
Universität Stuttgart, Institut für Sozialforschung, Abt. Sozialökonomie, Postfach 5 60, 7000 Stuttgart 1

Dr. Udo Gaspary
Institut für Projektplanung, Bubenhaldenstr. 39, 7000 Stuttgart 30

Dr. Winfrid Haase
Bundesministerium für Arbeit und Sozialordnung, Abt. Internationale Sozialpolitik, Postfach 14 02 80, 5300 Bonn

Dr. Michael v. Hauff
Universität Stuttgart, Betriebswirtschaftliches Institut, Abt. Wirtschaftstheorie und Betriebssoziologie, Postfach 5 60, 7000 Stuttgart 1

Dr. Helmut Kaupper
Bundesministerium für Arbeit und Sozialordnung, Abt. Internationale Sozialpolitik, Postfach 14 02 80, 5300 Bonn

Dipl. Vw. Dieter Masberg
Universität Stuttgart, Institut für Sozialforschung, Abt. Sozialökonomie, Postfach 5 60, 7000 Stuttgart 1

Dr. Brigitte Pfister-Gaspary
Institut für Projektplanung, Bubenhaldenstr. 39, 7000 Stuttgart 30

Dipl. Vw. Peter Pintz
Universität Stuttgart, Institut für Sozialforschung, Abt. Sozialökonomie, Postfach 5 60, 7000 Stuttgart 1

Dr. Bernd C. Schmidt
Institut für Projektplanung, Bubenhaldenstr. 39, 7000 Stuttgart 30

Dr. Karin Thöne
Universität Stuttgart, Institut für Sozialforschung, Abt. Sozialökonomie, Postfach 5 60, 7000 Stuttgart 1

1. Gegenstand internationaler Sozialpolitik

M. v. Hauff/B. Pfister-Gaspary (Hrsg.): Internationale Sozialpolitik · Gustav Fischer Verlag · Stuttgart · 1982

Gegenstand internationaler Sozialpolitik

Michael v. Hauff[*]

1. Problemstellung und Einordnung

Die zunehmende Internationalisierung der Arbeitsmärkte und das weltweite ökonomische und soziale Gefälle – heute wird oft etwas pauschal von Nord-Süd-Gefälle gesprochen – verdeutlicht u. a. die wachsende Bedeutung der internationalen Sozialpolitik. Sie fand jedoch als eigenständige wissenschaftliche Disziplin weder in der allgemeinen Volkswirtschaftslehre, der sie wohl primär zuzuordnen ist, noch in einer anderen sozialwissenschaftlichen Disziplin eine ihr angemessene Beachtung. In der Fachliteratur zur allgemeinen Sozialpolitik wird sie in der Regel nur kurz erwähnt[1]. Die Folge ist ein ausgesprochenes Theoriedefizit im Sinne einer systematischen Zuwendung. Daher bestehen auch hinsichtlich einer Abgrenzung große Unsicherheiten und Differenzen, zumal der Begriff Sozialpolitik spracharteigen ist. Es gibt im angelsächsischen Raum bis heute kein Äquivalent. Der Terminus «Social security», der dem Begriff Sozialpolitik am ehesten entspricht, ist sehr viel enger gefaßt. So kommt es bei internationalen Grundsatzdiskussionen und Kongressen über internationale Sozialpolitik zu einer Vielfalt von Begriffen und Abgrenzungen, die etwas an das babylonische Sprachengewirr erinnern.
Es stellt sich vor allem das Problem eines eindeutigen Bezugsrahmens im Hinblick auf Wertvorstellungen und Ziele und einer Ursache-Wirkungs-Analyse. Diese Schwierigkeit besteht teilweise auch in der deutschsprachigen Literatur zur allgemeinen Sozialpolitik. Hier ist aber die Möglichkeit gegeben, sich an den spezifischen sozialökonomischen Bedingungen, wie Struktur des Staatsaufbaus, Eigentumsverhältnisse, Wettbewerbsordnung, gesamtwirtschaftliche Entwicklung und dem Ausmaß internationaler Verflechtungen, und dessen normativen Kontextes zu orientieren. Da für die internationale Sozialpolitik dieser Bezugsrahmen fehlt, kommt Burghardt zu der unbefriedigenden Aussage, daß es bisher nur rudimentäre Ansätze einer übernational einheitlichen Sozialpolitik gibt. Er konstatiert jedoch wenigstens eine tendenziell einheitliche Mentalität, welche die Grundkonzepte bestimmt[2].
In einer ersten Bestimmung geht es bei der internationalen Sozialpolitik um sozialpolitische Abmachungen und Maßnahmen zwischen zwei oder mehreren Staaten. Der Sinn aller Maßnahmen internationaler Sozialpolitik sollte nach Heyde analog zur nationalen Sozialpolitik der Bundesrepublik Deutschland darin bestehen, im Interesse aller Völker

---

[*] Für hilfreiche Anregungen gilt besonders Herrn Fischer vom Bundesministerium für Arbeit und Sozialordnung mein Dank.

die Lage der wirtschaftlich schwachen, schutzbedürftigen, gefährdeten oder weniger entwickelten Nationen bzw. einzelnen Gruppen der internationalen Gemeinschaft zu verbessern oder sie vor einer Schlechterstellung zu bewahren[3]. Hinsichtlich der Realisierung kann es dann aber dazu kommen, daß nationale Sonderinteressen zugunsten internationaler sozialpolitischer Bestrebungen zurückgestellt werden müssen. Myrdal spricht in diesem Kontext von internationaler Solidarität: «What is needed is an internationalization of this national policy structures themselves preserving the essential values they represent to the several nations[4].» Ein großes Problem der Realisierung dieser Grundsätze werden auf weltweiter Ebene die ideologischen Kontroversen sein, während auf europäischer Ebene häufig die verschiedenen nationalen sozialpolitischen Intentionen im Vordergrund stehen. Träger internationaler sozialpolitischer Bemühungen und Aktivitäten sind neben den einzelnen Staaten bzw. deren Regierungen auch nationale und/oder internationale Organisationen. Die neuere Entwicklung zeigt jedoch ein zunehmendes Ineinandergreifen von Aufgabenbereichen, nationalen und internationalen Trägern und Methoden, so daß eine eindeutige Abgrenzung nicht immer möglich ist.

Die bisherige inhaltliche Ortung internationaler Sozialpolitik ist nicht befriedigend. Daher ist nun nach den konkreten Aufgaben und Funktionen zu fragen. In einer sehr allgemeinen Definition sind nach Lampert unter internationaler Sozialpolitik alle Versuche zu subsumieren, wonach sozialpolitische Programme Ziele und Maßnahmen über die nationalen Grenzen hinaus in möglichst vielen Ländern realisiert werden sollen. Ferner geht es darum, die nationale Durchsetzung sozialpolitischer Aktivitäten z. B. im Rahmen der Sozialversicherung durch die Abstimmung zwischen den Nationen zu erleichtern. Dadurch lassen sich Wettbewerbsverzerrungen hinsichtlich des Kostenniveaus von Gütern und Dienstleistungen auch über eine Nivellierung der Lohnnebenkosten im internationalen Wirtschaftsverkehr verringern bzw. vermeiden[5]. Liefmann-Keil ist in ihrer Abgrenzung konkreter, indem sie die wichtigsten Anliegen explizit hervorhebt. Nach ihr sollte es grundsätzlich darum gehen, z. B. durch die Internationale Arbeitsorganisation, die Anerkennung von Forderungen an nationale Systeme sozialer Sicherheit und von Arbeitsschutzbestimmungen vor allem in den Mitgliedsländern ständig auszubauen. Ferner fordert sie eine internationale Redistribution von Einkommen zur Verringerung der Armut in den jungen Industrieländern[6]. So lassen sich schließlich folgende Aufgabenfelder abgrenzen.

- der internationale Erfahrungsaustausch, der eine unerläßliche Voraussetzung für die zwischenstaatliche und internationale Koordination ist;
- die Sicherung international anerkannter Normen durch nationale Gesetze und/oder Staatsverträge;
- die Beeinflussung der nationalen sozialpolitischen Gesetzgebung aufgrund von Beschlüssen internationaler Gremien bzw. Organisationen;
- unmittelbare nationale und/oder internationale Hilfsmaßnahmen die im Rahmen der Entwicklungshilfe zu einer Verbesserung der ökonomischen und sozialen Lebensbedingungen der dort lebenden Menschen führen sollen.

Der Anspruch dieser Aufgabenbereiche ist sehr hoch, zumal kulturelle und soziale Strukturen in den betroffenen Ländern berücksichtigt werden sollten. Die Möglichkeiten bzw. der Grad der Realisierung kann hier nicht expliziert werden. Exemplarisch soll nur darauf hingewiesen werden, daß durch die Entwicklungshilfe das ökonomische Gefälle zwischen den Industrie- und Entwicklungsländern nicht abgebaut werden konnte, sondern sich in den letzten Jahrzehnten noch vergrößert hat[7]. Die Ursachen sind jedoch nicht alleine bei der Entwicklungspolitik zu suchen.

Schließlich soll noch kurz auf die Unterscheidung«internationale Sozialpolitik» und «supranationale Sozialpolitik» eingegangen werden. Während bei der supranationalen Sozialpolitik die nationalen Regierungen bereit sind, von supranationalen Gremien oder Organisationen Entscheidungen zu akzeptieren, geht es bei der internationalen Sozialpolitik um bi- und multinationale Abkommen. Das setzt einen Konsens zwischen den beteiligten Nationen voraus. Während also bei der supranationalen Sozialpolitik eine wichtige Bedingung der teilweise Verzicht auf nationale Souveränität ist, basiert die internationale Sozialpolitik quasi auf einer freiwilligen Verhaltenskoordination.

Da jedoch zumindest Empfehlungen und Stellungnahmen von supranationalen Organisationen wie z. B. der EG selbst für Mitgliedsländer nicht rechtsverbindlich sind, zeigt deutlich, wie der Einfluß einzuschätzen ist. Brück kommt dennoch zu der Schlußfolgerung, daß ihre «bindende Kraft» gewichtiger ist, als jene der internationalen Sozialpolitik[8]. Es kommt jedoch zwischen inter- und supranationaler Sozialpolitik oft zu Überschneidungen. Dies erschwert eine eindeutige Zuordnung und Gewichtung. Daher soll diese Unterscheidung in den folgenden Ausführungen vernachlässigt werden.

2. Historischer Rückblick und aktuelle Motive

Die Motive, Bestrebungen und Maßnahmen im Rahmen der internationalen Sozialpolitik waren durch die jeweilige historische Epoche stark geprägt und haben sich rückblickend ständig ausgedehnt. Daher ist die internationale Sozialpolitik keine systematische sondern eine historische Kategorie. In den folgenden Ausführungen soll es aber nur darum gehen, die wichtigsten Entwicklungsstufen kurz zu charakterisieren, wobei zwei Phasen getrennt betrachtet werden:
– der Ursprung und die Entwicklung bis 1933
– die Entwicklung seit 1945.
Die Zeit des Dritten Reiches unter der Herrschaft der Nationalsozialisten unterlag eigenen Gesetzen, was zumindest in Deutschland weitgehend zu einem Stillstand von Bemühungen um die internationale Sozialpolitik führte. Für die Zeit des 2. Weltkrieges galt dies weltweit.

2.1. Ursprung und Entwicklung bis 1933

Analog zur nationalen Sozialpolitik wie sie in vielen europäischen Ländern im 19. Jahrhundert ausgerichtet war, waren die Vorstellungen und Forderungen internationaler Sozialpolitik eine Reaktion bzw. Antwort auf die zu dieser Zeit sehr ausgeprägten kapitalistischen Strukturen. Entsprechend orientierte sie sich an der Situation und den Belangen der Arbeiter. Die Intention ihrer Begründer war, eine Arbeiterschutzpolitik auf internationaler Ebene zu verwirklichen. Als der Begründer grenzüberschreitender Sozialpolitik ist Robert Owen (1771–1858) zu nennen. Er richtete am 20. September an die Regierungen Europas und Amerikas und am 22. Oktober 1818 an die verbündeten Mächte der heiligen Allianz Denkschriften. In ihnen forderte er für alle Länder Maßnahmen zum Schutze der Arbeiter vor Unwissenheit und Ausbeutung[9]. Owen hatte jedoch ganz offensichtlich keine konkreten Vorstellungen wie sich seine Forderungen realisieren lassen. Die allgemeinen Vorstellungen bzw. Forderungen zur internationalen Sozialpolitik konkretisierten sich erst Mitte des 19. Jahrhunderts u. a. durch Schriften von Charles Hindley und Luis Villermé. Ihre Forderungen und Motive waren allerdings, wie auch die anderer Vertreter, sehr unterschiedlich. Daher sollen im folgenden die Forderungen und Motive, die in der zweiten Hälfte des 19. Jahrhunderts in der Diskussion um die internationale Sozialpolitik eine Rolle spielten, kurz vorgestellt werden. Sie sind auch heute noch weitgehend aktuell:

- Die sozialen bzw. philantropisch determinierten Arbeitsschutzforderungen. Das Leitmotiv war, daß soziale Gerechtigkeit und eine Humanisierung der Arbeitsbedingungen eine moralische Verpflichtung sei und in allen sich industrialisierenden Ländern verwirklicht werden sollte.
- Vereinheitlichung der Arbeitsschutzbedingungen aufgrund der Internationalisierung der Arbeitsmärkte. Die Forderung beruhte auf der Tatsache, daß die Zahl der Wanderarbeiter seit Beginn des 19. Jahrhunderts in Europa ständig stieg. Daraus resultierte die Notwendigkeit einer Anpassung der sozialpolitisch relevanten Arbeitsschutzbedingungen über die nationalen Grenzen der Industrieländer, um der Forderung einer sozialrechtlichen Gleichbehandlung gerecht werden zu können.
- Die mit dem Warenkonkurrenzmotiv begründeten Arbeitsschutzmaßnahmen. Die Erklärung hierfür basierte auf außenhandelstheoretischen Zusammenhängen. Es wurde argumentiert, daß in einem Land mit ausgeprägter Sozialgesetzgebung die Personalkosten relativ hoch sind. Die Folge ist ein steigendes Preisniveau und die Konkurrenzfähigkeit dieses Landes bzw. der betroffenen Länder sinkt. Die sozialpolitischen Konsequenzen sind arbeitsmarktpolitischer Natur, in dem i. d. R. arbeitsplatzsparende Rationalisierungen bzw. Kapitalexporte verstärkt einsetzen. Neben Robert Peel, der in seinem Buch «Moral and Health Act» die Gefahr einer Kapitalabwanderung in Billiglohnländer aufzeigte, wurde 1850 auch in Preussen auf diese Zusammenhänge hingewiesen[10]. So kam es zu der Forderung einer Egalisierung der Löhne auf internationaler Ebene, was sich natürlich auch nicht ansatzweise realisieren ließ.
- Die Interdependenz von Produktivität und der Verbesserung der Arbeitsschutzbestimmungen. Begründet wurde dieser Zusammenhang damit, daß nur über eine Verbesserung der sozialen und ökonomischen Lebensbedingungen der Arbeiter im Sinne einer internationalen Wohlfahrtssteigerung die Arbeitsproduktivität zu verbessern sei. Die Gefahr, daß hier die Sozialpolitik als Mittel zum Zweck mißbraucht wird, ist offensichtlich. Das gilt besonders dann, wenn die Steigerung der Arbeitsproduktivität größer als die Wohlfahrtsverbesserung ist.

Die hier vorgenommene analytische Trennung der Motive wurde in den damaligen Diskussionen nicht immer deutlich, zumal die Forderung einer Verbesserung und/oder Vereinheitlichung der Arbeitsschutzbedingungen häufig auf Motivbündeln beruhte. Es kann jedoch für das 19. Jahrhundert wie auch für die Gegenwart konstatiert werden, daß es kein übergeordnetes, allgemeingültiges Motiv gab bzw. gibt. Ferner ist zu bemerken, daß zwischen dem Warenkonkurrenzmotiv und dem Produktivitätsmotiv durchaus eine Disharmonie bestehen kann. Zu einer Disharmonie kommt es, wenn einige Länder sich im Rahmen von internationalen Empfehlungen bzw. Verordnungen intensiv um eine nationale Wohlfahrtssteigerung bzw. Arbeitsschutzverbesserungen bemühen würden, andere Länder diese Bestrebungen jedoch boykottierten. Der Konflikt würde dadurch noch verstärkt, wenn vor allem die Aufwendungen der Unternehmen für Arbeitsschutzmaßnahmen größer wären als die Produktivitätssteigerung. In dieser Situation hätten die Unternehmen jener Länder, die nur geringe Aufwendungen für Arbeitsschutzmaßnahmen haben, einen absoluten und relativen Kostenvorteil, der zu einer Verzerrung der internationalen Konkurrenz führen würde. Die Diskussion über die Bedeutung und Gültigkeit dieser Motive ist jedoch bis heute noch nicht abgeschlossen. Obwohl es am Ende des letzten Jahrhunderts zu zahlreichen Kongressen kam, die in der internationalen Arbeiterschutzkonferenz vom 15. – 29. März 1890 in Berlin ihren Höhepunkt hatten, und viele namhafte Wirtschaftswissenschaftler wie Sismondi, Mill,

Schäffle, Wagner, Brentano und Schmoller die Forderungen im Rahmen der internationalen Sozialpolitik sehr unterstützten, konnten erst zu Beginn des 20. Jahrhunderts einige bemerkenswerte Maßnahmen durchgesetzt werden. Zu erklären ist dies damit, daß zu jener Zeit die Neigung bei den Regierungen und führenden Parteien gering war, den Interessen der Unternehmer einen wirksamen Arbeitsschutz zur Einschränkung der Ausnutzung menschlicher Arbeitskraft entgegenzusetzen[11].

Zu Beginn des 20. Jahrhunderts kam es dann doch zu einigen wichtigen internationalen Beschlüssen, die kurz erwähnt werden sollen. Im Jahr 1900 kann erstmals durch die Gründung der «Internationalen Vereinigung für gesetzlichen Arbeiterschutz» in Paris von einer Institutionalisierung internationaler Sozialpolitik gesprochen werden. 1906 kam es auf Betreiben dieser Vereinigung zum ersten internationalen Arbeitsschutzabkommen.

Die Internationale Vereinigung für gesetzlichen Arbeiterschutz hatte ferner die Aufgabe ein internationales Arbeitsamt zu errichten, das am 1. Mai 1901 in Basel als privates Institut gegründet wurde. Eine wichtige Aufgabe dieses Institutes war es, in periodischen Abständen eine Sammlung der Arbeitsschutzgesetzgebung herauszugeben. In Ergänzung wurde 1910 die internationale Vereinigung zur Bekämpfung der Arbeitslosigkeit mit ihrem Sitz in Genf gegründet.

Nach dem ersten Weltkrieg kam es dann schließlich zu dem wohl bedeutendsten Schritt im Rahmen der internationalen Sozialpolitik. 1919 wurde von der Friedenskonferenz ein Übereinkommen getroffen, wonach eine Organisation zur internationalen Regelung der Arbeitsverhältnisse gegründet werden sollte. Darauf erfolgte die Gründung der Internationalen Arbeitsorganisation (IAO), die auch heute noch besteht und im Rahmen der internationalen Sozialpolitik eine zentrale Bedeutung hat. Das Übereinkommen war Bestandteil des Versailler Vertrages und basierte auf der Erkenntnis, daß der Weltfrieden «nur auf dem Boden der sozialen Gerechtigkeit aufgebaut werden kann»[12]. Die IAO sollte jedoch nicht nur für Fragen des Arbeitsschutzes, sondern für alle sozialpolitischen Probleme zuständig sein, wie aus der Präambel hervorgeht. Erwähnenswert ist ferner, daß schon zu jener Zeit die Gewerkschaften und Arbeitgebervertreter beteiligt waren und somit einen institutionell gesicherten Einfluß auf die Gestaltung internationaler Sozialpolitik hatten. Die IAO blieb bis zu Beginn des zweiten Weltkrieges die bedeutendste Organisation, von der viele Untersuchungen durchgeführt und Anregungen gegeben wurden.

2.2. Einige neuere Entwicklungstendenzen

Die Motive, die zu den ersten Vorstellungen und Aktivitäten hinsichtlich einer internationalen Sozialpolitik führten, haben sich auch in der jüngsten Vergangenheit, d. h. seit dem 2. Weltkrieg nicht wesentlich geändert. Es ist jedoch notwendig, die Motive differenzierter zu betrachten. So bemerkt Brück, daß das Sozialleistungsniveau in den Ländern der Europäischen Gemeinschaft (EG) weitgehend ausgeglichen sei und es daher zu keinen bemerkenswerten ökonomischen Wettbewerbsverzerrungen zwischen den EG-Staaten kommen könne. Mit gewissen Einschränkungen ist diese Aussage wohl richtig. «Ganz anders verhält es sich mit Staaten außerhalb der Europäischen Gemeinschaft; hier liegt die Bundesrepublik (und mit ihr die europäischen Nachbarn) weit vorn in der Spitzengruppe. Ihre ökonomische Wettbewerbsfähigkeit wird dadurch jedoch nur in den seltensten Fällen beeinträchtigt, insbesondere die durch größere Kapitalintensität bewirkte höhere Produktivität wirkt ausgleichend»[13]. Hier ist aber zu differenzieren nach

Beziehungen zwischen europäischen Ländern und Entwicklungsländern einerseits und europäischen Ländern und anderen hochindustrialisierten Ländern wie z. B. Japan andererseits. Für die zuerst genannte Beziehung gilt die Aussage von Brück. Dagegen gilt für die Beziehung zu anderen hochindustrialisierten Ländern eher die Problemstellung des Warenkonkurrenzmotivs.

Hinsichtlich der Erscheinungsformen internationaler Sozialpolitik kann ein Wandlungsprozeß gesehen werden, da sie vielschichtiger geworden sind. Auch hat sich die Zahl der Träger wesentlich erhöht. Die Vereinten Nationen als ein wichtiger Träger hat heute eine Vielzahl von Sonder- bzw. Unterorganisationen, die Aufgaben internationaler Sozialpolitik wahrnehmen. Ferner gewann die Erkenntnis, daß sich die EG nicht nur als Wirtschafts- und Währungsgemeinschaft verstehen sollte mehr an Bedeutung. Lange Zeit führten nämlich große Divergenzen der nationalen Sozialpolitiken der EG-Staaten dazu, daß internationale sozialpolitische Fragen vernachlässigt wurden und die Realisierung einer Sozialunion wenig forciert wurde. Daher kommt Haase zu einer herben jedoch verständlichen Kritik, wenn er feststellt: «Die Versäumnisse der Vergangenheit tragen jetzt ihre Früchte. Gemeinschaften, die sich auf wirtschaftliche Beziehungen beschränken, verdienen die Bezeichnung Gemeinschaft nicht»[14]. Schließlich ist noch zu bemerken, daß neben den wettbewerbsorientierten und den sozialen Beweggründen neuerdings die Notwendigkeit entwicklungspolitischer Aktivitäten nicht mehr ignoriert werden kann und als weiteres Aufgabenfeld hinzukommt. Hierbei steht die Förderung der menschlichen Wohlfahrt als Ziel im Mittelpunkt. Hervorzuheben ist in diesem Kontext die Befriedigung von Grundbedürfnissen wie Ernährung, Bekleidung und menschenwürdige Wohnmöglichkeiten sowie soziale Sicherheit. Neben der Erhaltung der nationalen und wirtschaftlichen Unabhängigkeit und der Sicherung der Arbeitsplätze stellen Hesse und Sautter in diesem Zusammenhang steigende Realeinkommen als die wichtigste Nebenbedingung des übergeordneten Ziels heraus[15]. Auch Langhammer und Stecher messen der internationalen Einkommensumverteilung eine entscheidende Rolle bei: «Die Auseinandersetzung um die weltweite Verteilung von Einkommen und Vermögen . . . wird nach übereinstimmender Meinung die letzten zwanzig Jahre dieses Jahrhunderts bestimmen»[16] Das Ausbleiben der Umverteilung wird oft zu Recht mit der Gefährdung des Weltfriedens in Zusammenhang gebracht: Die Verschlechterung der sozialen und ökonomischen Lebensbedingungen in den betroffenen Ländern erhöht das revolutionäre Potential. Die Brisanz des Einkommensgefälles zwischen Industrie- und Entwicklungsländern wird durch folgende Fakten deutlich:

– im Jahr 1977 war das Verhältnis der Pro-Kopf-Einkommen 12:1, wobei für viele Entwicklungsländer noch eine steigende Tendenz festzustellen ist (im Jahr 1950 betrug die Relation 10:1),
– die Einkommenskonzentration in Entwicklungsländern ist noch größer als in Industrieländern, d. h. es gibt oft eine kleine Schicht, die sehr hohe Einkommen erzielen, was die Armut breiter Bevölkerungsschichten in Entwicklungsländern noch relativ verstärkt.

Die Ziele der internationalen Sozialpolitik, das «Nord-Süd-Gefälle» zu verringern, muß somit bisher als gescheitert betrachtet werden, was sich auch in nächster Zeit nicht ändern wird. Ferner sollte in diesem Kontext nicht die Harmonisierung bzw. der Ausbau von Sozialleistungen angestrebt werden, sondern eine (Sozial-) Politik, die sich an den spezifischen – in der Regel agrargesellschaftlichen – Verhältnissen der bedürftigen Länder Lateinamerikas, Asiens und Afrikas ausrichtet. Vorrangiges Ziel ist es hierbei, mitteleuropäische bzw. auf hochentwickelte Industriegesellschaften zugeschnittene Sozialleistungssysteme nicht einfach zu exportieren, sondern zuerst die Grundvoraussetzungen dafür zu schaffen, damit Sozialleistungen auch einen sozialökonomischen «Resonanzboden» haben[19]. In diesem Zusammenhang sind jene Beiträge zu verstehen, die in dem Kapitel «Entwicklungspolitik als ein Anliegen internationaler Sozialpolitik» folgen.

3. Formen und Träger der gegenwärtigen internationalen Sozialpolitik

Die zuvor aufgezeigten neueren Entwicklungen sollen im folgenden systematisiert und kurz erläutert werden. Es geht somit um eine Abgrenzung der Formen und Zuordnung der Träger. Dabei können drei Ebenen unterschieden werden

- zwischenstaatliche Abkommen, d. h. Regierungsabkommen bzw. Staatsverträge
- Organisationen, deren Aktivitäten sich auf den europäischen Raum beschränken,
- weltweit wirkende Organisationen.

Wie zu Beginn schon erwähnt, kommt es sowohl hinsichtlich der Aufgabenbereiche als auch der Träger zu Überschneidungen. Daher kann nicht immer eine sinnvolle Koordination vorausgesetzt werden, wie z. B. im Bereich der Entwicklungshilfepolitik oft deutlich wird.

3.1. Zwischenstaatliche Abkommen

Im Mittelpunkt der bi- und multilateralen Verträge steht die soziale Sicherheit. Im Rahmen der sozialen Sicherheit wird dem Sozialversicherungswesen als einem Bereich große Bedeutung beigemessen. Während es nur einige wenige multilaterale Abkommen gibt, wurden zwischen der Bundesrepublik Deutschland und vor allem europäischen Ländern eine Vielzahl von bilateralen Verträgen abgeschlossen[20]. In diesen geht es primär um den Schutz der im Ausland arbeitenden Arbeitnehmer vor sogenannten Standardrisiken wie Verdienstausfall bei Krankheit, Arbeitslosigkeit, Alter und Tod. Die Relevanz dieser Abkommen wird durch die steigende internationale Wanderung von Arbeitskräften offensichtlich.

Das Ziel vieler bilateraler Abkommen ist die Gleichbehandlung von In- und Ausländern im Rahmen der Sozialversicherung[21]. «In ihnen herrschen die Prinzipien der Gegenseitigkeit, der Gleichstellung der Staatsangehörigkeit, der Anrechnung von Versicherungszeiten, der Aufrechterhaltung von Sozialversicherungsansprüchen und der Leistungsaushilfe in der gesetzlichen Krankenversicherung und in der Unfallversicherung. Die Durchführung solcher Verträge zieht zumeist Verrechnungen zwischen den Sozialleistungsträgern der Vertragsstaaten nach sich»[22]. Nach dem Territorialitätsprinzip unterliegen alle Arbeitnehmer während ihres gewöhnlichen Aufenthaltes in einem Staat dessen Recht, gleichgültig, ob sie Inländer oder Ausländer sind. Bei Auslandsaufenthalt gilt demgegenüber noch weitgehend das Personalitätsprinzip. Leistungen an Ausländer werden danach nicht oder zu schlechteren Bedingungen gewährt als an die eigenen Staatsangehörigen. Solche Diskriminierungen finden sich praktisch im gesamten Sozialversicherungsrecht. Bilaterale und multilaterale Regelungen beschränken diese Diskriminierung, beseitigen sie aber nicht in allen Fällen . Bei den multilateralen Abkommen auf Gegenseitigkeit können zwei Typen unterschieden werden:

9

- offene Abkommen, die von internationalen Organisationen beschlossen werden und von den Mitgliedsstaaten ratifiziert werden sollen; zu nennen sind die Übereinkommen der IAO, die Pakte der VN, die Abkommen des Europarates und die Rheinschifferabkommen
- mehrseitige Abkommen, die zweiseitige Abkommen ergänzen; zu nennen ist das vierseitige Abkommen über soziale Sicherheit mit der Schweiz, Liechtenstein, Österreich und der Bundesrepublik und das dreiseitige Abkommen über Kranken- und Unfallversicherungsschutz mit Frankreich, Spanien und der Bundesrepublik.

Die bisher geringe Zahl multilateraler Abkommen, ist hauptsächlich mit ihrer Komplexität zu erklären. Jedoch gibt es seit Mitte der 60er Jahre einige bemerkenswerte Abkommen, die vor allem den offenen Abkommen zuzurechnen sind. Exemplarisch sollen zwei Abkommen kurz erwähnt werden. 1961 entschlossen sich die Mitgliedstaaten des Europarates eine Europäische Sozialcharta zu konzipieren, die 1965 in Kraft trat. Sie entspricht der Europäischen Konvention der Menschenrechte auf sozialpolitischem Gebiet und wurde bis 1981 von 13 der Mitgliedstaaten in innerstaatliches Recht transformiert. Dadurch kam es zu einer gewissen Vereinheitlichung der nationalen Sozialgesetzgebung, was sich in der Annäherung von bestimmten Sozialindikatoren, d. h. im Bereich einer mehrdimensionalen Wohlfahrtsmessung deutlich zeigte[23]. Schließlich soll noch das Europäische Abkommen über soziale Sicherheit genannt werden, durch das die Bestrebungen einer Koordinierung der nationalen Sozialversicherungssysteme verstärkt werden sollen. Dieses Abkommen wurde bisher jedoch nur von wenigen Staaten ratifiziert.
Die Notwendigkeit zwischenstaatlicher Abkommen im Rahmen der internationalen Sozialpolitik ist unumstritten. Die Auswirkungen auf die innerstaatliche Sozialpolitik wurde bisher jedoch weitgehend vernachlässigt. Zu untersuchen wäre in diesem Kontext nicht nur die Auswirkung auf das nationale Sozialversicherungssystem eines Landes, sondern auch die Frage, ob es zu positiven oder negativen externen Effekten auf andere Bereiche wie Wirtschaftspolitik, Finanzpolitik und Außenhandel kommt.

3.2. Europäische Organisationen als Träger internationaler Sozialpolitik

Die für die Bundesrepublik Deutschland wichtigsten europäischen Träger sind die Europäische Gemeinschaft und der Europarat. Da einige ihrer Abkommen schon im vorhergehenden Abschnitt angesprochen wurden, soll ihre sozialpolitische Funktion noch kurz abgehandelt werden. Während im Vertrag der Europäischen Wirtschaftsgemeinschaft (EWG) von Rom 1957 eine gemeinsame Sozialpolitik nur rudimentär vereinbart war, schenkte die Kommission der EG den sozialpolitischen Fragen als gemeinsame Aufgabe vermehrt Beachtung. Zur Einschätzung der sozialpolitischen Bestrebung gibt Brück jedoch zu bedenken: «Der Umstand, daß der Vertrag der Europäischen Gemeinschaft (EG-Vertrag) nur in wenigen Fällen eine soziale Harmonisierung zur Pflicht macht, läßt erkennen, daß die gemeinsamen wirtschaftlichen Interessen im Vordergrund standen (stehen) und die Sozialpolitik ursprünglich nur als «Diener» der Wirtschaftspolitik anerkannt wurde: Soziale Gemeinschaftsregelungen nur insoweit, als sie der wirtschaftlichen Harmonisierung zustatten kommen[24]. Im Mittelpunkt der sozialpolitischen Bemühungen der EG steht die Situation der Arbeitnehmer und der damit verbundenen Notwendigkeit der Sicherheit der Wanderarbeitnehmer.
Der Europarat, in dem 17 Länder vertreten sind, hat bisher fünf wichtige Vertragswerke verabschiedet. Sie werden in anderen Beiträgen noch erläutert und sollen hier nur kurz erwähnt werden. Es sind dies:

- die Europäische Sozialcharta (1961),
- das Europäische Abkommen über soziale Sicherheit (1973),

die beide schon kurz vorgestellt wurden. Ferner sind zu nennen:

- die Europäische Konvention der Menschenrechte und Grundfreiheiten (1950),
- die – vorläufigen – Europäischen Abkommen über soziale Sicherheit (sie wurden 1953 verabschiedet und traten 1956 in Kraft),
- die Europäische Ordnung der sozialen Sicherheit (sie wurde 1964 verabschiedet und trat 1972 in Kraft).

Die übergeordnete Zielsetzung ist entsprechend der Satzung die Förderung des wirtschaftlichen und sozialen Fortschritts in den Mitgliedstaaten.

Außerdem sind noch folgende Organisationen zu berücksichtigen, die u. a. sozialpolitische Aufgaben wahrnehmen:

- Die OECD (Organisation Economic for Cooperation Development), die 1949 noch unter dem Namen OEEC (Organisation for European Economic Cooperation) gegründet wurde. Ursprünglich hatte sie die Aufgabe, den Marshallplan zu verwirklichen. Neben den primär wirtschaftspolitischen Zielen dieser Organisation wird in Art. 8 explizit gefordert, daß sie sich den Problemen des internationalen Arbeitsmarktes zu widmen hat. In jüngerer Vergangenheit beschäftigt sie sich auch zunehmend mit entwicklungspolitischen Problemen.
- Die Montan-Union, d. h. die Europäische Gemeinschaft für Kohle und Stahl (EGKS) hatte bis zu ihrer Eingliederung in die EG-Kommission die sozialpolitischen Belange im Montan-Bereich wahrzunehmen.

3.3. Die weltweit wirkenden Organisationen

Da diese Organisationen in anderen Beiträgen noch explizit behandelt werden, sollen sie im folgenden ebenfalls nur kurz angesprochen werden. Analog zu den Mitgliedstaaten europäischer Organisationen behalten auch jene weltweit wirkenden Organisationen den Status selbständiger Rechtssubjekte. Hierbei handelt es sich im wesentlichen um Sonderorganisationen der Vereinten Nationen. Die wichtigste im Rahmen der internationalen Sozialpolitik ist auch heute noch die IAO, die inzwischen 146 (Stand 1981) Mitglieder umfaßt. Andere bedeutende Sonderorganisationen, -kommissionen und -fonds sind:

- die UNESCO, die für Erziehungs- und Ausbildungsfragen zuständig ist,
- die FAO (Ernährungs- und Landwirtschaftsorganisation), die sich vor allem um Ernährungsprobleme in der Dritten Welt bemüht,
- die UNICEF (Kinderhilfswerk), das ebenfalls primär entwicklungspolitisch ausgerichtet ist,
- die WHO (Weltgesundheitsorganisation), die sich vor allem um die Weltgesundheitsfürsorge (z. B. Weltseuchenbekämpfung, Beratung und Bekämpfung des Drogenmißbrauches) bemüht,
- die UN-Kommission für die Lage der Frauen, die eng mit internationalen Frauenorganisationen zusammenarbeitet,
- Das UNDP (Entwicklungsprogramm der UNO), das für die Unterstützung und Forderungen der Entwicklungsländer zuständig ist.

Lampert stellt zu den genannten Organisationen fest, daß sie nach ihrem Auftrag und ihren Befugnissen die Aufgabe haben, Material zu sammeln, um sozialpolitische Probleme zu analysieren, die nationale Sozialpolitik auf internationaler Ebene zu koordinieren, Regierungen sozialpolitisch zu beraten, internationale Hilfen zu organisieren ,und im Wege der Aufklärungs- und Überzeugungsarbeit sozialpolitische Programme zu entwikkeln und durchzusetzen[25]. Vor allem im letztgenannten Aufgabenbereich sieht Knolle für die heutige Zeit eine zentrale Funktion internationaler Sozialpolitik, die häufig unterschätzt würde, da in der Regel keine unmittelbaren Erfolge zu erkennen seien. Er warnt daher aus Unkenntnis der realen Verhältnisse zu viel zu erwarten und jenes, was teilweise oft mit einem time-lag erreicht wird, zu gering zu bewerten, indem man mit dem Maßstab «schöner Ideale» mißt[26].

Schließlich sind noch die internationalen Interessenorganisationen der Arbeitnehmer (Internationaler Bund Freier Gewerkschaften) und der Arbeitgeber (Internationale Arbeitgeberorganisation) zu nennen. Während jedoch die Arbeitnehmerorganisation über die IAO und die UN-Sonderorganisationen auf sozialpolitische Entscheidungsprozesse Einfluß nimmt, widmet sich die Arbeitgeberorganisation hauptsächlich verbandspolitischer Interessen. Aber auch der Deutsche Gewerkschaftsbund erkennt seit einigen Jahren die Bedeutung und Notwendigkeit der internationalen Sozialpolitik. Das zunehmende Interesse dokumentiert sich in einigen Grundsatzarbeiten zur internationalen Sozialpolitik und zu Ansatzpunkten gewerkschaftlicher Initiativen[27]. Zur Begründung werden die zunehmenden internationalen Wirtschaftsverflechtungen, die Energiekrise und vor allem die seit einiger Zeit andauernden weltweiten Beschäftigungsprobleme genannt.

4. Möglichkeiten und Grenzen internationaler Sozialpolitik

Die Notwendigkeit vielfältiger Aktivitäten internationaler Sozialpolitik wird weltweit erkannt. Auch die Bemühungen um eine Intensivierung und Kooperation der Maßnahmen sind nicht zu leugnen. Es dürfen aber auch jene Determinanten, die eher hemmend wirken, nicht übersehen werden. So werden z. B. nationale Interessen im Rahmen der internationalen Sozialpolitik in der öffentlichen Diskussion häufig bewußt zurückgehalten. Doch spielen sie faktisch eine bedeutende Rolle: das nationale (Nutzen-)Kalkül ist in der Regel weitaus größer als ein – wie auch immer definiertes – weltweites Allgemeininteresse. Heyde gibt hier sehr treffend zu bedenken, «daß den Forderungen der internationalen Sozialpolitik nicht unbedingt die logische Kraft eines aus einer geschlossenen Weltanschauung gewachsenen Systems der Wirtschaftstechnik innewohnt[28].

Neben den ideologischen Ost-West-Kontroversen ist auch das Problem der Finanzierung bzw. finanziellen Belange der einzelnen Länder durch die internationalen Organisationen und gemeinsamen Projekte zu sehen. Die Kontroversen um «angemessene» finanzielle Beiträge wird in weltwirtschaftlichen Rezessionen besonders deutlich. Die Bereitschaft wird generell dort ihre Grenzen haben, wo die Realisierung weiterer sozialpolitischer Maßnahmen die vermeintliche Leistungsfähigkeit der betroffenen Länder (Volkswirtschaften) übersteigt, gleichgültig, ob es sich um den Bereich sozialer Sicherungssysteme oder entwicklungspolitischer Maßnahmen handelt. Schließlich ist noch die mangelnde Kompetenz bzw. Machtgrundlage vieler internationaler Organisationen zu beklagen. Oft kommt es im Rahmen der internationalen Sozialpolitik auch erst zu Beschlüssen, wenn schon ein Notstand vorhanden ist. Die Aktivitäten internationaler Sozialpolitik stehen somit häufig in Relation zum Zwang ein bestimmtes Anliegen voranzutreiben, wodurch der reaktive Charakter internationaler Sozialpolitik deutlich wird. Die Frage nach einer Erhöhung der Effizienz hat ganz sicher bei einer stärkeren Kooperation der bestehenden Träger anzusetzen. Der zu beklagende Mangel an Koordination zwischen internationalen Organisationen und anderen Trägern ist jedoch vor allem auf einen unzureichenden Erfahrungsaustausch zwischen den Trägern, Hochschulen und anderen Forschungsinstitutionen zurückzuführen. Neben einer Intensivierung des Erfahrungsaustausches und der Forschung wäre schließlich zu überlegen, wie die Bemühungen hauptsächlich der internationalen Organisationen noch verstärkt und effizienter gestaltet werden könnten. Die hier angedeuteten Möglichkeiten und Grenzen internationaler Sozialpolitik werden in den folgenden Beiträgen noch deutlicher. Es ist aber auch die Eigengesetzlichkeit internationaler Sozialpolitik grundsätzlich zu berücksichtigen: solange es darum geht, sozialer und wirtschaftlicher Not vorzubeugen, diese zu verringern bzw. zu beseitigen und die sich zu bekämpfende Not bzw. Notlagen stets als relativ erweisen, wird eine endgültige, integrale sozialpolitische Konzeption unerfüllbar sein.

Anmerkungen

[1] Vgl. u. a. Liefmann-Keil, E.: Ökonomische Theorie der Sozialpolitik, Berlin/Göttingen/Heidelberg, 1961, Burghardt, A., Kompendium der Sozialpolitik, Berlin 1979, Lampert, H., Sozialpolitik, Berlin/Heidelberg/New York, 1980, Brück, G. W., Allgemeine Sozialpolitik, zweite Auflage, Köln 1981.

[2] Vgl. Burghardt, A., Kompendium der Sozialpolitik, a.a.O., S. 47.

[3] Vgl. Heyde, P., Internationale Sozialpolitik, Heidelberg 1960, S. 11.

[4] Myrdal, G., An International Economy, New York 1956, S. 50.

[5] Vgl. Lampert, H., Sozialpolitik, a.a.O., S. 475.

[6] Vgl. Liefmann-Keil, E., Ökonomische Theorie der Sozialpolitik, a.a.O., S. 378.

[7] Vgl. Kebschull, D., Fasbender, K., Naini, A., Entwicklungspolitik – Eine Einführung, 3. verb. Aufl, Düsseldorf 1976, S. 17 ff.

[8] Vgl. Brück, G. W., Allgemeine Sozialpolitik, a.a.O., S. 353.

[9] Vgl. Owen, R., Two Memorials on Behalf of the Working Class. 1. Memorial dated Francfort 20. Sept. 1818, adressed to the Governments of Europe and America, 2. Memorial dated Aix la Chapelle 22. Oct. 1918, adressed to the allied powers assembled in congress in Aix la Chapelle.

[10] Vgl. Burghardt, A., Kompendium der Sozialpolitik, a.a.O., S. 50.

[11] Vgl. Heyde, P., Internationale Sozialpolitik, a.a.O., S. 20.

[12] Savelsberg, G., Internationale Sozialpolitik, in: Handwörterbuch der Sozialwissenschaften, Bd. 9, Stuttgart 1956, S. 565. Auf die Aktualität dieser Begründung in der heutigen Zeit, d. h. auf die den Frieden gefährdenden sozialen Mißstände, weist auch besonders Knolle hin. Vgl. Knolle, H., Internationale Sozialpolitik – Eine Übersicht, in: Bundesarbeitsblatt 4/1971, S. 225.

[13] Brück, G., Allgemeine Sozialpolitik, a.a.O., S. 344.

[14] Haase, W., Aspekte internationaler Sozialpolitik, in: Bundesarbeitsblatt 11/1974, S. 603.

[15] Vgl. Hesse, H., Sautter, H., Entwicklungstheorie und -politik, Band I, Tübingen/Düsseldorf 1977, S. 3.

[16] Langhammer, R. J., Stecher, B., Der Nord-Süd-Konflikt, Würzburg/Wien 1980, S. 5.

[17] Vgl. ebenda, S. 13.

[18] Vgl. Kebschull, D., Fassbender, K., Naini, A., Entwicklungspolitik – Eine Einführung, a.a.O., S. 19 ff.

[19] Vgl. Brück, G., Allgemeine Sozialpolitik, a.a.O., S. 345.

[20] Eine sehr gute Übersicht ist zu finden bei Fischer, R., Internationale Sozialpolitik – Aktuelle Dokumentation, in: Bundesarbeitsblatt 6/1978, S. 299 ff.

[21] Vgl. u. a. Liefmann-Keil, E., Ökonomische Theorie der Sozialpolitik, a.a.O., S. 391.

[22] Brück, G., Allgemeine Sozialpolitik, a.a.O., S. 345.

[23] Vgl. Burghardt, A., Kompendium der Sozialpolitik, a.a.O., S. 55.

[24] Brück, G., Allgemeine Sozialpolitik, a.a.O., S. 356.

[25] Vgl. Lampert, H., Sozialpolitik, a.a.O., S. 475.

[26] Vgl. Knolle, H., Internationale Sozialpolitik – Eine Übersicht, a.a.O., S. 226.

[27] Vgl. Engelen-Kefer-U., Internationale Sozialpolitik: Einige Ansatzpunkte für gewerkschaftliche Initiativen, in: Gewerkschaftliche Monatshefte. Heft 3/75, S. 186 ff: dies.: Internationale Beschäftigungspolitik aus gewerkschaftlicher Sicht, in: WSI Mitteilungen 2/1975, S. 81.

[28] Heyde, P., Internationale Sozialpolitik, a.a.O., S. 159.

2. Internationale Sozialpolitik auf europäischer Ebene

M. v. Hauff/B. Pfister-Gaspary (Hrsg.): Internationale Sozialpolitik · Gustav Fischer Verlag · Stuttgart · 1982

Die sozialpolitischen Rechte der Europäischen Sozialcharta (ESC)

Ein Beitrag zur Entwicklung sozialer Grundrechte

Wolfgang Bohling

1. Einleitung – Allgemeine und beispielgebende Bedeutung des Vertragswerkes

Die ESC[1] wird als bedeutender Fortschritt auf dem Weg zu einer auf sozialer Gerechtigkeit basierenden Gesellschaft angesehen. Die Reduzierung und Eliminierung sozialer Probleme in den einzelnen Staaten ist das gemeinsame Ziel dieses internationalen Abkommens. Der Mangel an sozialen Friedensstrategien wird als der kritische Punkt für das Überleben und die Weiterentwicklung einer humanen und vernünftigen Gesellschaft erkannt und ein Schritt zu dessen Überwindung getan. Für den westeuropäischen Raum, der sich in Umfang und Schwere der sozialen Probleme von anderen Teilen der Welt positiv abhebt, haben sich Regierungen aus dem Kreis der Länder des Europarates durch Beitritt zu diesem internationalen Vertrag zur Festschreibung eines sozialpolitischen Standards und zur Weiterentwicklung sozialpolitischer Aktivitäten verpflichtet. Die ESC, als politischer Kompromiß, kann ein Anfang sein, sie ist aber ein Beispiel oder Vorbild für andere, sie will keinen Endpunkt sondern will weiterentwickelt sein[2].

In der Präambel der Charta werden für die Mitglieder des Europarates die Grundziele aufgestellt: «Den Lebensstandard ihrer Bevölkerung in Stadt und Land zu verbessern und ihr soziales Wohl zu fördern» und «die Ausübung sozialer Rechte» ohne Diskriminierung zu sichern. Neben der sozialpolitischen Zielsetzung wird entschieden Wert darauf gelegt, daß die Ausübung sozialer Rechte sichergestellt sein muß, und zwar «ohne Diskriminierung aus Gründen der Rasse, der Hautfarbe, des Geschlechts, der Religion, der politischen Meinung, der nationalen Abstammung oder der sozialen Herkunft». Bei dieser Aufzählung von Diskriminierungsverboten lehnt sich die ESC an die Allgemeine Erklärung der Menschenrechte (Art. 2, Abs. 1)[3] und die Europäische Konvention zum Schutz der Menschenrechte und Grundfreiheiten[4] (Art. 14) an. Diese Berufung auf das Diskriminierungsverbot oder Gleichheitsgebot im Rahmen der Präambel der Sozialcharta zeigt die innere Verknüpfung der Materien *soziale Rechte und Gleichheit*. Damit wird eine gegenseitige Abhängigkeit zwischen den Zielen des sozialen Fortschritts und mehr Gleichheit festgestellt, die ihrerseits jedoch mit Freiheitsrechten in Konflikt geraten können. In der ESC stehen die sozialen Rechte im Vordergrund. Wesentlich ist aber auch das Tableau, auf dem sich eine neue Landschaft entfaltet. Deshalb sollte diesem Hinweis auf den Gleichheitssatz bei der Anwendung und Auslegung der Grundrechte der Charta entscheidende Beachtung geschenkt werden, denn die Herstellung von mehr sozialer Gerechtigkeit ist im europäischen Raum, in einer überwiegend industrialisierten Massengesellschaft nicht ohne gleichzeitige Herstellung von mehr Gleichheit zu erreichen. Diese Erkenntnis hat sich auch bei Vertretern der Theorie durchgesetzt, die Sozialstaatsprinzip und Gleichheitssatz vorsichtig interpretieren[5]. Das Diskriminierungsverbot der ESC hat aber eine weitere Auffälligkeit. Die erwähnten Menschenrechtserklärungen zählen zusätzliche Merkmale als Diskriminierungsverbote auf, als sie in der ESC zugelassen sind. In der UN-Erklärung heißt es zusätzlich: «nach Eigentum, Geburt oder sonstigen Umständen», in der EMK: «im Vermögen, in der Geburt oder im sonstigen Status». Schon an dieser Stelle wird der tiefgreifende Unterschied deutlich, der in der unterschiedlichen Stoßrichtung der Grundrechte im herkömmlichen Sinn und den sozialen Grundrechten liegt. Möglicherweise wird durch dieses Weglassen bestimmter Differenzierungsverbote deutlich gemacht, daß bei der Verwirklichung von sozialen Grundrechten Eingriffe, d. h. *Differenzierungen bei Eigentumspositionen oder Standesprivilegien* notwendig werden. Neben den Zielen, den wirtschaftlichen und sozialen Fortschritt zu fördern, wird in der Präambel eine Aussage über die Art und Weise getroffen, wie diese Ziele erreicht werden sollen: insbesondere soll die «Erhaltung und Weiterentwicklung der Menschenrechte und Grundfreiheiten» das Mittel der Wahl sein. Hier wird der Zusammenhang der sozialen und politischen Grundrechte betont, die man zwar einteilen und kategorisieren, prinzipiell aber nicht voneinander lösen kann, weil sie jeweils allein verwirklicht für die Garantie der Würde des Menschen nicht ausreichen. Deshalb wird Wert auf die Erhaltung der größtenteils schon errungenen politischen Grundrechte gelegt. Wesentlicher aber noch ist der Hinweis auf die Weiterentwicklung. Die Grundsätze der ESC selbst sind ein Teil davon, denn sie wirken nicht nur auf sozialem Gebiet, sondern haben darüber hinaus Einfluß auf die Vorstellungen von den Menschenrechten und Grundfreiheiten. Die Weiterentwicklung der sozialen Rechte und Institutionen wird in der ESC als Programm aufgestellt. In dieser Hinsicht wird ein dynamischer Prozeß gefordert. Dabei wird es nicht ohne Spannungen abgehen. Gegensätze zwischen sozialen Forderungen und bürgerlichen Freiheiten werden aufbrechen. Dazu ist zu sagen, daß die bürgerlichen und politischen Menschenrechte keinen Moment aus dem Auge verloren werden dürfen. Auch haben – bei aller sozialen Evolution – die sozialen Grundrechte bei einer Kollision nicht automatisch eine höhere Priorität. Es gilt ein Gleichgewicht zu finden, welches den Prinzipien der Gerechtigkeit entspricht, bei dem jedoch auch für Europa davon auszugehen ist, daß ein Nachholbedarf an sozialer Grundrechtsverbürgung besteht.

2. Inhalt und Aufbau der ESC

2.1. Historische Entwicklung

Die Förderung des sozialen Fortschritts wird schon in Art. 1a der Satzung des Europarates[6] als eine der Hauptaufgaben des Europarates genannt. In Erfüllung dieses Auftrages legte das Generalkonsulat dem Ministerkomitee schon 1953 eine Denkschrift vor, mit dem Ziel eine Europäische Sozialcharta zu schaffen. Diese Aufgabe war dem Europarat geblieben, obwohl schon 1950 die Konvention zum Schutz der Menschenrechte und Grundfreiheiten (MRK)[7] verabschiedet worden war. Bei der Schaffung der MRK hatte der Europarat das Ziel verfolgt, die Grundsätze der Allgemeinen Erklärung der Menschenrechte der Vereinten Nationen[8] für den europäischen Raum aus der Unverbindlichkeit heraus in eine verbindliche Form mit juristisch durchsetzbaren Rechten zu wandeln. Trotz der hohen und beispielgebenden Bedeutung dieser internationalen, mit Sanktionen bewehrten Vereinbarung, muß doch festgestellt werden, daß eine Reihe wichtiger Grundsätze der Allgemeinen Erklärung der Menschenrechte nicht übernommen worden war. Es handelt sich dabei hauptsächlich um die Art. 22 – 28 der UN-Erklärung, also um die sozialen, wirtschaftlichen und kulturellen Rechte. Mit dieser Trennung wurde eine Entwicklung eingeleitet, die sich dann bei den Menschenrechtspakten der Vereinten Nationen von 1966[9] fortsetzte. Aus realpolitischen Gründen glaubte man, selbst im europäischen Raum, soziale, kulturelle und wirtschaftliche Rechte nicht in gleicher Weise rechtlich garantieren zu können, wie politische oder bürgerliche Grundrechte. Der Relevanz dieser Entwicklung soll an einer anderen Stelle noch weiter nachgegangen werden[10].

Für die Organe des Europarates war somit der Weg vorgezeichnet, eine Charta zu schaffen, die ein «Gegenstück zur Menschenrechtskonvention im sozialen Bereich werden sollte»[11]. Das Ministerkomitee und die parlamentarische Versammlung sorgten für die Ausarbeitung dieser Charta. Die internationale Arbeitsorganisation (IAO) war bei den Vorarbeiten beteiligt. Auf diese Weise wurde der ganze Schatz internationaler sozialpolitischer Grundsätze auf dem Gebiet des Arbeitsrechtes[12] in die Beratung eingebracht. Dies erkennt man an der gesamten Zielrichtung der ESC und auch an den der IAO eingeräumten Mitwirkungsrechten (z. B. Art. 26 ESC), aber auch im materiellen Teil, der sich vielfältig auf Vorlagen in IAO-Übereinkommen und Empfehlungen zurückführen läßt[13]. Aber erst am 18. Oktober 1961 konnte die Charta von den Mitgliedern des Europarates unterzeichnet werden. Am 26. Februar 1965 trat sie nach der fünften internationalen Ratifikation und Genehmigung für die Länder Großbritannien, Irland, Norwegen, Schweden und die Bundesrepublik in Kraft. Seitdem traten dem Vertrag die Länder Dänemark, Italien, Zypern, Österreich, Frankreich, Island, Holland und Spanien bei.

2.2. Der Aufbau der ESC

Die Konstruktion der ESC läßt die Schwierigkeiten erkennen, die darin bestanden, daß ein internationales Instrument geschaffen werden sollte, welches in weitem Umfang zwingendes Recht umfaßt, aber dennoch Ausnahmen für einzelne Länder zuläßt, damit die verpflichtenden Regeln nicht prohibitiv wirken. Auch eine Konkretisierung der Formel vom allgemeinen sozialen Fortschritt und eine Festschreibung dieser Ziele wurde mit einer gewissen Bindungswirkung erreicht, indem bei der Ratifizierung eine Reihe von programmatischen Grundsätzen anerkannt werden mußte, ohne zu diesem Zeitpunkt in einen Zugzwang zu geraten.

Die ESC gliedert sich – neben der Präambel – in fünf Teile und einen Anhang, in welchem Regeln über Ausnahmen festgelegt und Begriffe der Charta definiert werden.

2.2.1. Die programmatischen Ziele und die materiellen Vorschriften (Teil I und II der Charta)

Im ersten Teil werden 19 Grundsätze aufgestellt, welche die sozialpolitischen Rechte festlegen, die im Geltungsgebiet der Vertragsparteien gewährleistet werden sollen. Die Staaten verpflichten sich aber weder zu einer direkten Gewährleistung dieser Rechte im Sinne eines Rechtsanspruches des Einzelnen, noch begründet die Charta unmittelbar zwingendes Recht, sondern die Staaten verpflichten sich nur «mit allen zweckdienlichen Mitteln staatlicher und zwischenstaatlicher Art eine Politik zu verfolgen, die darauf abzielt, geeignete Voraussetzungen zu schaffen, damit die tatsächliche Ausübung» der 19 Rechte ermöglicht wird. Die 19 sozialen Grundrechte richten sich an unterschiedliche Personenkreise. Einige gelten für jedermann, andere nur für die Gruppe der Arbeitnehmer, oder für die Arbeitnehmer und Arbeitgeber, wieder andere für Kinder, Jugendliche oder Familien. Insofern besteht ein Unterschied zu der Allgemeinen Erklärung der Menschenrechte und der EMK deren Artikel grundsätzlich für alle Menschen gelten. Vor allem fällt die besondere Behandlung der Arbeitnehmer und Arbeitgeber auf.
Die 19 Grundsätze sind sehr weit formuliert und lassen sich schwerlich ohne nähere Bestimmung als Maßstab für Einzelmaßnahmen verwenden.
In Teil II der Charta werden jedoch die 19 Grundsätze wieder aufgenommen und in 19 Artikeln, die sich in insgesamt 72 Einzelabschnitte untergliedern, mit konkreten Rechten näher ausgestaltet. Allerdings kann nicht behauptet werden, daß die jeweiligen sozialpolitischen Grundsätze durch die Unterabschnitte erschöpfend erläutert und mit ausreichendem konkretem Gehalt gefüllt worden wären. Es sieht eher so aus, als ob über weite Strecken eine Orientierung an solchen sozialpolitischen Maßnahmen und Grundsätzen erfolgt sei, die entweder in einem oder mehreren der fortschrittlichen Länder schon eingerichtet sind oder über deren Geltung in der Theorie schon eine weitgehende Übereinstimmung erzielt wurde.

2.2.2. Die Verpflichtung auf die Charta

Im dritten Teil der Charta wird die Verpflichtung der einzelnen Länder auf den Inhalt der Charta geregelt. Im Unterschied zu den Absichtserklärungen der Grundsätze im Teil I, die als Ziele verfolgt werden müssen, hat die Verpflichtung auf die konkretisierten Artikel des zweiten Teils einen zwingenden rechtlichen Charakter. Die anerkannten Artikel und Absätze müssen innerstaatlich als bindend angesehen werden. Das heißt aber nicht, daß der Einzelne sich vor Gericht auf die Grundsätze der ESC berufen und Ansprüche einklagen könnte. Im Gegensatz zur europäischen Menschenrechtskonvention ist die ESC kein völkerrechtlicher Vertrag, der dem Einzelnen rechtlich durchsetzbare Ansprüche verschafft. Dennoch begründet die ESC eine rechtlich verbindliche Wirkung[14] bezüglich der anerkannten Artikel und Absätze für die Vertragsstaaten. Allerdings muß ein der Charta beitretender Staat nicht alle 72 Absätze als bindend anerkennen. Zur Erleichterung des Beitritts wurde ein Modus gewählt, der auch Staaten den Beitritt möglich macht, deren soziales System noch nicht genügend weit entwickelt ist. Grundbedingung ist, aus den Art. 1, 5, 6, 12, 13, 16 und 19 mindestens fünf Artikel zu wählen. Insgesamt müssen mindestens 10 Artikel *oder* 45 Absätze gewählt und anerkannt werden. So ist es möglich, der ESC beizutreten, indem bei geschickter Wahl nur 22 der insgesamt 72 Absätze anerkannt werden[15].

2.2.3. Überwachung und Kontrolle der ESC

Die Vertragsstaaten verpflichten sich im IV. Teil, Berichte sowohl über die Anwendung der angenommenen Bestimmungen der Charta wie auch zu den nicht angenommenen Bestimmungen abzugeben. Im ersten Fall geschieht dies alle zwei Jahre, im zweiten in Zeitabständen, die vom Ministerkomitee beschlossen werden. Die Berichte werden von einem unabhängigen Sachverständigenausschuß, der vom Ministerkomitee gewählt wird, und einem Sozialausschuß des Europarates geprüft und mit den jeweiligen Beratungsergebnissen dem Ministerkomitee vorgelegt. Auch die Beratende Versammlung des Europarates gibt dem Ministerkomitee eine Stellungnahme ab. Das Ministerkomitee hat dann das Recht, an die Vertragsparteien mit Zweidrittelmehrheit alle notwendigen Empfehlungen zu richten.

Das Verfahren, über die angenommenen Bestimmungen zu berichten, wurde in der jetzt zwanzigjährigen Geschichte der ESC sechsmal durchlaufen. Die zweijährigen Fristen konnten wegen der Beteiligung so vieler verschiedener Gremien und des Umfangs der Regierungsberichte nicht eingehalten werden. Tendenziell zeigt sich, daß die Regierungen eine defensive, ihr soziales System verteidigende Haltung einnehmen und insgesamt wenig Neigung zeigen, Reformen aufgrund kritischer Äußerungen der Kontrollgremien voranzutreiben[16]. Dazu paßt, daß noch keiner der Vertragsstaaten nach der Ratifizierung zusätzliche Bestimmungen akzeptiert hat, wie das Art. 20 vorsieht. Desgleichen hat auch das Ministerkomitee noch keine Empfehlungen an Mitgliedsstaaten ausgesprochen, sondern bei allen auftretenden Differenzen und Kritikpunkten vorsichtig und zurückhaltend reagiert. Das weitere Verfahren, über nicht angenommene Bestimmungen zu berichten, wurde durch das Ministerkomitee 1979 zum ersten Mal in Gang gesetzt[17]. Die Dauer des Verfahrens dürfte hier noch größere Zeiträume in Anspruch nehmen. Die ESC kennt danach keine Zwangsmittel oder andere Verfahren, die direkt auf die Verhältnisse in einem Vertragsstaat Einfluß nehmen könnten. Die Verletzung der Rechte der ESC können auch nicht Gegenstand eines gerichtlichen Verfahrens werden.

Dennoch darf man dieser Kontrolle nicht einen gewissen Wert absprechen. Man erkennt dies schon daran, daß nicht alle Staaten des Europarates die Charta unterschrieben haben (13 von 21) und fast alle Unterzeichnerstaaten von der Möglichkeit Gebrauch gemacht haben, bestimmte Absätze oder ganze Artikel nicht anzuerkennen, um nicht in der Öffentlichkeit dem Vorwurf ausgesetzt zu sein, internationale Bestimmungen unterschrieben zu haben, die im Lande nicht gehalten werden können. Es wird auch angenommen, daß das Überwachungsverfahren zu ca. 50 Gesetzesänderungen in den Vertragsstaaten geführt hat[18].

Im fünften Teil der ESC werden abschließend noch verschiedene, weniger zusammenhängende Materien geregelt. Zunächst werden Ausnahmeregelungen für staatliche Notstände vorgesehen. Weiterhin wird das Verhältnis von innerstaatlichem und internationalem Recht einerseits und der Charta andererseits geregelt. Der unterschiedlichen Ausgestaltung der Tarifautonomie in Europa wird Rechnung getragen. Schließlich werden Sonderregelungen über den räumlichen Geltungsbereich, das Inkrafttreten und Möglichkeiten der Änderung und Kündigung der Charta bestimmt.

2.3. Die einzelnen Rechte

Es ist hier nicht der Raum, die 19 Grundsätze oder gar die 72 Absätze der Charta einzeln und eingehend zu interpretieren. Dies muß einem Kommentar überlassen bleiben. Um einen Eindruck von den in der Charta behandelten Rechten zu gewinnen, genügt es jedoch nicht, nur die Überschriften über den 19 Artikeln des II. Teils der Charta wiederzugeben, sondern es soll versucht werden, die Grundsätze und deren konkrete Ausformung im II. Teil in den wichtigsten Passagen vorzustellen und teilweise kritisch zu würdigen. Auslegungs- und Streitfragen, mit denen sich die Kontrollorgane in der Praxis beschäftigen, erörtert Wiebringhaus auf der Basis der Dokumente der Regierungserklärungen und der Überwachungsorgane[19].

2.3.1. Das Recht auf Arbeit

Art. 1 wird mit «Das Recht auf Arbeit» überschrieben. Wer die Diskussion um das Recht auf Arbeit[20] verfolgt hat, weiß, daß darunter Unterschiedliches verstanden werden kann. Die Vertreter unterschiedlichster Organisationen der Wirtschaft und Gesellschaft berufen sich auf dieses Recht und finden es sowohl in sozialistischen Planwirtschaften als auch in freien Marktwirtschaften verwirklicht. Welche Position die ESC einnimmt, wird schon am 1. Grundsatz, der im 2. Absatz des Art. 1 wiederholt wird, deutlich: «Jedermann muß die Möglichkeit haben, seinen Lebensunterhalt durch eine frei übernommene Tätigkeit zu verdienen». Es wird nicht von einem Anspruch auf einen Arbeitsplatz gesprochen, sondern in Art. 1 Abs. 1 wird deutlich gemacht, daß die Staaten die Ausübung des Rechts auf Arbeit durch Aufnahme des Ziels der *Vollbeschäftigung* in die ersten Staatsziele verwirklichen sollen. Ein möglichst «hoher und stabiler Beschäftigungsstand» soll angestrebt werden. Man erkennt hier ein Spannungsverhältnis zwischen den kollektiven wirtschafts- und gesellschaftspolitischen Zielen, die durchaus auch neben anderen Zielen gedacht sind, und dem als Individualrecht konzipierten Recht auf Arbeit. Dieses Spannungsverhältnis wird nicht zugunsten einer irgendwie gearteten Zentralverwaltungswirtschaft gelöst. Die Absätze 1 und 2 erfordern weiter in ihrer Formulierung lediglich die allgemeine Anerkennung und Verfolgung dieses Ziels, nicht aber den Erlaß konkreter gesetzlicher Maßnahmen[21]. Eine bewußte Inkaufnahme hoher Arbeitslosigkeit, wie es der Wirtschaftspolitik der Regierung Thatcher vorgeworfen werden könnte, dürfte eine Verletzung des Art. 1 ESC bedeuten.
Die Rechte der beiden weiteren Absätze lassen sich dagegen eher messen, d. h. Mängel oder Fortschritte lassen sich konkretisieren. Die Staaten verpflichten sich hier, kostenlose Arbeitsvermittlungsdienste einzurichten oder aufrecht zu erhalten sowie Berufsberatung, Berufsausbildung und berufliche Wiedereingliederung sicherzustellen oder zu fördern. Diese Rechte werden später in den Art. 9, 10 und 15 genauer spezifiziert.

2.3.2. Das Recht auf gerechte Arbeitsbedingungen und gerechten Arbeitslohn

Art. 2 bis 4 sollen gemeinsam behandelt werden, denn sie behandeln in zusammen 13 Absätzen, entsprechend der kurzgefaßten Grundsätze, das Recht auf gerechte Arbeitsbedingungen (Art. 2), auf sichere und gesunde Arbeitsbedingungen (Art. 3) und auf ein gerechtes Arbeitsentgelt (Art. 4), welches ihnen und ihren Familien einen angemessenen Lebensstandard sichern soll. Durch die Anerkennung dieser fundamentalen Forderung wären bei entsprechender Verwirklichung die sozialen Probleme jeder Gesellschaft auf Dauer gelöst. Denn was kann mehr gefordert werden, als die Orientierung an der Gerechtigkeit bei der Gestaltung der Arbeitsbedingungen und der Bewertung der Arbeit? Die Arbeit gehört bis auf weiteres zur Existenz des Menschen und die Arbeitsbedingungen selbst sind ein wesentlicher Schlüssel zu dem gesamten Komplex der sozialen Frage. So ist es zunächst auf jeden Fall schon wertvoll, sich auf diese Ziele zu einigen. Es kommt aber darauf an, wie diese Ziele in den Absätzen konkretisiert werden.

22

In Art. 2 wird die *Arbeitszeit* als erstes Element gerechter Arbeitsbedingungen genannt. Die Arbeitswoche soll angemessen sein und, wenn es die Produktivitätssteigerungen zulassen, fortschreitend verkürzt werden. Bestimmte wöchentliche Arbeitszeiten (Unter- oder Obergrenzen) werden nicht genannt. Eventuelle Altersgrenzen oder Bestrebungen hinsichtlich der Verkürzung der Lebensarbeitszeit werden nicht gefordert. Weiterhin sind nach Abs. 2 öffentliche bezahlte Feiertage vorzusehen. Ein bezahlter Jahresurlaub von mindestens zwei Wochen und eine wöchentliche Ruhezeit (Sonntag) soll sichergestellt werden. Schließlich sollen Arbeitnehmer, die mit bestimmten gefährlichen oder gesundheitsschädlichen Arbeiten beschäftigt sind, mit zusätzlichem Urlaub oder verkürzter Arbeitszeit entschädigt werden.

Nach Art. 3 werden die Vertragsparteien verpflichtet, Sicherheits- und Gesundheitsvorschriften zu erlassen und für deren Kontrolle zu sorgen, die das Recht auf gesunde und sichere Arbeitsbedingungen gewährleisten. Arbeitgeber- und Arbeitnehmerorganisationen sollen zu Rate gezogen werden.

Art. 4 konkretisiert im 1. Absatz das gerechte Arbeitsentgelt dahingehend, daß ein *angemessener Lebensstandard* für den Arbeitnehmer und seine Familie ermöglicht werden soll. In den weiteren Absätzen sollen angemessene Kündigungsfristen gelten, Lohnabzüge nur unter gesetzlichen Bedingungen und Überstundenarbeit nur zu erhöhten Lohnsätzen möglich sein. Als ein Erfordernis der Gerechtigkeit wird auch das Recht von Mann und Frau auf gleiches Entgelt bei gleichwertiger Arbeit angesehen. Besonders der 1. Absatz läßt der Interpretation weiten Raum. Art. 4 Abs. 1 als «sozialutopisch» zu bezeichnen, mag aus einer pessimistischen oder realistischen Sicht angehen. Aus dieser Formulierung aber zu folgern, daß diese Forderung «in keinem Wirtschaftssystem» durchführbar sei, «das nur einigermaßen marktwirtschaftlich orientiert ist»[22], ist nicht zwingend. Schambeck kommt zu diesem Ergebnis, weil er meint, die Realisierung dieses Absatzes verlange ein notwendiges Abgehen vom Leistungslohn und eine Bezahlung nach Familienstand. Der Begriff Arbeitsentgelt muß nicht so eng ausgelegt werden, daß er nur die Leistung umfaßt, die den Arbeitsaufwand betreffen, nicht aber den Sozialaufwand, der gesetzlich vorgesehen, tariflich vereinbart oder freiwillig gewährt wird. Die Gesamtinterpretation der Charta läßt auch nicht schließen, daß gewollt worden wäre, die Arbeitnehmer nach einem Familienlohn zu bezahlen, wie das zum Teil im öffentlichen Dienst der Fall ist[23]. Eine Interpretation, welche die Gesamtrichtung der Charta berücksichtigt, muß den Absatz so verstehen, daß die Anerkennung eines angemessenen Lebensstandards des Arbeitnehmers und seiner Familie die steuerliche Belastung etwa des Lohnes oder die sozialen Transferleistungen des Staates aus sozialen Gründen, soweit sie ihrer Herkunft, der Stellung als arbeitendes Mitglied der Gesellschaft entspringen, mit zu dem Arbeitsentgelt zu rechnen sind. Zur Vermeidung derartiger Mißverständnisse wäre es vorzuziehen, von einem ausreichenden Familieneinkommen zu sprechen[24].

Insgesamt muß zwar anerkannt werden, daß einige wichtige Grundsätze eines sozial gestalteten Arbeitslebens festgeschrieben wurden. Allerdings kann mit einiger Berechtigung gesagt werden, daß die Rechte in ihrer Bedeutung abnehmen, je konkreter die Formulierung gewählt wird. Wenig hilfreich ist das Ausweichen auf den Begriff «angemessen» in den Absätzen, der in gleicher Weise ausfüllungsbedürftig bleibt, wie der Begriff «gerecht» in den Überschriften und Grundsätzen. Besonders auffallend ist, daß keine Aussagen über wirtschaftspolitische Fragen oder Sachverhalte getroffen werden. Nun kann darauf zunächst geantwortet werden, daß hier nur sozialpolitische Normen verankert werden sollten. Wirtschafts- und Sozialpolitik hängen aber, will man gerechte Arbeitsbedingungen und Arbeitsentgelte erreichen, so eng zusammen, daß das eine nicht ohne das andere behandelt werden kann. Verteilungsfragen könnten natürlich unter dem Begriff «angemessen» diskutiert werden. Für eine bestimmte Zielrichtung der Sozial- und Wirtschaftspolitik blieben diese Verpflichtungen jedoch zu unbestimmt, vor allem, wenn man bedenkt zu welchen gemeinsamen Aussagen – bei allem Streit über die Details – die abendländische Diskussion über Fragen der Gerechtigkeit hinsichtlich der Verteilung und Austeilung von Rechten und Pflichten in einer menschlichen Gesellschaft gelangt ist.

2.3.3. Das Vereinigungsrecht und das Recht auf Kollektivverhandlungen

Die Art. 5 und 6 der Charta behandeln die kollektiven Rechte der Arbeitnehmer und Arbeitgeber. Im Art. 5 werden Teilbereiche der Vereinigungsfreiheit, einem klassischen Freiheitsrecht aus dem politisch-bürgerlichen Bereich gewährt. Die Vertragsstaaten garantieren die Freiheit der Arbeitnehmer und Arbeitgeber örtliche, nationale oder internationale Organisationen, die den Schutz ihrer wirtschaftlichen und sozialen Interessen vertreten, zu bilden, oder ihnen beizutreten. Mit Ausnahme der Bereiche Streitkräfte und Polizei werden damit *freie Gewerkschaften* und *Arbeitgebervereinigungen* anerkannt.

Art. 6 regelt die besonderen Modalitäten der Verhandlungen zwischen Arbeitnehmer- und Arbeitgeberorganisationen. Die Vertragsparteien sollen vor allem Verfahren für freiwillige Verhandlungen zwischen Arbeitnehmer- und Arbeitgeberorganisationen über Tarifverträge und Schlichtungsverfahren zur Beilegung von Arbeitsstreitigkeiten gewährleisten. Im vierten Absatz wird niedergelegt, daß die Vertragsstaaten das Recht auf kollektive Maßnahmen einschließlich des Streikrechts im Falle von Interessenkonflikten anerkennen. Die Formulierung dieses Streikrechts ist in verschiedener Hinsicht recht weit und wirft so für das für die Bundesrepublik entwickelte Streikrecht Streitfragen auf[25]. So läßt sich die Frage stellen, welche Interessenkonflikte hier gemeint sind. Sind es nur die im Tarifvertrag regelbaren oder betrifft es auch die durch Gesetz zu regelnden Streitfälle? Der Gegner eines Arbeitskampfes kann allerdings nicht das Parlament sein. Auch wird nicht die Meinung vertreten, daß unter die Streitfälle des Art. 6 Abs. 4 der Charta Materien fallen, die *nur* die unternehmerische Sphäre betreffen. Besondere Brisanz gewinnt die Vorschrift bei der Frage, ob ein *Streikrecht für Beamte* in der Charta verankert ist. Bei einer systematischen Auslegung des Begriffs der Arbeitnehmer, wie er in der Charta verwendet wird, wird es schwerfallen, die Beamten aus diesem Begriff auszuklammern[26]. Auch hat sich ein Streit an der Frage entzündet, ob durch Art. 6 Abs. 4 ESC die Aussperrung als kollektive Maßnahme der Arbeitgeber verbürgt sei. Ausdrücklich ist nur das Streikrecht erwähnt, obwohl bei den Vorarbeiten zur ESC von Arbeitgeberseite die Anerkennung der Aussperrung verlangt wurde. Aus dem Weglassen dieses Rechts wird geschlossen, daß ein Aussperrungsrecht nicht indirekt anerkannt werden könne[27]. Andererseits wird argumentiert, daß durch die Anerkennung von kollektiven Maßnahmen und der Erwähnung des Streikrechts nur beispielhaft («einschließlich») nichts anderes gemeint sein könne, als daß die Aussperrung ebenfalls anerkannt sei[28]. Während in manchen europäischen Staaten die Aussperrung unzulässig ist, hat das BAG sie unter bestimmten Umständen und in gewissen Grenzen für zulässig angesehen[29] und damit auch eine Aussage über die Gültigkeit von Art. 29 Abs. 5 der Verfassung des Landes Hessen getroffen.

2.3.4. Das Recht der Kinder, Jugendlichen und Arbeitnehmerinnen auf Schutz

In Art. 7 und 8 der ESC werden Kinder, Jugendliche und Arbeitnehmerinnen unter einen besonderen Schutz gestellt. In den 10 Absätzen des Art. 7 werden die wichtigsten Jugendarbeitsschutzbestimmungen, die sich seit Beginn der Industrialisierung in den einzelnen westeuropäischen Ländern entwickelt haben, zum Gegenstand der Charta gemacht. Diese Gruppen sollen vor körperlichen und sittlichen Gefahren geschützt werden. Obwohl viele dieser Rechte heute als selbstverständlich angesehen werden könnten, ist deren internationale Verankerung bei einer sich verschlechternden gesamtwirtschaftlichen Lage für die Zukunft nicht unbedeutend. Das gilt vor allem, wenn man die zunehmende Jugendarbeitslosigkeit bedenkt, die leicht zu einer Verschlechterung der allgemeinen Arbeitsbedingungen führen kann. So verpflichten sich die Vertragsparteien z. B. das Mindestalter für die Zulassung zu einer Beschäftigung auf 15 Jahre festzusetzen; bei gesundheitsgefährdenden Berufen das Mindestalter heraufzusetzen; die Beschäftigung Schulpflichtiger mit Arbeit zu verbieten; die Arbeitszeit Jugendlicher unter 16 Jahren zu begrenzen; für Arbeitnehmer unter 18 Jahren einen Jahresurlaub von mindestens drei Wochen vorzusehen; Nachtarbeit für Jugendliche zu verbieten; für eine ärztliche Überwachung und einen besonderen Schutz vor körperlichen und sittlichen Gefahren zu sorgen. Auch für die jugendlichen Arbeitnehmer und Lehrlinge wird ein gerechtes Arbeitsentgelt vereinbart.

Der besondere Schutz der Arbeitnehmerinnen in Art. 8 bezieht sich vornehmlich auf den Mutterschutz. Bestimmte Freizeiten und sozialen Ausgleich für Niederkunft und Stillzeit werden vorgeschrieben und die Kündigungsfristen und -möglichkeiten in dieser Zeit der Situation angepaßt. Außerdem werden die Arbeitnehmerinnen von gefährlichen, gesundheitsschädlichen oder beschwerlichen Arbeiten ausgeschlossen. Abgesehen davon, daß nach Art. 3 ein Recht auf sichere und gesunde Arbeitsplätze generell besteht, und sich damit ein gewisser – in der Praxis jedoch erklärbarer – Widerspruch ergibt, kann in dieser Vorschrift unter dem Blickwinkel der Gleichberechtigung eine Diskriminierung erkannt werden. Der Gedanke des besonderen Schutzes der Frauen kann dazu führen, daß Frauen generell von bestimmten Berufen ausgeschlossen werden, obwohl diese Berufe attraktiv und individuell von Frauen durchaus ausfüllbar sind.

2.3.5. Das Recht auf Berufsberatung und berufliche Ausbildung

In Art. 9 und 10 der ESC kehren Rechte wieder und werden differenzierter aufgeschlüsselt, die schon in Art. 1 Abs. 3 und 4 verbürgt sind. Zu nennen ist das allen Personen zustehende Recht auf berufliche Ausbildung, welches jedermann dem Grundsatz nach in die Lage versetzen soll, einen Beruf zu wählen, der dessen persönlichen Eignungen und Interessen entspricht. Während Art. 9 ESC einen kostenlosen Dienst vorschreibt, der allen Personen hilft, die Probleme der Berufswahl oder des beruflichen Aufstiegs zu lösen, gliedert Art. 10 ESC das Recht auf berufliche Ausbildung durch vier Absätze. Diese sind ihrerseits wieder in fünf Unterabschnitte unterteilt. Die Gewährleistung betrifft die berufliche Ausbildung aller Personen, und zwar unter Einbezug von Beratungen mit Arbeitgeber- und Arbeitnehmerorganisationen über ein System der Lehrlingsausbildung, der Möglichkeit der beruflichen Umschulung bis hin zur Schaffung des Zugangs zu technischen Hochschulen und Universitäten. Zur individuellen Ausnutzung der geschaffenen Möglichkeiten wird ein System von Hilfen vereinbart, das über die Abschaffung oder Herabsetzung von Gebühren, der Gewährung von finanziellen Hilfen, der Anrechnung von Fortbildungslehrgängen auf die Arbeitszeit bis zur Überwachung der Lehrlingsausbildung reicht.

2.3.6. Das Recht auf Gesundheit

In Art. 14 ESC wird der Grundsatz erläutert, der jedermann den bestmöglichen Gesundheitszustand zusichert. Dies soll u. a. dadurch erreicht werden, daß die *Ursachen* von Gesundheitsschäden so weit wie möglich beseitigt werden.

Die Charta stellt also nicht nur auf individuelle Wiederherstellbarkeit der Gesundheit ab, sondern legt den Vertragsparteien die Pflicht auf, die verusachenden Ereignisse, die nicht notwendigerweise im eigenen Einflußbereich liegen müssen, zu beseitigen. Hier könnten sich bei einem sich entwickelnden Gesundheitsbewußtsein, welches die Vertragsparteien sich gleichfalls zu fördern verpflichtet haben, und bei der gegebenen Umweltbelastung der Luft, des Wassers und der Nahrung, neue Perspektiven und weitgehende Handlungsverpflichtungen ergeben[30]. Aber wie so viele der Ausführungen der Charta, die hier nicht jeweils erwähnt wurden, ist die Formulierung wieder so weich gewählt, daß es schwierig ist, Mißstände oder Vertragsverletzungen exakt anzugehen. Die Wendung «so weit wie möglich» relativiert das gewährte Recht wieder.

2.3.7. Das Recht auf soziale Sicherheit

Art. 12 versucht das Recht auf soziale Sicherheit durch eine Festschreibung des bestehenden Systems der sozialen Sicherheit[31] und der Verpflichtung, das Bestehende fortwährend zu verbessern, auf eine Formel zu bringen, die für die unterschiedlich entwikkelten Vertragsstaaten eine gleichermaßen positive Lösung bietet. Vor allem aber wird versucht, eine soziale Demontage zu verhindern. Als Mindeststandard wird auf das Übereinkommen Nr. 102 der Internationalen Arbeitsorganisation verwiesen. Insoweit liegt eine Verpflichtung vor. Das dynamische Element steht jedoch wieder unter einer weichen Formulierung, denn die Vertragsstaaten müssen sich nur «bemühen». Der vierte Absatz dieses Artikels hat zum Ziel, daß die Staatsangehörigen der Vertragsstaaten hinsichtlich der Ansprüche aus den Systemen der sozialen Sicherheit der verschiedenen Vertragsstaaten gleich behandelt werden. Als Mittel werden zwei und mehrseitige Übereinkommen zwischen den Vertragsstaaten vorgeschlagen.

2.3.8. Das Recht auf Fürsorge

In Art. 13 verpflichten sich die Vertragsstaaten zur Fürsorge für jedermann, wenn dieser keine ausreichenden eigenen Mittel hat. Jedem wird ausreichende Unterstützung und Krankenfürsorge zugesichert. Gleichzeitig wird verlangt, daß Personen, die Fürsorge in Anspruch nehmen, nicht aus diesem Grund in ihren politischen oder sozialen Rechten beeinträchtigt werden und daß diese Personen durch entsprechende Einrichtungen Beratung und Hilfe erhalten, die zur Verhütung, Behebung oder Milderung der Notlage erforderlich sind. Das Recht auf Fürsorge ist dem Recht auf soziale Sicherheit und der Eigen- und Familienhilfe *subsidiär* nachgeordnet. Es wendet sich also an die Ärmsten und garantiert ihnen ein menschenwürdiges Existenzminimum. Wie es damit selbst in den «reichsten» Ländern bestellt ist, zeigen z. B. die neueren Untersuchungen über Armut in der Bundesrepublik[32]. So müßten auch hier konkretere Vereinbarungen getroffen werden, wenn man erreichen will, daß sich die sozialen Verhältnisse dieser Gruppen verbessern und in den Vertragsstaaten angleichen. Was ist unter ausreichenden Mitteln zu verstehen? Unter welchen Bedingungen ist eventuell vorhandenes Vermögen und bis zu welchem Rest einzusetzen? Hier können Bedingungen gesetzt werden, die dem Wiedereingliederungsbemühen gerade entgegenstehen. Auch der Umfang der Unterstützung wird nur mit «ausreichend» definiert. Kann die Leistung von dem augenblicklichen Vermögensstand (Finanzkraft) des speziellen sozialen Trägers abhängig sein? Damit ist der Art. 13 wieder so unverbindlich geworden, daß er von allen Vertragsparteien, ohne daß sie Kritik befürchten müssen, unterschrieben werden kann.

2.3.9. Das Recht auf soziale Dienste

In Art. 14 wird ein Recht auf Inanspruchnahme sozialer Dienste verkündet. Allerdings werden nicht einzelne Dienste genannt, die eingerichtet oder Personengruppen, die betreut werden müssen. Zu denken wäre etwa an Drogen- und Akoholsüchtige, ehemalige Straffällige, häusliche Altenversorgung, Rettungsdienste, Hausaufgabenbetreuung, Klienten aus Problemfamilien oder nach langem Krankenhausaufenthalt. Diese und viele weitere Formen der Sozialarbeit[33], die sich in Zukunft auch auf weniger gefährdete Gruppen erstrecken können, wird nur allgemein dahingehend umschrieben, daß Dienste gefördert werden sollen, die zum Wohlbefinden und zur Entfaltung des Einzelnen und der Gruppen in der Gemeinschaft und deren Anpassung an die soziale Umgebung beitragen sollen.

2.3.10. Das Recht Behinderter auf Ausbildung und Eingliederung

In Art. 15 wird das Recht der körperlich, geistig oder seelisch Behinderten auf berufliche Ausbildung sowie auf berufliche und soziale Eingliederung oder Wiedereingliederung noch einmal aufgenommen, obwohl diese Gruppe auch unter die Rechte der Art. 9 und 10 ESC fällt.
Hier aber werden spezielle Maßnahmen gefordert und besonderer Wert auf die Wiedereingliederung gelegt. Es wird betont, daß für diese Gruppen Sondereinrichtungen geschaffen werden und daß sie auch bei der Arbeitsvermittlung eine Sonderstellung einnehmen müssen. Die geringe Produktivität soll durch staatliche Anreize zur Einstellung gefördert werden. In der BRD wird z. B. durch das Schwerbehindertengesetz[34] eine Beschäftigungspflicht gesetzlich vorgeschrieben, die von den Betrieben verlangt, auf mindestens 6% ihrer Arbeitsplätze Schwerbeschädigte zu beschäftigen. Allerdings entziehen sich viele Arbeitgeber dieser Pflicht und entrichten lieber eine im Gesetz vorgegebene Ausgleichsabgabe (von monatlich 100 DM pro Arbeitsplatz), die für Zwecke der Arbeits- und Berufsförderung Schwerbehinderter verwendet wird. Ein Anreiz zur Einstellung Schwerbehinderter müßte aber so gestaltet sein, daß eine betriebswirtschaftliche Kalkulation positiv *für* die Einstellung eines Behinderten ausfällt.

2.3.11. Die Rechte der Familie, der Mütter und Kinder auf sozialen und wirtschaftlichen Schutz

In Art 16 und 17 wird das Recht der Familie, als Grundeinheit der Gesellschaft, und speziell von Mutter und Kind auf sozialen und wirtschaftlichen Schutz verankert. Über die in den vorausgehenden Artikeln geforderte Fürsorge hinaus wird die Familie und das Familienleben unter besonderen Schutz gestellt und Maßnahmen für deren Förderungen vereinbart. Hier werden eine Reihe von Maßnahmen pauschal vorgeschlagen, die man in der Bundesrepublik auch auf Art. 6 Abs. 1 GG zurückführen könnte. So wird die Förderung des Bauens familiengerechter Wohnungen, Hilfen für junge Eheleute und steuerliche Maßnahmen beispielhaft vorgeschlagen. Weniger konkret sind wieder die Formulierungen des Art. 17 ESC: die Vertragsparteien verpflichten sich nur die geeigneten und notwendigen Maßnahmen zu treffen. Art. 17 ESC überschneidet sich zum Teil mit den Rechten aus Art. 8 ESC, aber die Rechte können nicht nur die Wiederholung der Rechte der Arbeitnehmerinnen wie Mutterschutz, Beschäftigungsverbote oder Arbeitszeitschutz, ausgedehnt auf alle Mütter, sein. Der hier gewährleistete Schutz von Müttern und Kindern, der auch durch die Schaffung und Unterhaltung geeigneter Einrichtungen und Dienste erfolgen soll, muß und soll einen größeren Zeitraum als den vor und nach der Schwangerschaft umfassen. In der Bundesrepublik sind in den letzten Jahren einige Verbesserungsvorschläge gemacht worden, z. B. das «Babyjahr», die Anrechnung von Erziehungszeiten auf die Rentenversicherung usw. Die Weiterentwicklung dieser sozialpolitischen Ideen wird jedoch wie so vieles auf diesem Gebiet durch die Vorgabe finanzieller Engpässe bzw. anderer Prioritäten blockiert.

2.3.12. Das Recht auf Ausübung einer Tätigkeit im Land einer anderen Vertragspartei und das Recht auf Schutz und Beistand der Wanderarbeitnehmer

In den beiden letzten Artikeln des dritten Teils der ESC wird in Art. 18 das Recht der Staatsangehörigen einer Vertragspartei im Hoheitsgebiet jeder anderen Vertragspartei, gleichberechtigt eine Erwerbstätigkeit aufzunehmen, und in Art. 19 das Recht von Wanderarbeitnehmern und deren Angehörigen auf Schutz und Beistand in Hoheitsgebieten jeder anderen Vertragspartei (Art. 19) vereinbart. Art. 18 ESC fordert nicht eine Freizügigkeit der Arbeitnehmer, wie dies etwa Art. 48 EWG Vertrages (1957) statuiert. Aus wirtschaftlichen und sozialen Gründen können Beschränkungen der Beschäftigung ausländischer Arbeitnehmer aufrecht erhalten bleiben. Die Tendenz soll aber zur Aufhebung von Sperren jeder Art führen. Ohne Einschränkung wird aber das Recht anerkannt, daß die eigenen Staatsangehörigen das Land *verlassen* können um im Hoheitsgebiet anderer Vertragspartner eine Erwerbstätigkeit auszuüben.

Schließlich werden recht eingehend in zehn Absätzen die Rechte der Wanderarbeitnehmer geregelt. Die Vertragspartner verpflichten sich u. a. Betreuungsstellen zu errichten, notwendige Gesundheitsdienste anzubieten, auf den Gebieten der Arbeitsbedingungen, des Arbeitsentgeltes, der Tarifverträge, der gewerkschaftlichen Organisationen, der Unterkunft und des Gerichtswesens nicht zu diskriminieren, sowie Steuern, Abgaben und Gebühren für Arbeitnehmer in gleicher Weise wie für die eigenen Staatsangehörigen zu veranschlagen. Diese Vorschriften, die relativ leicht überprüfbar sind, gewähren in weitem Maß eine *Gleichbehandlung* der Staatsbürger der Vertragsstaaten, wenn sie als Arbeitnehmer im Ausland beschäftigt sind. Eine wirtschaftliche Ausbeutung seitens des beschäftigenden Landes soll hier von vornherein verhindert werden. Eine gewünschte Mobilität der Arbeitskräfte wird dadurch ermöglicht; ob jedoch durch diese Mobilität in jedem Fall eine soziale Errungenschaft durchgesetzt wurde, muß sich noch zeigen.

3. Kritik und Ausblick

Will man die sozialen Rechte der ESC zusammenfassen, und ihre Auswirkungen und Ziele umschreiben, so wird man nicht umhinkommen, sie als *internationale Garantie für die Rechte der Arbeitnehmer* zu bezeichnen. Der Einfluß der IAO, die 1919 im Rahmen des Völkerbundes gegründet wurde und heute eine Sonderorganisation der UN ist, ist deutlich zu spüren[35]. Zwar wurde schon betont, daß sich einzelne Rechte nicht nur an die Arbeitnehmer und Arbeitgeber als Adressaten richten, sondern für jedermann, Mütter oder Kinder und andere Gruppen gelten. Aber auch dann stehen diese Rechte meist in einem inneren Zusammenhang zur Arbeit: so das jedermann zustehende Recht auf Arbeit (Art. 1); das Schutzrecht für Kinder und Jugendliche (Art. 7), welches im Grundsatz allgemein formuliert ist, in der Ausformung sich aber in Jugendarbeitsschutzvorschriften konkretisiert; die jedermann zustehenden Rechte auf Berufsberatung und Berufsausübung (Art. 9 und 10). In den Art. 11 (Gesundheitsschutz), 13 (Fürsorge), 14 (soziale Dienste), 16 (Familienschutz) und 17 (Schutz von Mutter und Kind) werden dagegen viele soziale Rechte verankert, die unabhängig von einem Arbeitsverhältnis oder einem erstrebten Arbeitsverhältnis sind. Insoweit gehen die verbürgten Rechte über den Arbeitnehmerschutz hinaus und verkörpern den Versuch die sozialen Bestrebungen der Staaten auch auf anderen als arbeitspolitischen Gebieten anzugleichen. Bei dieser Würdigung ist jedoch anzumerken, daß die sozialen Grundrechte einen Bedeutungswandel erfahren haben und weiterhin erfahren, der nicht nur darauf abzielt, die Arbeiter und ihre Familien vor finanzieller Not zu schützen, sondern der alle Menschen in ihrem ganzen sozialen Umkreis zu ihrem Recht kommen lassen will. Dies beruht auf der Erkenntnis, daß der heutige Mensch auf der einen Seite mehr denn je durch neue Abhängigkeiten und Gefahren in seiner sozialen Existenz bedroht ist, auf der anderen Seite aber seine zukünftige Entwicklungschancen von Bedingungen abhängen, die er selbst planen und gestalten kann. Dies gilt auch dann, wenn er durch Arbeit oder Sozialgesetze vor bitterer Not geschützt ist. Die Gefahren drohen durch die modernen gesellschaftlichen Entwicklungen, die zu einer Vernichtung der Umwelt durch vielfältige Eingriffe[36] führen können und durch neue gesellschaftliche Abhängigkeiten, z. B. durch wirtschaftliche Machtkonzentrationen, wobei die Problematik der multinationalen Konzerne[37] nur eine z. Zt. stärker beachtete Komponente ist. Weiter muß daran gedacht werden, daß durch die unterschiedliche Verfügbarkeit über moderne Techniken z. B. Atom- oder Informationstechnologie ganze Bevölkerungsteile von neuen Entwicklungen ausgeschlossen bleiben. Herrschaftswissen auf der einen Seite und bewußt hergestellte Unwissenheit auf der anderen Seite widerspricht den sozialen und kulturellen Vorstellungen zumindest westlicher Demokratien. Die Problematik der Neuen Sozialen Frage hat damit weitere Fragen in den Vordergrund gerückt, die von der ESC überhaupt nicht oder nur am Rande erwähnt werden. Es ist deshalb notwendig, darauf hinzuweisen, daß eine Charta über soziale Rechte sich nicht in der Sicherung der Rechte der Arbeitnehmer erschöpfen darf, sondern weiter entwickelt werden muß und nicht nur vorhandene soziale Mißstände zu beseitigen sondern auch zukünftigen sozialen Gefahren vorzubeugen versuchen sollte. Diese Versuche umfassen dann auch die formale Gestaltung internationaler Vereinbarungen, die vorgesehenen Sanktionen, die Möglichkeiten der Durchsetzung und Verbreitung der in der Charta enthaltenen Gedanken, denn die Voraussetzung stabiler sozialer Verhältnisse ist eine möglichst weite Verbreitung sozial ähnlich gestalteter Gesellschaften.

3.1. Weitere soziale Rechte

3.1.1. Das Recht auf Bildung

Sicherlich gehört das Recht auf berufliche Ausbildung, wie es in der ESC verkündet wird (Art. 10 und 15), zu einem Recht auf Bildung. Es erschöpft sich jedoch nicht darin. Art. 10 und 15 ESC sind damit sowohl vom Grundsatz her gesehen als auch in ihren speziellen Ausformungen unvollkommen. Bildung zielt nicht nur auf die optimale Verwertung menschlicher Arbeitskraft in der Produktion, sondern auf die volle Entfaltung der menschlichen Persönlichkeit, auf das Bewußtwerden der eigenen Würde und die Achtung und die Toleranz für die Rechte anderer[38]. Damit wird Bildung zum Anliegen jeder demokratischen Gesellschaft. Ein Recht auf Bildung kann heute jedoch nur so verwirklicht werden, daß der einzelne einen Anspruch unter dem Gesichtspunkt der Gleichbehandlung an dem vom Staat bereitgestellten Bildungseinrichtungen erwirbt. Ein weites Feld von Problemen ergibt sich dann noch, wenn präzisiert werden soll, welche staatlichen Bildungseinrichtungen mit welchem inhaltlichen Angebot notwendig sind und ob und wie die Zulassung geregelt werden kann[39].

Wichtig ist aber auch der negative Aspekt, daß nämlich das Recht auf Bildung niemand verwehrt werden darf[40]. Damit dürfte auch ein Verbot in die Richtung ausgesprochen sein, daß sich Bildung im Zeichen technologischen Wandels zum Privileg und zum Herrschaftswissen weniger entwickelt.

3.1.2. Das Recht auf kulturelle Teilhabe

Die kulturellen Werte einer Gesellschaft können nicht von den sozialen, wirtschaftlichen und politischen Komponenten in einem Staat getrennt werden. Die Summe des Wissens, der Überzeugungen, der Glaubenssätze, ja der ganzen Lebensäußerungen eines Volkes müssen in den Begriff der kulturellen Teilhabe eingehen. Und ohne Zweifel werden die Ziele der internationalen Sozialpolitik ohne kulturelle Dimensionen nicht erreicht werden. In diesem Sinne stellten auch die Kultusminister der Staaten des Europarats 1981 in Luxemburg fest, daß die kulturellen Faktoren nicht von den Elementen der politischen, wirtschaftlichen und sozialen Entwicklung getrennt werden könnten[41]. Wieweit jedoch hier die Vorstellungen auseinander gehen, um die kulturellen Rechte in Europa voranzutreiben, zu verwirklichen oder zu sichern, zeigen z. B. auf der einen Seite die Bemühungen, eine Charta für Minderheiten auszuarbeiten, welche für die zehn Millionen Europäer, die als sprachliche Minderheiten einzustufen sind, eine Rückbesinnung auf die eigene Kultur unter Einbezug der Bereiche Erziehung, Bildung, Massenmedien, öffentliches Leben, soziale Angelegenheiten und Förderung von eigener Literatur und Geschichte vorsieht. Auf der anderen Seite wird auf nationaler und internationaler Ebene das Ziel verfolgt, große Märkte und Einflußbereiche, verbunden mit kultureller Gleichschaltung durch den Einsatz moderner Massenmedien und heute mit dem Ruf nach einem europäischen Einheitsfernsehen zu schaffen. Die kulturelle Teilhabe darf als verbindende Komponente nicht dem freien Spiel der Kräfte überlassen bleiben, sondern der Staat muß in zunehmendem Maß die Verantwortung für die Kultur übernehmen und durch eine Garantie der kulturellen Teilhabe die Voraussetzungen für ein Leben in Frieden und Sicherheit schaffen.

3.1.3. Das Recht auf wirtschaftliche Mitbestimmung

Die Mitbestimmung, verstanden als eine Mitgestaltung und Mitentscheidung in Angelegenheiten der wirtschaftlichen und sozialen Gestaltung von Unternehmen, ist ein wesentlicher Bestandteil der jeweiligen sozialen Ordnung eines Landes. In Industriestaaten mit engen wirtschaftlichen Verknüpfungen und gegenseitigen Abhängigkeiten können die Entscheidungen von Unternehmen im Einzelfall wie in ihrer Gesamtheit nicht in betriebswirtschaftlichen Kategorien gemessen werden, sondern beeinflussen das Wohl der Mitarbeiter wie das öffentliche Interesse. Dazu gehören Vollbeschäftigung, Preisstabilität und Einkommen aber auch Warenangebot und Fragen weiterer Lebensqualitäten wie Umweltschutz. Nicht zuletzt hängen davon aber auch die sozialen Möglichkeiten in einer Gesellschaft ab. Hier gilt es – vor allem in einer Demokratie – die von den wirtschaftlichen Entscheidungen Betroffenen zu Beteiligten durch wirtschaftliche Mitbestimmung zu machen[42]. An einer Erweiterung der sozialen Rechte im Bereich der Mitbestimmung wird in den Gremien der ESC gearbeitet[43].

3.1.4. Das Recht auf Umweltschutz

Sicherlich gehören heute Umweltschutz und Gesundheitsschutz in einen untrennbaren Zusammenhang. Hinsichtlich des Gesundheitsschutzes hat die ESC in Art. 11 eine entscheidend neue Aussage gemacht, wenn nicht aufgrund einer systematischen Auslegung das Recht so interpretiert wird, daß Gesundheit als Voraussetzung oder Gleichsetzung mit Arbeitsfähigkeit zu sehen ist. Bei einer umfassenden Auslegung, etwa im Sinne der Weltgesundheitsorganisation, wonach unter Gesundheit der Zustand völligen körperlichen, seelischen und sozialen Wohlbefindens zu verstehen ist, muß man zwar anerkennen, daß weite Bereiche der Gesundheit in der alleinigen persönlichen Verantwortung des einzelnen verbleiben, daß aber auf der anderen Seite die Verfassung sich heute nicht darauf zurückziehen kann, nur Abwehrpositionen gegenüber staatlichen Eingriffen zu garantieren, sondern Rechtspositionen gewähren muß, die dem einzelnen als subjektive Rechte gegenüber Dritten zustehen und auf die Herstellung bestimmter Zustände gerichtet sein können[44]. Diese Rechte müssen sich gegen diejenigen Kräfte und Interessen von Teilen der Gesellschaft richten, die ohne Rücksicht auf eine intakte Umwelt und den Gesundheitsschutz auch der kommenden Generationen nur ihrer Gruppe Vorteil verfolgen. Dabei ist nicht nur an die Vergiftung von Boden, Luft und Wasser und der damit verbundenen Gesundheitsgefährdung der Menschen durch Chemikalien oder Strahlen, die Rodung der Wälder oder Überbeanspruchung der Ackerböden gedacht, sondern auch an die Zerstörung von Landschaften und Erholungsgebieten durch übermäßige Bauvorhaben wie Flughäfen, Teststrecken oder Kanälen sowie an Schutzmaßnahmen für Tiere und Pflanzen.

3.1.5. Das Recht auf Wohnung

Das Recht auf Wohnung ist eine der elementarsten sozialen Forderungen, weil die Wohnung als Mittelpunkt des Lebens und als Grundbedürfnis eine Voraussetzung zur Führung eines menschenwürdigen Lebens bildet. Die ESC erwähnt zwar in Art. 16 unter dem Gesichtspunkt des Schutzes des Familienlebens, den Bau familiengerechter Wohnungen zu fördern – ein soziales Grundrecht auf Wohnung für jederman wird jedoch nicht verankert.
Bei dem sich im Prinzip ergänzenden Recht auf Wohnung und dem Recht auf Unverletz-

lichkeit der Wohnung (z. B. Art. 13 GG), wird die Kluft zwischen den heute gerichtlich nicht durchsetzbaren sozialen Grundrechten und den rechtsstaatlich bewehrten politischen Grundrechten besonders deutlich. Denn: eine Garantie der Unverletzlichkeit der Wohnung setzt den Besitz einer Wohnung voraus. Als soziales Recht hat das Recht auf Wohnung einen Ziel- und Zweckwandel von der Aufrechterhaltung der öffentlichen Sicherheit und Ordnung im Mittelalter zur Verwirklichung von sozialer Gerechtigkeit, Chancensicherung und Lastenausgleich durchlaufen[45]. In den heutigen politischen Grundsatzerklärungen und Parteiprogrammen ist das Menschenrecht auf Wohnung anerkannt[46]. In der Auslegung des geltenden Rechts durch die Rechtsprechung wird aber heute noch bei der Unterbringung von Obdachlosen von Maßnahmen der Gefahrenabwehr gesprochen[47]. Es stellt sich danach die Frage, ob das Recht auf Wohnung als soziales Grundrecht in die Verfassung aufgenommen werden soll. Das Grundgesetz, im Gegensatz zu einigen Landesverfassungen, kennt ein solches Grundrecht nicht. Die Argumente, die gegen eine Aufnahme sozialer Grundrechte in die Verfassung vorgebracht werden, konzentrieren sich auf die Schwierigkeit der konkreten Bestimmbarkeit der einzelnen Ansprüche und deren möglicher Wandel sowie auf die Planungs- und Finanzierungsvorbehalte, die bei der Bereitstellung von Grundbedürfnissen eintreten können. Diese Bedenken sind jedoch nicht so gravierend, um eine Aufnahme dieser Rechte in die Verfassung abzulehnen, denn auch die Auslegung der politischen Grundrechte ist schwierig und im Einzelfall umstritten. Die Möglichkeit, Gesetzesvorbehalte einzubauen, bleibt unbenommen. Die Vorteile lägen jedoch auf der Hand, denn das Gewicht der sozialen Grundrechte im Katalog der staatlichen Ziele würde an Bedeutung zunehmen und bei der Abwägung, für welche Ziele staatliche Mittel eingesetzt werden sollen, stärker zu beachten sein.

3.2. Vorschläge zur Verbesserung der internationalen Durchsetzung und Kontrolle sozialpolitischer Maßnahmen

An verschiedener Stelle wurde schon ausgeführt, daß die Kontroll- und Durchsetzungsmaßnahmen der ESC wenig effektiv gestaltet sind. Als Ziel muß daher eine *Rechtsverbindlichkeit* der sozialen Rechte angestrebt werden. Weiterhin hat sich als Charakteristikum internationaler Sozialpolitik herausgestellt, daß die sozialpolitischen Maßnahmen über den internationalen Wettbewerb in einem interdependenten Zusammenhang stehen. So ergibt sich, daß die ESC auch unter diesen Gesichtspunkten ergänzungsbedürftig ist. Diesen Gedanken soll abschließend noch etwas nachgegangen werden.

Zunächst könnte man an der Regelung anknüpfen, daß nach der Charta die Möglichkeit besteht, sich in unterschiedlicher Weise zu binden. Es gibt sowohl Staaten, die die Grundsätze der ESC vollständig, andere, die sie nur teilweise unterschrieben haben. Weiterhin gibt es Staaten des Europarates, welche die Charta überhaupt noch nicht unterschrieben haben. Die Charta wendet sich natürlich an sämtliche Mitgliedsstaaten des Europarates, mit dem Ziel, daß diese Charta unterzeichnet und die Grundsätze möglichst vollständig übernommen werden. Zur Realisierung dieses Zieles sind jedoch keine Maßnahmen in der Charta vorgesehen. Müssen oder dürfen solche Fortschritte nur durch die autonomen Entscheidungen der jeweiligen Regierungen der entsprechenden Staaten erfolgen? Oder könnte nicht schon die Charta den beitretenden Staaten eine Verpflichtung auferlegen, daß sie die Länder, die noch nicht beigetreten sind oder die noch nicht alle Artikel unterschrieben haben, mit Rat und Tat unterstützen, um die Voraussetzungen für einen

Beitritt oder eine Erweiterung ihrer Verpflichtungen zu schaffen? Ein derartiger Artikel könnte den Unterzeichnern der Charta als unverbindliche Empfehlung aufgetragen werden. Er könnte aber auch so ausgestaltet sein, daß – nach den noch heute vorherrschenden Vorstellungen – «Eingriffe» in die Souveränität der anderen Länder erfolgen würden. Als Problem wird natürlich erkannt, daß schon die Kritik durch die unabhängige Expertenkommission der ESC bei den Mitgliedsstaaten Abwehr und Furcht vor Souveränitätsverlust auslöst. Auch bei Vereinbarungen auf internationaler Ebene sind die verschiedenen Staaten immer an erster Stelle darauf bedacht, daß ihre Souveränität nicht angetastet wird[48]. Ebenso hindern die westeuropäischen Staaten ihre Souveränitätsvorstellungen, eine größere politische Einigung zu erreichen, obwohl im Rahmen der Europäischen Gemeinschaften die erkennbarsten Fortschritte gemacht worden sind. Was auf wirtschaftlichem Gebiet gelang, sollte auf sozialem Gebiet seine Gleichsetzung finden.

Diese Vorschläge stellen nach den geltenden Überzeugungen eine Art Einmischung in die inneren Angelegenheiten der anderen Staaten dar. Aber ist es nicht ein wichtiges Ziel internationaler Sozialpolitik die Angleichung der inneren Ausgestaltung sozialer Verhältnisse unterschiedlicher Länder anzustreben? Für den Beitritt zu internationalen Vereinbarungen, Pakten, Resolutionen usw. sollte zumindest die Möglichkeit der Werbung geschaffen werden. Was schadet es der Bundesrepublik, wenn ihr vom Ausland vorgeworfen wird, sie verstoße z. B. gegen die Freiheit der Berufswahl und -ausübung, durch die Überprüfungspraxis der Bewerber zum öffentlichen Dienst oder durch bestimmte Arten der Zwangsarbeit. Diese Argumente, sofern sie kanalisiert sind und nicht nur von extremen Gruppen stammen, können doch nur die Diskussion beleben und zur besseren Herausarbeitung und Begründung des eigenen Standpunktes oder zur Einsicht und zur Revidierung desselben führen. Die Bundesrepublik sollte sich auch das Recht nehmen und es als Pflicht auffassen, anderen Staaten Menschenrechtsverletzungen vorzuwerfen, sozialwidriges staatliches Verhalten anzuprangern und Hilfen zur Überwindung dieser Mängel anzubieten. Warum sollte man nicht für die Gleichberechtigung von Mann und Frau z. B. auch in islamischen Staaten eintreten, wenn man von diesem Recht als einem elementaren Menschenrecht überzeugt ist? Kulturelle und religiöse Fragen können bei Problemen der Menschenrechtsverwirklichung nicht als Tabu erklärt werden. Auf der anderen Seite – warum sollte man sich in westlichen Staaten nicht ernsthaft mit den Argumenten aus anderen Kulturkreisen auseinandersetzen, daß z. B. die «Vermarktung»[49] der Frau in westlichen Kulturkreisen menschenunwürdig ist und damit die Menschenwürde verletzt. Für den Austausch der Argumente muß nur die richtige Form gefunden werden. Ungeachtet der Betonung der souveränen Gleichheit und der Achtung der der Souveränität innewohnenden Rechte[50] und dem Prinzip der Nichteinmischung in innere Angelegenheiten[51] finden sich in der KSZE-Schlußakte doch schon Formulierungen, welche die Möglichkeit solcher Einflußnahme für zulässig erscheinen läßt. Im IX. Kapitel des 1. Teils, das mit «Zusammenarbeit zwischen den Staaten» überschrieben ist, heißt es: Die Teilnehmerstaaten «werden sich gleichermaßen bemühen, bei der Entwicklung ihrer Zusammenarbeit das Wohlergehen der Völker zu verbessern und zur Erfüllung ihrer Wünsche beizutragen, unter anderem durch die Vorteile, die sich aus größerer gegenseitiger Kenntnis sowie dem Fortschritt und den Leistungen im wirtschaftlichen, wissenschaftlichen, technischen, sozialen, kulturellen und humanitären Bereich ergeben. Sie werden Schritte zur Förderung von Bedingungen unternehmen, die den Zugang aller zu diesen Vorteilen begünstigen . . . Sie bestätigen, daß Regierungen, Institutionen, Organisationen und Personen eine relevante und positive Rolle zukommt, zur Erreichung dieser Ziele ihrer Zusammenarbeit beizutragen.» Und im 3. Teil (Zusammenarbeit in humanitären und anderen Bereichen (Korb 3), werden Instrumente der Information, der Begegnung und des Austausches auf allen sozialen und kulturellen Gebieten ermöglicht. Schließlich müßte man daran denken, wie die Grundsätze der Charta in anderen Staaten als denen des Europarats zum Gegenstand der Sozialpolitik gemacht werden können. Im Sinne der Grundsätze und Überlegungen einer internationalen Sozialpolitik müßten mit allen Mitteln nationaler und internationaler Art Voraussetzungen geschaffen werden, damit die tatsächliche Ausübung sozialer Rechte nicht nur in den Mitgliedsstaaten der ESC sondern in allen Ländern aus Gründen der Achtung vor der Würde des Menschen gewährleistet werden – insbesondere gilt dies aber in den mit den Ländern der ESC konkurrierenden Ländern, also den anderen Industrieländern und den Schwellenländern, damit nicht der internationale Wettbewerb auf dem Rücken der sozial Schwächeren ausgetragen wird. Denn ein hoher Standard sozialer Leistungen ist auf Dauer in Teilgebieten der Erde nur zu halten, wenn sie anderswo in ähnlicher Weise verwirklicht werden. Neben anderen möglichen Störungen bei Ungleichheiten führt eine gegenseitige Konkurrenz am Weltmarkt auf Kosten der sozialen Sicherung der einen zu einer Reduzierung der sozialen Möglichkeiten der anderen. Derartige Anstrengungen könnten nicht nur staatliche und internationale Institutionen verfolgen. Sozialpolitisch beispielgebend könnten auch die europäischen Firmen (insbesondere die multinationalen Unternehmen) sein, die in außereuropäischen Ländern investieren, oft genug mit staatlichen Förderungsmittel des Heimat- wie des Gastlandes. Betriebswirtschaftliche Überlegungen der Unternehmen führen meist dazu, daß die europäischen sozialpolitischen Standards nicht in das Gastland übertragen, sondern die dort gegebenen sozialen Zustände zur billigeren Produktion ausgenutzt werden. Neben moralischen Druck könnten die Heimatländer der Unternehmen zumindest bei der Vergabe von Fördermitteln durch entsprechende Auflagen die Unternehmen zur schrittweisen Verwirklichung der hier entwickelten Grundsätze veranlassen.

Anmerkungen

[1] Vom 18. Okt. 1961; BGBl 1964 II, S. 1262; für die Bundesrepublik Deutschland in Kraft getreten am 26. Feb. 1965.

[2] Als politisches Bekenntnis in diesem Sinne z. B.: Ehrenberg, H., Die Europäische Sozialcharta und ihre Bedeutung für die Arbeitnehmer in Europa, in: Die Europäische Sozialcharta. Mit Beiträgen von G. Agnelli et. al., Baden-Baden 1978, S. 7 ff (14); Agnelli, G., Die Europäische Sozialcharta – Schritte zu einer gemeinsamen europäischen Sozialpolitik, in: Die Europäische Sozialcharta, a.a.O., S. 69 ff.

[3] Vom 10. Dez. 1948; United Nations General Assembly Official Records (GAOR), 3rd Sess. Resolutions part I, S. 71.

[4] Vom 4. Nov. 1950; BGBl. 1952 II, S. 686; die Konvention trat für die Bundesrepublik am 3. Sep. 1953 in Kraft.

[5] Herzog, R., in: Maunz-Dürig-Herzog-Scholz, Grundgesetz, Art. 20 Rdn. 36 hält diese Aussage zum Sozialstaat für zutreffend, trotz seiner im übrigen einschränkenden Interpretation dieses Prinzips.

[6] Vom 5. Mai 1949; BGBl. 1953 II, S. 1128; die Bundesrepublik ist am 13. Juli 1950 assoziiertes Mitglied und am 2. Mai 1951 Vollmitglied geworden.

[7] Vgl. Anm. 4.

[8] Vgl. Anm. 3.

[9] Internationaler Pakt über bürgerliche und politische Rechte vom 19. Dez. 1966, GAOR, 21st Sess. Res., S. 52 (BGBl. 1973 II, S. 1534; in Kraft für die Bundesrepublik seit dem 3. Jan.

1976); Internationaler Pakt über wirtschaftliche, soziale und kulturelle Rechte vom 19. Dez. 1966, GAOR, 21. Sess. Res., S. 49 (BGBl. 1973 II, S. 1570; in Kraft für die Bundesrepublik seit dem 3. Jan. 1976).

[10] Vgl. den weiteren Beitrag des Autors in diesem Band.

[11] Berenstein, A., Die Entwicklung und Bedeutung der wirtschaftlichen und sozialen Rechte, in: Die Europäische Sozialcharta, a.a.O., S. 15 ff (53).

[12] Vgl. Schnorr, G., Das Arbeitsrecht als Gegenstand internationaler Rechtsetzung, München/Berlin 1960.

[13] Vergleichende Hinweise finden sich bei Schambeck, H., Grundrechte und Sozialordnung, Gedanken zur Europäischen Sozialcharta, Berlin 1969, S. 59 ff.

[14] Sie hat nicht nur «einen programatischen Zweck», um «der sowjetischen und außereuropäischen Welt den hohen Stand der sozialen Sicherung der Arbeiter in den Ländern des Europarats vor Augen zu führen» – so aber: Wengler, W., Die Unanwendbarkeit der Europäischen Sozialcharta im Staat, Berlin u. a. 1969, S. 13, unter Hinweis auf die Resolution Nr. 218 (1962) der beratenden Versammlung des Europarats.

[15] Wiebringhaus, H., Die Sozialcharta des Europarats, in: Liber Amicorum B. C. H. Aubin, Kehl/Straßburg 1979, S. 265 ff (271).

[16] Wasescha, L., Sozialcharta: Negative und Positive Bilanz, in: Forum Europarat 1981 (H. 2), S. 15 ff.

[17] Wiebringhaus, a.a.O., S. 272.

[18] Ebenda S. 300 f.

[19] Vgl. Anm. 15; die Dokumente liegen in französischer und englischer Sprache vor; vgl. dazu auch die Denkschrift der Bundesregierung zur Europäischen Sozialcharta, Bundestagsdrucksache IV, S. 2117 ff.

[20] Vgl. z. B. die kontroversen Stellungnahmen: Achten u. a., Recht auf Arbeit – Eine politische Herausforderung (Demokratie und Rechtsstaat Bd. 38), Neuwied/Berlin 1978; Barth, D., Das Recht auf Arbeit, in: Beiträge zur Gesellschafts- und Bildungspolitik, Hrsg., Inst. der dt. Wirtschaft, Heft 8, Köln 1976; Bobke, M., Das Recht auf Arbeit muß in der Verfassung verankert werden, in: Marxistische Blätter 1978, S. 82 ff; Junge, O., «Recht auf Arbeit» – Rote Nelke mit Dornen, in: Der Arbeitgeber 1978, S. 8 f; Schwertner, P., Die Garantie des Rechts auf Arbeit – Ein Weg zur Knechtschaft? in: Zeitschrift für Arbeitsrecht 1977, S. 47 ff; Lohmann, U., Zur rechtlichen Vereinbarkeit eines Rechts auf Arbeit in der Bundesrepublik Deutschland. Gutachten der Kommission für wirtschaftlichen und sozialen Wandel, Bd. 25, Göttingen 1975, S. 212 ff.

[21] Horner, F., Die sozialen Grundrechte. Weltanschauliche und gesellschaftspolitische Aspekte, Salzburg/München 1974 (Salzburger Universitätsschriften Bd. 12), S. 37, der sich auf eine Aussage des Generalsekretariats stützt.

[22] Schambeck, a.a.O., S. 64.

[23] Vgl. z. B. Ebert, K., Das gesamte öffentliche Dienstrecht, Lbl. Berlin 1982, KZ 350 ff.

[24] In Frankreich wird Familien mit mindestens drei Kindern ein Mindesteinkommen garantiert; Gesetz vom 17. Juni 1980. Danach haben Familien mit drei Kindern mit einem Einkommen von unter f Fr. 36 130 im Jahr einen Anspruch auf Differenzialergänzung, so daß sichergestellt ist, daß ein monatliches Mindesteinkommen von f Fr. 4200 zur Verfügung steht. Vgl. Das Mindesteinkommen, in: Internationale Revue für soziale Sicherheit 1980 (Nr. 3/4), S. 345 ff.

[25] Vgl. Mitscherlich, M., Das Arbeitskampfrecht der Bundesrepublik Deutschland und die Europäische Sozialcharta, Baden-Baden 1977.

[26] So aber eine Erklärung der Bundesregierung vor der Unterzeichnung der ESC; dagegen Däubler, W., Der Arbeitskampf und die Sozialcharta, in: Die Europäische Sozialcharta, a.a.O., S. 103 ff (128 f).

[27] Wengler, a.a.O., S. 7.

[28] Isele, H. G., Die Europäische Sozialcharta, Wiesbaden 1967 (Sitzungsberichte der wissenschaftlichen Gesellschaft der Johann-Wolfgang-Goethe-Universität Frankfurt am Main, Bd. 4, Nr. 3), S. 62 f.

[29] BAG, Urteile vom 10. Juni 1980 (1 AZR 168/79, 1 AZR 822/79, 1 AZR 331/79). Als unzuläs-

sig werden Selektions-, Angriffs-, Sympathie-, Warn- und lösende Aussperrungen angesehen. Hinzu kommen quantitative Beschränkungen.

[30] Vgl. z. B. Gesunde Umwelt. Ein Grundrecht. Sonderdruck des Presse- und Informationsamts der Bundesregierung, Bonn 1971.

[31] In der Bundesrepublik ist die Entwicklung durch die Zusammenfassung der sozialen Rechte im neuen Sozialgesetzbuch gekennzeichnet (vom 11. 12. 1975 [BGBl. I, S. 3015]). Als Grundziele werden auf gesetzlicher Ebene die Verwirklichung sozialer Gerechtigkeit und sozialer Sicherheit genannt (§ 1 Abs. 1); vgl. dazu Grüner, H., Sozialgesetzbuch, Kommentar, Loseblatt, Percha 1981.

[32] Pilz, F., Das sozialstaatliche System in der Bundesrepublik Deutschland, München 1978, S. 83; er zitiert die «Armuts»-Dokumentation der CDU vom Jan. 1977, wonach 6 Millionen Deutsche von einem unter der Sozialhilfe liegenden Einkommen leben; vgl. auch Strang, H., Erscheinungsformen der Sozialhilfebedürftigkeit, Beitrag zur Geschichte, Theorie und empirische Analyse der Armut, Stuttgart 1970; Willmott, P., u. a., Armut und Sozialpolitik in Europa, London 1978; Widmaier, H. P., (Hrsg.), Zur neuen sozialen Frage, Berlin 1978.

[33] Vgl. dazu Otto, H. et. al. (Hrsg.), Sozialarbeit als Beruf, Frankfurt 1971; Rössner, L., Theorie der Sozialarbeit, München und Basel, 2. Aufl. 1975.

[34] Gesetz zur Sicherung der Eingliederung Schwerbehinderter in Arbeit, Beruf und Gesellschaft vom 2. April 1974 (BGBl. I, S. 1005).

[35] Die Abkommen der IAO, die auch als internationale Arbeitsrechtskodifikationen bezeichnet werden können, nehmen fast alle Rechte der ESC vorweg, vgl. Schnorr, a.a.O., S. 29.

[36] Vgl. z. B. Global 2000, Der Bericht an den Präsidenten, aus dem amerikanischen von Th. Berendt u. a., Hrsg. R. Kaiser, Frankfurt am Main 1980, m. w. N.

[37] Multinationale Unternehmen im Widerstreit der Meinungen, Eine Analyse mit Beiträgen von W. Gruhler und H. Bilger, Hrsg., G. Kley, W. Heintzler und W. Böhme, Heidelberg 1980; v. Krosigk, F., Multinationale Unternehmen und die Krise in Europa, Frankfurt 1978; Niedermayer, O., Multinationale Konzerne und Entwicklungsländer, München 1979; Böckstiegel, K.-H. und Catranis, A., Verhaltenskodex der Vereinten Nationen für multinationale Unternehmen: Illusion oder absehbare Realität?, in: NJW 1980, S. 1823 ff.

[38] Vgl. Art. 13 der UN-Konvention über wirtschaftliche, soziale und kulturelle Rechte, a.a.O.; zum Recht auf Bildung: Dahrendorf, R., Bildung ist Bürgerrecht, Hamburg 1965; Reuter, L.-R., Soziales Grundrecht auf Bildung? Ansätze eines Verfassungswandels im Leistungsstaat, in: DVBl. 1974, S. 7 ff; Hernekamp, a.a.O., S. 155 ff, 247 f, m. w. N.

[39] Vgl. BVerfGE 33, 303 ff; Maunz, Th., Der Bildungsanspruch in verfassungsrechtlicher Sicht, Politische Studien 1973, S. 255 ff; Richter, J., Bildungsverfassungsrecht, Stuttgart 1973.

[40] Vgl. Art. 2 des Zusatzprotokolls Nr. 1 zur EMK (BGBl. 1957 II, S. 226).

[41] Sombart, N., in: Forum Europarat 1981 (H. 2), S. 5.

[42] Zur Mitbestimmung: Badura, P., Unternehmerische Mitbestimmung, soziale Selbstverwaltung und Koalitionsfreiheit, in: RdA 1976, S. 275 ff; Fabricius, F., Naturrecht und Mitbestimmung, in: Mitbestimmungsgesetz, Stuttgart 1976, S. 79 ff; Huber, E. R., Grundgesetz und wirtschaftliche Mitbestimmung, Basel 1970; Krüger, H., Paritätische Mitbestimmung, Unternehmensverfassung, Mitbestimmung der Allgemeinheit, Frankfurt 1973.

[43] Altweg, J., in: Forum Europarat 1981, S. 11 ff.

[44] Schrifttum und Rechtsprechung erkennen ein solches einklagbares «Recht auf Umweltschutz» nicht an. Vgl. z. B. Rupp, H. H., Die verfassungsrechtliche Seite des Umweltschutzes, in: JZ 1971, S. 401 ff; Weber, W., Umweltschutz in Verfassungs- und Verwaltungsrecht, in: DVBl. 1971, S. 608 ff; Klein, H. H., Ein Grundrecht auf saubere Umwelt, in: Festschrift für Werner Weber 1974, S. 643 ff; vgl. auch die Nachweise bei Sening, Ch., Das Grundrecht auf Naturgenuß im Widerstreit der Meinungen, in: BayVBl. 1976, S. 72 ff und Sailer, H., Subjektives Recht und Umweltschutz, in: DVBl. 1976, S. 521 ff; BVerwG in NJW 1975, S. 2355 f; BVerwG in DVBl. 1977, S. 897 ff; zum Gesamtproblem: Kloepfer, M., Zum Grundrecht auf Umweltschutz, Berlin/New York 1978; Mayer-Tasch, P. C., Umweltrecht im Wandel, Opladen 1978.

[45] Grüner, a.a.O., S. 4, 16 f, 24 f.

[46] Vgl. Hernekamp, a.a.O., S. 217 ff.

[47] OVG Lüneburg, in: ZfGesFamR 1971, S. 669 f, zitiert nach Hernekamp, a.a.O., S. 215. In diesem Urteil wird einer Familie mit 10 Kindern unter 14 Jahren ein Anspruch auf eine «familiengerechte Wohnung» nicht gewährt.

[48] Vgl. Bohling, W., Zur Rechtfertigung staatlicher Macht als Voraussetzung staatlicher Planung und Lenkung in der Marktwirtschaft, in: K. Thöne (Hrsg.), Wirtschaftslenkung in marktwirtschaftlichen Systemen, Darmstadt 1981, S. 2 ff.

[49] Von der Werbung bis zur Peep Show und Prostitution, vgl. dazu die Konvention zur Unterdrükkung des Menschenhandels und der Ausbeutung von Prostitution vom 21. März 1950, UNTS Bd. 96, S. 271 (von der Bundesrepublik nicht ratifiziert), Übersetzung in: Menschenrechte. Ihr internationaler Schutz, Hrsg. B. Simma/U. Fastenrath, München 1979, S. 130 f.

[50] Vgl. Korb 1/1aI der KSZE – Schlußakte vom 1. Aug. 1975, in: Bulletin des Presse- und Informationsamtes der Bundesregierung 1975, Nr. 102, S. 968 ff.

[51] Ebenda, Korb 1/1aVI.

Die zwischen- und überstaatliche Regelung über soziale Sicherheit

Entwicklung, Bedeutung und Gestaltung

Helmut Kaupper

Wenn hier von «zwischenstaatlichen Regelungen über soziale Sicherheit» gesprochen wird, so sind neben den überstaatlichen Regelungen, das heißt also dem unmittelbar ohne Vertragsgesetz von den EG-Gremien gesetzten Recht die vertraglichen Regelungen (zwei- und mehrseitige Abkommen und Übereinkommen) zu verstehen. Einen weiteren besonderen Bereich bilden Richtlinien, Übereinkommen und Empfehlungen der Europäischen Gemeinschaften, des Europarats und der Internationalen Arbeitsorganisation, die zwar nicht unmittelbar geltendes Recht setzen, aber Verpflichtungen der Staaten beinhalten, das innerstaatliche Recht in einer entsprechenden Weise zu gestalten.

1. Entwicklungsstufen der zwischenstaatlichen Regelungen

Das Bedürfnis, bestimmte Fragen der Sozialversicherung zwischenstaatlich zu regeln, ist so alt wie die Sozialversicherung selbst, stammt also noch aus der Zeit der Jahrhundertwende. Maßgebend war die in der Zeit der Industrialisierung entstehende Ausländerbeschäftigung in bestimmten Wirtschaftszweigen (Straßen- und Eisenbahnbau usw.). Aus dieser Ausländerbeschäftigung entstand die moralische und rechtliche Verpflichtung für die Beschäftigungsländer, bestimmte Risiken für die Arbeitnehmer und ihre im Heimatland zurückbleibenden Familienangehörigen abzusichern. Insbesondere bei Arbeitsunfällen war ein Schutz angesichts der Gefährdung, die manuelle Arbeit mit sich bringt, unabdingbar. Die Erkenntnis, daß ausländische Arbeitskräfte auch ein unter Umständen gefährliches politisches Konfliktpotential werden könnten, förderte die Bereitschaft, diese Gruppen sozial abzusichern. Arbeiterkongresse um die Jahrhundertwende erheben hierzu politische Forderungen.
Die ersten Versuche, innerstaatliche Regelungen so auszugestalten, daß damit zwischenstaatliche Regelungen ersetzt wurden, erwiesen sich als wenig erfolgreich. Abkommen gaben sowohl den Staaten wie auch den betroffenen Arbeitnehmern bessere Garantien. Sozialabkommen, die sich mehr auf den Bereich der sozialen Fürsorge (Unterstützung mitteloser Kranker) beziehen, wurden bereits 1871 und von Deutschland 1873 (mit Dä-

nemark) geschlossen. 1903 bis 1905 folgten verschiedene Regelungen über Unfallversicherung. Das erste Abkommen über Rentenversicherung entstand 1912 zwischen Deutschland und Italien. Die Grundsätze dieses Abkommens waren aber anders als die heutiger Abkommen. Die Beiträge ausländischer Arbeitnehmer wurden in die heimische Versicherung überwiesen und führen dort zu Ansprüchen. Das Gefälle der Sozialversicherungssysteme schuf jedoch damit eine unterschiedliche Behandlung von Arbeitnehmern bei gleicher Beitragsleistung. Ansätze dieser Entwicklung internationalen Sozialversicherungsrechts wurden durch den ersten Weltkrieg zerstört.

Nach 1918 sind es weniger die Probleme der Wanderarbeitnehmer als vielmehr die Folgen von Gebietsabtretungen mit ihrer finanziellen Auseinandersetzung und der Aufteilung der Ansprüche und Anwartschaften der Versicherten unter den entstehenden Nachfolgeinstitutionen, welche die Abkommensgestaltung beeinflussen. Artikel 312 des Versailler Vertrags verpflichtet zu solchen Abkommen; einigten sich die betreffenden Staaten nicht, so erließ der Rat des Völkerbundes an ihrer Stelle sogenannte Schiedssprüche, die unmittelbar geltendes Recht für die Betroffenen schufen. Der bekannteste Schiedsspruch war der sogenannte Baseler Schiedsspruch vom 21. Juni 1921 über Elsaß-Lothringen[1].

Mit der Aufnahme des Deutschen Reiches in die Internationale Arbeitsorganisation, die 1919 als eine Unterorganisation des Völkerbundsrates geschaffen wurde, beteiligte sich das Deutsche Reich an den ersten umfassenden Abkommen über Sozialversicherung. Praktisch mit allen Nachbarstaaten in Europa entstehen in der Folge zwischenstaatliche Regelungen. In ihnen werden erstmals die Grundsätze der Gleichbehandlung, des Leistungsexports, der Zusammenrechnung der Versicherungszeiten für die Anspruchsvoraussetzungen und die anteilige Rentenzahlung entwickelt. Natürlich enthalten diese Regelungen noch nichts über die damals erst in den Anfängen stehenden Systeme der Arbeitslosenversicherung und der Familienbeihilfen. Es fehlt auch die heutige detaillierte Ausgestaltung der Regelungen über Krankenversicherungen.

Die Entwicklung wird durch die Grundhaltung des Dritten Reiches (Austritt aus dem Völkerbund und der Internationalen Arbeitsorganisation) und dann durch den zweiten Weltkrieg beendet. Die Eingliederung großer ausländischer Staatsgebiete in das Deutsche Reich führte zur Erstreckung des deutschen Sozialversicherungsrechts auf einige dieser Gebiete. In anderen Gebieten (z. B. Tschechoslowakei) werden Abkommen diktiert, manchmal auch ohne direkte Eingliederung die Regelung der ausländischen Sozialversicherung und ihre Beziehungen zur deutschen Sozialversicherung verordnet. Einführungsverordnungen dieser Art haben teilweise bis 1952 gegolten und waren, da sie von den anderen Staaten nicht anerkannt worden waren, oft eine Belastung der Vertragsverhandlungen.

Die weiterbestehenden Abkommen selbst wurden 1945 durch Abschnitt III der Proklamation Nr. 2 des Alliierten Kontrollrates sistiert. Der Kontrollrat behielt sich Weisungen über die Wiederinkraftsetzung dieser Abkommen vor. Hierzu ist es allerdings bis zur Wiederherstellung der deutschen Souveränität nicht gekommen. In der Folgezeit wurden nur in Ausnahmefällen Abkommen wieder in Kraft gesetzt (z. B. ein Abkommen über Unfallversicherung mit Finnland aus dem Jahre 1928). In dieser Zeit verläuft die Entwicklung der zwischenstaatlichen Sozialversicherung bis 1950 ohne die Bundesrepublik Deutschland. Einem Abkommen zwischen der Bundesrepublik und Frankreich folgten[2] aber schnell entsprechende Regelungen mit Dänemark[3], den Niederlanden[4], Österreich[5] und der Schweiz[6].

Der Wiedereintritt in die Internationale Arbeitsorganisation, aus der Deutschland 1936 ausgetreten war, erfolgte mit Wirkung vom 1. Juli 1951. Die Bundesrepublik Deutschland übernahm die Verpflichtungen aus den vom Deutschen Reich ratifizierten Übereinkommen, soweit sie in ihrem Hoheitsgebiet entstanden waren. Einige wichtige Übereinkommen, die erst zwischen 1936 und 1951 beschlossen worden waren, wurden in der Folgezeit von der Bundesrepublik Deutschland ratifiziert.

Die ersten Abkommen der Jahre 1950 bis 1955 sind von der Situation der Bundesrepublik Deutschland als Auswanderungsland geprägt. Es ging darum, den Deutschen, die nach 1945 die Heimat verlassen haben, Gleichberechtigung in den neuen Heimatländern zu verschaffen und die ihnen gegenüber entstandenen Verpflichtungen abzugelten. Während in Europa bei allen Ressentiments gegen Deutsche dieses Ziel verhältnismäßig schnell erreicht wurde, bestehen noch heute Lücken des sozialrechtlichen Schutzes für die überseeischen Auswanderungsgebiete. Das Bundesverfassungsgericht hat hierzu im März 1979[7] Konsequenzen gezogen und die Verbesserung der Leistungsgewährung an Ausländer im Ausland verlangt. Die Neuregelung wird voraussichtlich im 22. Rentenanpassungsgesetz erfolgen.

Nach 1955 kehrte sich die Situation um: Die Bundesrepublik Deutschland wird Aufnahmeland für ausländische Arbeitnehmer. Der große Bedarf der deutschen Wirtschaft an Arbeitskräften zwingt dazu. Diese Arbeitnehmer sind aber nur bei entsprechendem sozialem Schutz auf dem europäischen Arbeitsmarkt zu gewinnen. So entstehen in schneller Folge Abkommen mit fast allen europäischen Staaten. Bereits in der Mitte der 50er Jahre beginnt sich die Einigung Europas auch im Bereich der zwischenstaatlichen Sozialversicherung auszuwirken. 1953 entstehen die ersten Abkommen des Europarats, die sogenannten Vorläufigen Europäischen Abkommen über Soziale Sicherheit[8]. Ausgehend von einer Initiative der Europäischen Gemeinschaft für Kohle und Stahl (aufgrund des Artikels 69 Abs. 4 des EGKS-Vertrags) wird ein umfassendes sechsseitiges Abkommen über die Soziale Sicherheit der Wanderarbeitnehmer ausgearbeitet, das später nach Schaffung der Europäischen Wirtschaftsgemeinschaft zur Verordnung Nr. 3[9], der ersten Verordnung der EG mit materiellrechtlichem Inhalt, wird. Aus dieser Verordnung Nr. 3 und der Durchführungsverordnung hierzu, der Verordnung Nr. 4, entstehen 1971 die heute noch geltenden Verordnungen Nr. 1408/71[10] und 574/72[11]. Seit dieser Zeit sind diese Regelungen aber ständig in Umgestaltung, und in Kürze ist mit einer Erstreckung auf Selbständige[12] zu rechnen. Die oft großzügige und die Versicherung auch kostenmäßig belastende Ausgestaltung zwischenstaatlicher Regelungen wird dann durch die Rezessionsprobleme der 70er Jahre beeinträchtigt. Revisionen der zwischenstaatlichen Regelungen stehen heute nicht mehr so sehr unter dem Gesichtspunkt der Verbesserung im Interesse der Arbeitnehmer, als vielmehr des sinnvollen Einsatzes der Mittel. Die Möglichkeiten der Rückkehrförderung, die Probleme der nachwachsenden Ausländergenerationen und die Rationalisierung des zwischenstaatlichen Verwaltungssystems (z. B. durch verbesserte Verfahren, Einsatz der elektronischen Datenverarbeitung, Erstattungsregelung usw.) stehen im Vordergrund.

Dieser recht summarische Überblick über die Entwicklung der zwischenstaatlichen Regelungen zeigt natürlich nicht die Vielfalt, mit denen sie ausgestaltet sind und mit denen sie sich unterscheiden. Es gibt umfassende Regelungen und Regelungen über bestimmte Einzeltatbestände. Es gibt zweiseitige und mehrseitige Abkommen sowie Abkommen, die eine Verklammerung anderer Abkommen darstellen. Untereinander unterscheiden sich die Abkommen häufig auch im sachlichen und persönlichen Anwendungsbereich. So erlaubt z. B. manche Gesetzgebung nicht die Erstreckung auf bestimmte Versicherungszweige oder Personengruppen. Oft ist die Weiterentwicklung der technischen Lösungen nicht nur auf die gesammelten Erfahrungen, sondern vor allem auch auf die Weiterentwicklung der Gesetzgebungen und der technischen Möglichkeiten der Versicherungen zurückzuführen. So ist im zwischenstaatlichen Sozialversicherungsrecht eine Tendenz zu einer immer weiteren Vervollkommnung und Perfektionierung, aber damit auch häufig zu einer immer weiteren Komplizierung unverkennbar.

2. Ausgangspunkte der zwischenstaatlichen Regelungen

Ausgangspunkt ist immer eine Risikosituation, die eines besonderen Schutzes bedarf. Hier unterscheidet sich das zwischenstaatliche Recht nicht von innerstaatlichen Regelungen. Hinzutreten aber für die Fälle der zwischenstaatlichen Regelung Komplizierungen, vor allem in Lücken des sozialen Schutzes oder Überschneidungen der Systeme, welche durch die Auslandsberührungen entstehen. Ziel aller zwischenstaatlichen Regelungen ist also eine Koordinierung zweier oder mehrerer unterschiedlicher Systeme der sozialen Sicherheit, einerseits um ungeschützte Bereiche zu vermeiden und Risiken für die Betroffenen auszuschließen, andererseits auch um Doppelbegünstigungen zu verhindern.

Dabei ist der jeweilige Koordinierungsbedarf, das heißt die Ausgestaltung, abhängig von dem Stand und der Form der sozialen Sicherheit in den Partnerländern und den zu lösenden Problemen und den angestrebten Zielen. Das bringt es mit sich, daß ein einheitlicher Rahmen für zwischenstaatliche Regelungen nicht denkbar ist, so daß sich die Lösungen scheinbar oft unbegründet unterscheiden und manchmal umfassende und zahlreiche Nebenregelungen in Form von Protokollen, Zusatzabkommen usw. geschlossen werden müssen. Besonders groß ist der Koordinierungsbedarf in den Europäischen Gemeinschaften, weil hier zur Zeit zehn Systeme der Mitgliedstaaten, die oft selbst noch diversifiziert sind, aufeinander abgestimmt werden müssen.

In den verschiedenen Versicherungszweigen zeigt sich aber doch eine gewisse Gleichartigkeit der Ausgangssituation, wenn man vom betreffenden Risiko ausgeht. In der Unfallversicherung ist es der zivilrechtliche Haftpflichtgedanke, das heißt die Ablösung der Haftpflicht eines Unternehmers für die seinem Betrieb zuzuordnenden Risiken, der sich unverändert durch alle Regelungen zieht. In der Krankenversicherung ist es der Zwang, die zurückgelassene Familie des Wanderarbeitnehmers und den in ein anderes Land entsandten Arbeitnehmer gegen das Risiko Krankheit zu schützen, der die Schutzform bestimmt. Hinzu kommt allerdings auch angesichts der Entwicklung des Tourismus in den letzten Jahrzehnten der Schutz von Urlaubern oder der Schutz von Rentnern, die ihren Lebensabend im Ausland verbringen. Die Rentenversicherung will einen Arbeitnehmer und seine Familie bei Alter, Invalidität und Tod ohne Rücksicht auf Staatsangehörigkeit oder Aufenthaltsort in einer Art und Weise absichern, die seinen Arbeits- oder Beitragsleistungen im früheren Erwerbsleben entsprechen. In der Arbeitslosenversicherung soll eine Kostenbeteiligung des früheren Beschäftigungslandes, das den Nutzen der aktiven Arbeit hatte, sichergestellt werden. Dagegen kann man beim Kindergeld oft unterschiedliche Ausgangspunkte erkennen. Hier spielen soziale und wirtschaftliche Ziele neben bevölkerungspolitischen Zielsetzungen eine Rolle.

Von einer anderen Seite her betrachtet, kann man die Zielsetzungen der zwischenstaatlichen Regelungen auch anders definieren: Es gibt sozialpolitische Zielsetzungen, entstanden aus der Fürsorgepflicht, die der Staat seinen Bürgern gegenüber verfolgt und die in einem liberalen und weltoffenen Staat heute Ausländern nicht mehr vorenthalten werden können. Es gibt bevölkerungspolitische Zielsetzungen und wirtschaftliche Zielsetzungen, wie sie aus der Forderung nach einem Abbau von Überbevölkerung oder der Geburtenförderung, aus der Förderung von Handel und Wirtschaft usw. entstehen, und es gibt ganz allgemeine politische Zielsetzungen, sei es die stärkere Einbindung eines Partners in ein Bündnissystem, die Wiedergutmachung von irgendwelchen Kriegs- oder Kriegsfolgeschäden, die Erlangung von Vergünstigungen für die eigenen Staatsangehörigen in anderen Ländern, z. B. bei der Erteilung der Arbeitsgenehmigung, bei der Ausreise, bei der Gleichbehandlung in anderen Gebieten usw.

3. Zwischenstaatliche Regelungen in ihrer konkreten Ausgestaltung

Wie bereits erwähnt, gibt es umfassende Regelungen und Regelungen, die sich auf einzelne Versicherungszweige oder sogar nur auf Einzelfragen beschränken. Entsprechend gelten die Grundsätze umfassend oder beschränkt für den jeweiligen Teilbereich.

3.1. Allgemeine Grundsätze

3.1.1. Gleichbehandlung

Der Grundsatz der *Gleichbehandlung* der beiderseitigen Staatsangehörigen in ihren Rechten und Pflichten ist Gegenstand fast aller Regelungen. Nur in wenigen Fällen gibt es hiervon Ausnahmen, z. B. bei der Wählbarkeit zu den Selbstverwaltungsorganen, bei der Gewährung bestimmter, nicht dem engeren Bereich der sozialen Sicherheit zuzuordnenden Leistungen und bei Abkommen, die nach dem Eingliederungsprinzip konstruiert sind (Polen).

3.1.2. Gegenseitigkeit und Gleichwertigkeit

Man darf diesen Grundsatz nicht mit dem *Grundsatz der Gegenseitigkeit* und dem *Grundsatz der Gleichwertigkeit* verwechseln. Unter «Gegenseitigkeit» verstehen wir die formelle Ausgestaltung der wechselseitigen Verpflichtungen, während die «Gleichwertigkeit» das Ausbalancieren des wechselseitigen Interesses am Zustandekommen der Regelungen beinhaltet. Dabei braucht das Interesse in beiden Staaten durchaus nicht auf gleicher Ebene zu liegen; so kann sich die eine Seite von sozialen oder arbeitsmarktpolitischen, die andere von allgemeinpolitischen Überlegungen leiten lassen.

3.1.3. Leistungsexport

Ein tragender Grundsatz ist der *Grundsatz des Leistungsexports.* Dieser kann dabei je nach Versicherungszweig eingeschränkt oder uneingeschränkt sein. Allerdings gibt es auch Abkommen, die nach dem Eingliederungsprinzip konstruiert sind, z. B. das bereits erwähnte deutsch-polnische Rentenabkommen von 1975, die nordischen Abkommen und die Abkommen der meisten Ostblockstaaten untereinander. Anstelle der Zahlung einer Leistung an einen früheren Arbeitnehmer in das Ausland beinhalten sie dessen Eingliederung ins nationale System, als ob er immer dort gewesen wäre. In manchen Fällen wird zur Erreichung dieser Regelung dann ein finanzieller Ausgleich zwischen den Systemen vereinbart.

3.1.4. Abgrenzung des Anwendungsbereiches

Wichtig für Arbeitgeber und Arbeitnehmer ist der *Grundsatz,* nach dem der *Anwendungsbereich* der Systeme der sozialen Sicherheit untereinander abgegrenzt wird. Der Arbeitnehmer soll nur einem System, und zwar grundsätzlich dem des Landes, in dem er seine Beschäftigung ausübt, angehören. Sehr detaillierte Bestimmungen regeln die Ausnahmen, z. B. bei entsandten Arbeitnehmern, beim Personal des Verkehrswesens, bei Seeleuten, bei Grenzgängern und bei Angehörigen der diplomatischen und konsularischen Vertretungen. Diese Bestimmungen helfen Lücken im Schutzsystem oder Doppelversicherungen zu verhindern.

3.1.5. Gleichstellung von Tatbeständen

Der *Grundsatz der Gleichstellung* von rechtlich relevanten *Tatbeständen* in abstrakter oder konkreter Ausgestaltung, d. h. der Gleichstellung des Leistungs- oder Einkommensbezugs, der Versicherungszugehörigkeit des Versicherungseintritts, der Versicherungspflicht, des Wohnortes, des Ortes der Geburt und der Kindererziehung, soll tatsächlich und rechtlich gleiche Ausgangspositionen schaffen. Seine korrekte Ausgestaltung ist eine der schwierigsten Aufgaben bei Vertragsverhandlungen und setzt eingehende und korrekte Kenntnisse auch des Rechts der Vertragspartner voraus.

3.2. Besondere Grundsätze der zwischen- und überstaatlichen sozialen Sicherheit

3.2.1. Rentenversicherung

Wichtigster *Grundsatz ist die Zusammenrechnung* der Versicherungszeiten für die Leistungsvoraussetzungen und die Leistungsberechnung. Bei den Leistungsvoraussetzungen spielt insbesondere die in vielen Systemen bestehende Wartezeit oder Anwartschaft eine große Rolle. Die Rentenberechnung erfolgt in den meisten Regelungen nach dem sogenannten pro-rata-temporis-Prinzip, wobei grundsätzlich in den einzelnen Regelungen in unterschiedlicher Weise garantiert wird, daß ein gewisses gleichfalls unterschiedliches Niveau nicht unterschritten wird oder in manchen Regelungen auch überschritten wird. Diese Garantie kann sich dabei auf die Gewährung der innerstaatlich erworbenen Renten erstrecken oder ein System der Gewährung von Zuschlägen zu Lasten des einen oder anderen Staates beinhalten.

Das pro-rata-System bewirkt, daß Leistungsteile, die von der Versicherungszeit unabhängig sind, zwischen den Staaten nach Maßgabe des pro-rata-Schlüssels aufgeteilt werden. Allerdings beinhalten manche Regelungen für bestimmte solcher Leistungsteile, z. B. für den auf die Zurechnungszeiten entfallenden Teil oder Kinderzuschüsse, auch feste Schlüssel. Eine Besonderheit enthält für die Kinderzuschüsse und die Waisenrenten die EG-Regelung, bei der eine Koordinierung mit den entsprechenden Familienbeihilfesystemen anderer Mitgliedstaaten vorgesehen ist. Im allgemeinen wird hier die Leistung nach dem Recht des Wohnlandes gewährt. Durch die Rechtsprechung des Europäischen Gerichtshofes hat sich jedoch ein in der EG-Verordnung nicht enthaltenes Garantiesystem auch für diese Fälle entwickelt. In bestimmten Fällen sind Unterschiedsbeträge zu zahlen.

3.2.2. Krankenversicherung

Bei den Sachleistungen der Krankenversicherung ist die Gewährung von *Aushilfsleistungen* durch den Träger des anderen Vertragspartners vorgesehen. Die Systeme stellen ihre Infrastruktur für die Leistungen an ausländische Versicherte bereit. Je nach der Situation wird der gesamte Leistungsumfang – z. B. bei Familienangehörigen eines Wanderarbeitnehmers – oder das nur sofort Notwendige – z. B. bei Touristen – gewährt. Für die Abrechnung zwischen den Systemen ist in den Regelungen unterschiedlich eine Pauschale oder eine Einzelfallabrechnung vereinbart. Manche Regelungen sehen wechselseitigen Erstattungsverzicht vor. Für Geldleistungen (Krankengeld) gilt der uneingeschränkte Leistungsexport.

3.2.3. Arbeitslosengeld

Neben dem auch hier geltenden Grundsatz der *Zusammenrechnung* der Versicherungszeiten für die Anspruchsvoraussetzungen finden sich für die Leistungsgewährung zwei unterschiedliche Grundsätze: Während im allgemeinen die zweiseitigen Abkommen von einer *Eingliederung* des Arbeitslosen in das System des Wohnlandes bei einer Kostenbeteiligung des früheren Beschäftigungslandes (oder wechselseitigem Erstattungsverzicht) ausgehen, sehen die EG-Regelungen den zeitlich befristeten *Export der Leistungen* des Beschäftigungslandes vor. Diese letztere Regelung geht auf den Grundgedanken der Freizügigkeit zurück. Arbeitslosen soll es ermöglicht werden, zur Arbeitssuche in ein anderes Gemeinschaftsland zu gehen, ohne für eine beschränkte Zeitdauer die Ansprüche im letzten Beschäftigungsland zu verlieren. Allerdings muß man sagen, daß in einer Zeit, in der Arbeitslosigkeit in Europa nicht mehr zur Ausnahmesituation gehört, dieses an einer Vollbeschäftigung orientierte System reformbedürftig ist. Die Überlegungen gehen derzeit dahin, in der EG neben das System der Arbeitssuche in einem anderen Staat ein System der Rückkehr ins Heimatland zu stellen und mit ähnlichen Regelungen auszustatten, wie bisher die bilateralen Abkommen.

3.2.4. Kindergeld

Beim Kindergeld gibt es zwei Grundsysteme der Ausgestaltung von Regelungen, die auch die unterschiedliche Konzeption der demographischen und wirtschaftlich-sozialen Zielsetzung widerspiegeln. Diese unterschiedliche Ausgestaltung reicht bis in den EG-Bereich hinein, wo zur Zeit bereits für Frankreich ein anderes System gilt als für die übrigen Mitgliedstaaten und eine Vereinheitlichung bisher gescheitert ist.
Auf der einen Seite steht das sog. *Beschäftigungslandprinzip,* d. h. die Gewährung der Leistungen des Landes, in dem der Arbeitnehmer beschäftigt ist; auf der anderen Seite das *Wohnlandprinzip,* d. h. die Gewährung der Leistungen des Wohnlandes der Kinder mit einer Erstattungsregelung oder mit Erstattungsverzicht. Während die Bundesrepublik Deutschland in den Anfangsjahren der Ausgestaltung der zweiseitigen Abkommen und der EG-Regelung das Beschäftigungslandprinzip für ihre Abkommen bevorzugt hat, hat sich diese Auffassung, auch wegen der Übernahme des Kindergeldes auf den

Staatshaushalt und der erheblichen Anhebung des Kindergeldes, gewandelt. Die Bundesrepublik Deutschland will heute auch für sich das Wohnlandprinzip in der EG erreichen, nicht zuletzt natürlich aus finanziellen Überlegungen im Zusammenhang mit dem Beitritt weiterer Staaten in die Europäische Gemeinschaften. 1975 sind aus diesen Überlegungen heraus die zweiseitigen, auf dem Beschäftigungslandprinzip beruhenden Abkommen mit den wichtigsten Ländern, den sog. Anwerbeländern (Spanien, Portugal, Jugoslawien, Griechenland und Türkei) geändert worden. Zwar ist es nicht gelungen, das Beschäftigungslandprinzip durch das Wohnlandprinzip zu ersetzen; jedoch ist für die Arbeitnehmer aus diesen Ländern ein sog. Tarif vereinbart worden, der geringere Familienbeihilfen, als sie in der Bundesrepublik Deutschland gewährt werden, aber höhere Familienbeihilfen, als in den Wohnländern der Kinder vorsieht.

3.2.5. Unfallversicherung

Im Bereich der Unfallversicherung richtet sich die *Gewährung* von *Sachleistungen* und *kurzfristigen Geldleistungen* nach den *gleichen Prinzipien wie in der Krankenversicherung*. Die Gewährung von langfristigen Geldleistungen orientiert sich am *Leistungsexportprinzip*. Besondere Probleme macht in diesem Bereich die Koordinierung der Berufskrankheitenregelungen, insbesondere der Silikose, einer Krankheit, die eine lange Expositionszeit voraussetzt. Hier gibt es in den zwischenstaatlichen Regelungen mehrere Systeme, die eine Lastenteilung oder die ausschließliche Zuständigkeit des letzten Staates, in dem die Exposition stattgefunden hat, vorsehen.

3.2.6. Weitere Regelungen

Alle zwischen- und überstaatlichen Regelungen enthalten darüber hinaus eine Fülle von Einzelvorschriften unterschiedlichster Art; so werden die Verwaltungs-, Kontroll- und Abrechnungsverfahren, die freiwillige Versicherung, die Einziehung und Beitreibung von Beiträgen oder Forderungen, die Zustellung, die Fristen, der Datenschutz, die Geltendmachung von Schadensersatz gegen Dritte geregelt.
Einige der zusätzlichen Regelungen beziehen sich dabei auch auf ganz bestimmte Situationen zwischen zwei Ländern, z. B. die Regelung von Kriegsfolgen, Regelungen von Folgen der Gebietsabtretungen, Grenzgänger- und Saisonarbeiterprobleme und Sonderfragen für See- oder der Bergleute. Meist sind für solche Fragen sog. Zusatzvereinbarungen oder Zusatzprotokolle geschlossen. Im EG-Bereich sind sie vielfach durch Aufzählung in Anhang 2 der Verordnung 1408/71 als weitergeltendes Recht aufgeführt.

4. Neuere Entwicklung

In zunehmendem Maße werden die Probleme von den zweiseitigen Abkommen auf die von internationalen Organisationen und Institutionen, vor allem der Internationalen Arbeitsorganisation, dem Europarat und den Europäischen Gemeinschaften, erarbeiteten Regelungen verlagert. An die Stelle zweiseitiger Abkommen treten also multilaterale und überstaatliche Regelungen. Der Abschluß von zweiseitigen Abkommen verlagert sich auf den außereuropäischen Raum. Während hierdurch einerseits eine gewisse Vereinheitlichung vonstatten geht, werden andererseits die Verhandlungen und die Einigung durch die Vielzahl der Partner immer komplizierter. Hinzu kommt, daß in allen Ländern seit vielen Jahren eine progressive Entwicklung der sozialen Sicherheit besteht. Der Ausbau der sozialen Sicherheit erfolgt im Inneren der Systeme durch immer neue, von nationalen Zielsetzungen geprägte Regelungen. Ein weiteres komplizierendes Element ist die sich entwickelnde und sich oft stark an sozialen Gedanken, die aus Einzelfällen abgeleitet wurden, orientierende Rechtsprechung. Nicht nur nationale Gerichte, sondern vor allem auch der Europäische Gerichtshof, drängen die Weiterentwicklung zwischen- und überstaatlicher Regelung in Bahnen, die die finanziellen Möglichkeiten der Staaten überfordern und häufig auch zu Verzerrungen der Situationen ausländischer und einheimischer Arbeitnehmer untereinander führen. Der Europäische Gerichtshof hat so in einigen Entscheidungen Bestimmungen in einer Weise ausgelegt, die einen Vorgriff auf ein noch nicht erreichtes europäisches Integrationsstadium beinhalten. Es wird manchmal nicht erkannt, daß ein zu schnelles Vorgehen auch Einflüsse negativer Art mit sich bringt und daß unausgewogene Situationen von der nationalen Gesetzgebung kompensiert werden – zulässigerweise kompensiert werden – denn hier hat der Europäische Gerichtshof ausdrücklich die nationale Zuständigkeit anerkannt.

Eine aktuelle Erscheinung ist das abnehmende wirtschaftliche Interesse an der Ausländerbeschäftigung überhaupt. Es besteht eher die Neigung, die Rückkehr von Ausländern zu fördern, als durch großzügige Ausgestaltung der sozialen Sicherheit weitere Anreize für Ausländerbeschäftigung zu bieten. In zahlreichen Ländern finden sich auch Tendenzen, angesichts finanzieller Engpässe da zu sparen, wo die eigene Bevölkerung am wenigsten getroffen wird, also bei den Ausländern, natürlich unter Einhaltung bestehender Verpflichtungen, aber doch mit der Tendenz, sie eher abzubauen als sie auszubauen.

5. Harmonisierung in der Europäischen Wirtschaftsgemeinschaft

An dieser Stelle sei es erlaubt, kurz auf ein Gebiet zwischenstaatlicher Regelungen im weiteren Sinne einzugehen, das nichts mit einer Koordinierung der Systeme der sozialen Sicherheit in dem oben beschriebenen Sinn zu tun hat. Gemeint ist die eingangs bereits erwähnte Harmonisierung der sozialen Sicherheit in der EG.

5.1. Rechtsgrundlagen

Artikel 117 und 118 des EG-Vertrags sind der Ausfluß einer Vertragsausgestaltung, die von der Überlegung ausging, daß für die Entstehung eines gemeinsamen Marktes ein vereinheitlichtes Sozialversicherungssystem nicht notwendig ist. Die wissenschaftliche Ausarbeitung dieser Grundkonzeption ging auf den Bericht des schwedischen Wissenschaftlers Ohlin zurück. Diese Überlegungen haben dazu geführt, daß Artikel 117 und 118 der Gemeinschaft nur eine Förderung der Zusammenarbeit auf dem Gebiet der Harmonisierung des Sozialrechts zuweisen, das heißt die schwächste Form der rechtlichen Möglichkeiten, die der EG-Vertrag vorsieht. Die Artikel 100 und 235 des EG-Vertrags wurden als Rechtsgrundlage für eine Harmonisierung in der Anfangsphase des gemeinsamen Marktes praktisch von allen Beteiligten abgelehnt. Es wurde die Auffassung vertreten, daß Wettbewerbsverzerrungen durch unterschiedliches Sozialrecht nicht nachweisbar seien bzw. daß ein Tätigwerden der Gemeinschaft zur Verwirklichung von Vertragszielen nur bei genauem im Vertrag selbst umrissenen Zielen in Frage käme. Die fehlende Rechtsgrundlage ließ 1962 die Europäische Konferenz über Soziale Sicherheit im Sande verlaufen. Ebenso blieben spätere Ansätze Mitte der 60er Jahre, wenigstens bei den Begriffsbestimmungen zu Vereinheitlichungen zu kommen, stecken.

Seit 1972 hat sich nun in der Gemeinschaft eine andere Rechtsauffassung durchgesetzt. Aus der Einordnung des Artikels 100 in den Dritten Teil des EG-Vertrags wird entnommen, daß er eine gemeinsame Regel für diesen Teil (also auch für die Artikel 117 und 118) bildet. Artikel 117 Abs. 2 nimmt ausdrücklich auf die im Vertrag festgelegten Verfahren Bezug, womit nach dieser Auffassung auch auf Artikel 100 und damit auf das Verfahren der Rechtsangleichung Bezug genommen wird. Ausgehend von dieser Auffassung sind Richtlinien in den Bereichen ergangen, die Artikel 117 und 118 ansprechen. Die Kompetenz der Gemeinschaft wird nicht mehr ernsthaft in Zweifel gezogen. Artikel 100 ist also eine Art Generalklausel zur Angleichung von Rechts- und Verwaltungsvorschriften der Mitgliedstaaten in der Gemeinschaft geworden.

Unabhängig davon gibt man heute auch dem Artikel 235 des Vertrags eine weitergehendere Auslegung. Die Pariser Gipfelkonferenz 1972 hat beschlossen, die Möglichkeiten des Artikels 235 auch unter Ausnutzung von Präambel und den einleitenden Vorschriften des Vertrags, vor allem der Artikel 2 und 3 extensiv zu interpretieren. Allgemeine Anliegen des Vertrags, die Wirtschaftsausweitung, Stabilität und Hebung des Lebensstandards sollen genügen.

5.2. Verwirklichung der Harmonisierung

Die bisher aufgrund der Artikel 100 und 235 des EG-Vertrags erlassenen Richtlinien gehören noch nicht zum Kernbereich der Rechtsvorschriften über soziale Sicherheit. Selbst die Richtlinie zur schrittweisen Verwirklichung des Grundsatzes der Gleichbehandlung von Männern und Frauen im Bereich der sozialen Sicherheit enthält wenig substantielle Verpflichtungen. Der Auffassungswandel über die Rechtsgrundlagen des Vertrags zeigt aber eine mögliche Entwicklung der Harmonisierung. Ob dieser Weg allerdings eingeschlagen wird, liegt sowohl an dem Vorrang, den die nationale Politik nationalen sozialpolitischen Zielen zuerkennt wie auch an den zur Verfügung stehenden Finanzmitteln, da jede Harmonisierung zweifellos zu Mehrbelastungen der Kassen der Sozialversicherung führen muß.

6. Die Bedeutung zwischenstaatlicher Regelungen auf dem Gebiet der sozialen Sicherheit

Nach dieser kurzen Abschweifung zurück zu den eigentlichen zwischenstaatlichen Regelungen und ihrer Bedeutung. Sie betreffen Millionen von Menschen. Dazu gehören nicht nur die Wanderarbeitnehmer im eigentlichen Sinn und ihre Familienangehörigen oder Hinterbliebenen, sondern auch die Touristen und im Ausland lebenden Rentner. Daneben beziehen sich aber die Regelungen auch auf Personen, die ihre Heimat verloren haben, deren Heimat an einen anderen Staat abgetreten wurde, die während des Krieges dienstverpflichtet wurden usw. Allen zwischenstaatlichen Regelungen ist gemeinsam, daß auch in der Vergangenheit liegende Tatbestände, wie die Versicherungszugehörigkeit, Unfälle und Versicherungsfälle vor ihrem Inkrafttreten mit einbezogen werden. Die Bedeutung dieser Regelungen nimmt wegen der wachsenden Verweildauer in den Beschäftigungsländern zu. Diese Verweildauer ist allerdings unterschiedlich; sie kann eine, nur Wochen dauernde Saisonarbeit, aber auch das ganze Arbeitsleben umfassen. Sie ist nach Nationalitäten unterschiedlich und hat in der Bundesrepublik Deutschland eine durch Anwerbestopp, und der Schwierigkeit, einen neuen Arbeitsplatz in anderen Ländern zu finden, verursachte zunehmende Tendenz.

In finanzieller Hinsicht sind die Auswirkungen der zwischen- und überstaatlichen Regelungen nicht ganz einfach zu beurteilen. In die Statistiken der Versicherungsträger fließen Leistungen ein, die bereits aufgrund des innerstaatlichen Rechts gewährt werden. Die Regelungen haben auch Auswirkungen im Inland selbst, die schwer erfaßbar sind, z. B. den Anspruchserwerb durch Zusammenrechnung von Versicherungszeiten. Schwer zu beurteilen sind auch die Auswirkungen der Regelungen, die von wechselseitigem Erstattungsverzicht oder von pauschalen Erstattungsregelungen ausgehen. Ein weiteres Erschwernis einer präzisen Beurteilung ist die lange Dauer der Abrechnungsverfahren.

Nach den Statistiken der Deutschen Bundespost, der Versicherungsträger und der Bundesanstalt für Arbeit ergibt sich folgendes Bild:

In der Rentenversicherung wurden 1979 etwa 3,5 Milliarden DM ins Ausland gezahlt, davon rund 500 Millionen als Beitragserstattung und schätzungsweise ein Viertel des Restbetrags an Deutsche aufgrund des innerstaatlichen Rechts. In der Krankenversicherung fließen durch Abkommen etwa 300 bis 400 Millionen DM jährlich zusätzlich ins Ausland. An Kindergeld sind 1979 etwa 512 Millionen DM, an Leistungen der Arbeitslosenversicherung (vor allem im Wege der Erstattung bei bilateralen Abkommen) 41,5 Millionen DM und in der Unfallversicherung etwa 60 bis 80 Millionen DM ins Ausland geflossen.

Demgegenüber sind die Zahlungen ausländischer Versicherungseinrichtungen in die Bundesrepublik Deutschland schwerer zu erfassen, weil in der Regel unmittelbar über die Post oder Bank an die Berechtigten gezahlt wird. Die Gesamtbeträge sind aber erheblich geringer, weil die Bundesrepublik Deutschland, von einigen Grenzgebieten (z. B. Saarland) abgesehen, nie Arbeitskräfte-Exportland war.

Bei der Betrachtung der finanziellen Auswirkungen der Abkommen darf man aber auch nicht außer acht lassen, daß ausländische Arbeitnehmer in erheblichem Umfang Beiträge zahlen. Man kann davon ausgehen, daß in der Kranken- und Unfallversicherung das Kostenniveau im Ausland bei der Sachleistungsgewährung niedriger ist als in der Bundesrepublik Deutschland, so daß die Abrechnungen mit der ausländischen Sozialversicherung auch in Anbetracht der oft größeren Familien ausländischer Arbeitnehmer eine leicht positive Bilanz ergeben. In die Rentenversicherung zahlen ausländische Arbeitnehmer jährlich etwa 9,5 Milliarden DM. Das Finanzsystem unserer Rentenversicherung, das ja letztlich ein Umlagesystem ist, verbraucht diese überschießenden Gelder für unsere Rentner. Man kann sogar sagen, daß die finanzielle Stabilität unserer Rentenversicherung auch auf der Beschäftigung ausländischer Arbeitnehmer beruht, da ihrer Beschäftigung im Augenblick ein entsprechender Leistungsbedarf für ausländische Rentner nicht gegenübersteht. Wir wissen natürlich, daß die Rechnung in der Zukunft bezahlt werden muß und mit einer zeitlichen Verschiebung, die Situation sich umkehrt.

Eine Untersuchung im Jahre 1974[13] über die Auswirkungen der Ausländerbeschäftigung auf die langfristige Finanzierung der Rentenversicherung zeigt, daß dann, wenn man von den heute als wahrscheinlichsten in Frage kommenden Alternativen ausgeht (ab 1984 1,5 Millionen ausländische Arbeitnehmer konstant), der Belastungsquotient nach Erreichung eines Gleichgewichtspunktes (etwa in 2005) bis 2025 deutlich zu einem Maximalwert ansteigt. Die Belastung durch ausländische Versicherte übersteigt dann die Belastung durch deutsche Versicherte.

Zusammenfassend läßt sich über die Bedeutung der zwischenstaatlichen Regelungen allgemein folgendes sagen:

Sozialpolitisch sollen sie vor allem Lücken im sozialen Schutzbereich schließen, die im Grenzbereich der sozialen Sicherheit durch die Nationalitäts- oder Territorialitätsbezogenheit innerstaatlicher Gesetzgebung oder einfach deshalb bestehen, weil diese Gesetzgebungen Voraussetzungen schaffen, deren Ineinandergreifen das Zusammenwirken zweier Länder erfordert. Insoweit dienen die Regelungen einer Überwindung nationaler Grenzen, weil sie die Risiken der Grenzüberschreitung vermindern.

Arbeitsmarktpolitisch ermöglichen die Regelungen eine risikofreiere Arbeitsaufnahme in einem anderen Land. Sie bringen den Arbeitgebern begehrte Arbeitskräfte und mildern die Probleme der Arbeitslosigkeit in anderen Ländern. In Europa sind die Regelungen ein wichtiger und unerläßlicher Bestandteil der Freizügigkeit, eine der wichtigsten Komponenten des EG-Vertrags, wenngleich ihre Ausgestaltung wie auch die anderer sozialer Vorschriften des EG-Vertrags im Vergleich zu den wirtschaftlichen Bestimmungen gering ist.

Entwicklungspolitisch sind die Regelungen ein wichtiger Beitrag zur Förderung rohstoffarmer, industriell wenig entwickelter Staaten. Diese Staaten können mit Arbeitskräfteexport Devisen hereinholen und ihre Handelsbilanz ausgleichen. Vielen Arbeitnehmern gelingt es, mit Kindergeld Beitragserstattung und späterer Rente ihre individuelle Situation nach einer Rückkehr ins Heimatland zu verbessern.

Allgemeinpolitisch sind die Regelungen ein Teil der Politik, die auf Verständigung und gute Nachbarschaft abzielt. Die Regelungen schieben den Menschen in den Vordergrund, ermöglichen es aber auch, andere Fragen der Politik zu lösen. Hier soll nur an die Ausreiseerleichterungen für die Deutschen aus Polen im Jahre 1975 erinnert werden.

Anmerkungen

[1] Vgl. Reichsgesetzblatt Nr. 101 vom 21. Oktober 1921, S. 1289.
[2] Vgl. Allgemeines Abkommen vom 10. 7. 1950, BGBl. 1951 II, 177.
[3] Vgl. Abkommen vom 14. 8. 1953, BGBl. 1954 II, 753.
[4] Vgl. Abkommen vom 29. 3. 1951, BGBl. 1951 II, 221.
[5] Vgl. Abkommen vom 21. 4. 1951 (heute ersetzt durch Abkommen vom 22. 12. 1966, BGBl. 1969 II, 1233).
[6] Vgl. Abkommen vom 24. 10. 1950 (ersetzt durch Abkommen vom 25. 2. 1964, BGBl. 1965 II, 1293).
[7] Vgl. Beschluß des Bundesverfassungsgerichts vom 20. 3. 1979 – 1 BvR 111/74 und BvR 283/78.
[8] Vgl. Die beiden Vorläufigen Europäischen Abkommen vom 11. 12. 1953, BGBl. 1956 II, S. 507.
[9] Vgl. ABl. der EG Nr. 30, S. 561.
[10] Vgl. ABl. der EG Nr. L 149 vom 5. 7. 1971.
[11] Vgl. ABl. der EG Nr. L 74 vom 27. 3. 1972.
[12] Vgl. VO (EWG) Nr. 1390/81 v. 12. 5. 1981 (ABl. der EG L 143 vom 29. 5. 1981) und VO (EWG) Nr. 3795 v. 8. 12. 1981 (ABl. der EG L 378 vom 31. 12. 1981).
[13] Vgl. Köhler, D., Die Auswirkung der Ausländerbeschäftigung auf die langfristige Finanzierung der Rentenversicherung, in: Mitteilungen des RWI, Jg. 25 (1974), Heft 4.

M. v. Hauff/B. Pfister-Gaspary (Hrsg.): Internationale Sozialpolitik · Gustav Fischer Verlag · Stuttgart · 1982

Die Sozialpolitik der Europäischen Gemeinschaft

Dieter Masberg, Peter Pintz

1. Einleitung

In unserer Darstellung schließen wir uns an das Verständnis von Sozialpolitik an, wie es von den EG-Institutionen vertreten wird. Deshalb behandeln wir die Entwicklungspolitik der EG nicht, obwohl sie nach der Begriffsbestimmung im Beitrag von v. Hauff zumindest teilweise zum Gebiet der internationalen Sozialpolitik gehört. Der Begriff Sozialpolitik ist bei den EG-Organen inhaltlich vergleichsweise weit gefaßt; so zählen insbesondere auch die Beschäftigungspolitik und die Mitbestimmung dazu[1].

Diese weite Fassung hat durchaus einen realen Hintergrund: sie deutet nämlich an, wie eng Sozialpolitik mit der Wirtschaftspolitik verknüpft ist. Spätestens als Anfang der 70er Jahre im Zusammenhang mit der EG-Erweiterung und der Planung einer europäischen Wirtschafts- und Währungsunion auch die EG-Sozialpolitik neu konzipiert wurde, hatte sich in den betreffenden Institutionen weithin die Erkenntnis durchgesetzt, daß die Verwirklichung sozialpolitischer Ziele nicht einem gesonderten Politikbereich «Sozialpolitik» überlassen werden kann, der von den anderen Politikbereichen abgetrennt ist. Vielmehr war deutlich geworden, daß die Durchsetzung sozialpolitischer Ziele die bewußte und geplante Berücksichtigung der «sozialen Dimension» bei allen politischen Maßnahmen und Entscheidungen erfordert, die soziale Auswirkungen haben[2].

Ein Vergleich mit der Sozialpolitik der Europäischen Gemeinschaft in der ersten Phase bis Ende der 60er Jahre zeigt, daß die Verkündung einer solchen umfassenden sozialpolitischen Konzeption einer Neubestimmung des politischen Stellenwertes von Sozialpolitik in der EG entsprach. Im Gegensatz zu der ersten Phase erkannten die EG-Organe der Sozialpolitik nunmehr einen eigenen politischen Wert und damit volle Gleichberechtigung mit der Wirtschaftspolitik zu. Die sozialpolitischen Gestaltungsmöglichkeiten auf EG-Ebene wurden freilich auch nicht entfernt in einer Weise ausgebaut, die diesem ehrgeizigen Anspruch hätte gerecht werden können. Der Schwerpunkt der sozialpolitischen Aktivitäten verblieb nach dem Willen aller Beteiligten auf nationalstaatlicher Ebene; die auf EG-Ebene für Sozialpolitik ausgegebenen Mittel machten nur einen Bruchteil der sozialpolitischen Ausgaben der Mitgliedstaaten aus. In diesem Zusammenhang spielt allerdings eine wichtige Rolle, daß auch die ökonomische Integration nur wenige Fortschritte machte. Aber auch die Haushaltsstruktur der Gemeinschaft hat sich nicht in dem Maß zugunsten des Sozialbereichs verschoben, das dem von den EG-Institutionen herausgestellten neuen Stellenwert der sozialpolitischen Aufgaben entsprochen hätte.

So entfallen noch immer gut zwei Drittel des EG-Haushaltes auf den Agrarbereich (vgl. Tab. 1).

Diese beschränkenden Rahmenbedingungen muß man sich immer vor Augen halten, wenn es darum geht, die Erfolge dieser neuen sozialpolitischen Konzeption zu beurteilen. Die Veränderung der sozialpolitischen Konzeption der Gemeinschaft entstand nicht allein aus einer inhaltlichen Kritik der anfangs betriebenen Sozialpolitik; sie wurde vielmehr durch die Anfang der 70er Jahre veränderte Konstellation der Interessen beeinflußt, die die EG-Politik bestimmen. Neben dem politischen Interesse der nationalen Regierungen, die Integration weiter voranzutreiben, ist dabei vor allem die Interessendurchsetzung von Unternehmerverbänden und Gewerkschaften zu beachten.

Tabelle 1: Struktur der Ausgaben im EG-Haushaltsplan in den Jahren 1970–1981

	Agrar-sektor	Sozialsektor	Regional-sektor
		v. H.	
1970	93,7	2,0	–
1971	89,3	1,4	–
1972	84,9	2,3	–
1973	81,0	5,5	–
1974	71,9	6,3	–
1975	72,9	6,0	2,4
1976	65,0	6,0	5,6
1977	72,6	5,1	3,9
1978	72,3	4,7	4,6
1979	70,2	5,5	7,6
1980	68,6	5,6	8,5
1981	67,4	3,5	10,2

Quelle: DIW-Wochenbericht, Nr. 48, 1981, S. 561

2. Die EG-Sozialpolitik bis Anfang der 70er Jahre

2.1. Sozialpolitische Grundvorstellungen und ihre Konkretisierung im EWG-Vertrag

Bei der Gründung der EWG und den vorausgehenden EWG-Vertragsverhandlungen bestanden bei den beteiligten, überwiegend konservativen Regierungen einheitliche Vorstellungen über Aufgabe, Wirkungsweise und erreichbares Resultat des Gemeinsamen Marktes. So vertraten die EWG-Gründer eine wirtschaftspolitische Philosophie des laissez-faire. Sie gingen davon aus, daß der Gemeinsame Markt als solcher in der Lage wäre, die optimale Verteilung der Ressourcen und optimales ökonomisches Wachstum zu erreichen und damit auch eine optimale soziale Entwicklung zu gewährleisten. Von dieser Grundüberlegung ausgehend sollten nur soweit sozialpolitische Maßnahmen ergriffen werden, wie dies zur Schaffung des Gemeinsamen Marktes erforderlich sein bzw. sein wirtschaftliches Funktionieren erleichtern würde. Die Sozialpolitik wurde also nicht als eigenständiger Bereich anerkannt. Um die Funktionsfähigkeit zu erreichen, müßten – so war die Auffassung – nur die vorhandenen Beschränkungen für die Bewegung von Arbeitskräften, Kapital und Gütern zwischen den einzelnen Mitgliedsländern aufgehoben werden, so daß die Wettbewerbsbedingungen für alle Unternehmen innerhalb der Gemeinschaft gleich seien[3].

Diese Vorstellungen bzgl. der sozialpolitischen Wirkungsmöglichkeiten des Gemeinsamen Marktes fanden deutlichen Ausdruck bei der Aufnahme sozialpolitischer Aktionsbereiche in den EWG-Vertrag; denn konkrete sozialpolitische Handlungsaufforderungen wurden fast ausschließlich beschränkt auf solche Bestimmungen, die als Grundlage für das Funktionieren des Gemeinsamen Marktes angesehen wurden. Die Wirksamkeit des Gemeinsamen Marktes zu gewährleisten bedeutete demzufolge insbesondere, daß jeweils genügend Arbeitskräfte zur Verfügung stehen und diese über die notwendigen Berufskenntnisse verfügen sollten.

Die erste Voraussetzung sollte durch die Förderung der Freizügigkeit von Arbeitnehmern erreicht werden, um so eine Wanderung der Arbeitskräfte zu den Stellen mit der stärksten Arbeitsnachfrage zu bewerkstelligen. Die Regelungen über Freizügigkeit der Arbeitnehmer und die dafür vorgesehenen Maßnahmen, sowie über den Austausch junger Arbeitskräfte und über die soziale Sicherheit der Wanderarbeitnehmer im Sinne der Sicherung ihrer Rechtsposition bei Ansprüchen auf Sozialleistungen sind in Artikel 48–51 EWG-Vertrag festgelegt.

Die zweite Voraussetzung wollte man über eine verbesserte Berufsbildung und -ausbildung anstreben, die zu einem möglichst hohen Produktionsergebnis und -wachstum führen sollten. Von der besseren beruflichen Qualifikation erhofften sich die EWG-Gründer zugleich eine Verbesserung der Chancen für einen «sozialen Aufstieg». Vertragliche Regelungen für eine gemeinsame Berufsbildungspolitik sind in Art. 128 EWG-Vertrag enthalten.

Darüber hinaus sollten sozialpolitische Regelungen in den einzelnen Ländern insoweit harmonisiert werden, als dadurch die Produktionskosten und somit die Wettbewerbsbedingungen EWG-weit vereinheitlicht werden könnten, und Wettbewerbsvorteile für Unternehmen einzelner Länder infolge geringerer Sozialausgaben ausgeschlossen würden. Dies ging vor allem auf französische Vorstellungen zurück. An konkreten sozialpolitischen Aktivitäten sind damit die Angleichung von Frauenlöhnen an Männerlöhne (Art. 119 EWG-Vertrag) und eine vereinheitlichte Urlaubsregelung angesprochen (Art. 120 EWG-Vertrag)[4].

Da man aber davon ausging, daß bis zum erwarteten vorteilhaften Funktionieren des Gemeinsamen Marktes einige strukturelle Anpassungsschwierigkeiten auftreten würden, wurde mit dem *Europäischen Sozialfonds (ESF)* (Art. 123–127 EWG-Vertrag) – auf ihn wird weiter unten noch ausführlicher eingegangen – ein Instrument geschaffen, das – neben seinem Beitrag zur Erfüllung der Voraussetzungen des Gemeinsamen Marktes – diese Übergangsschwierigkeiten mildern sollte.

Mit den genannten Artikeln sind die konkreten Handlungsanweisungen des EWG-Vertrages für die zu betreibende Sozialpolitik auch schon erschöpft. Darüber hinaus lassen sich jedoch noch sehr allgemein formulierte sozialpolitische Zielsetzungen und Bestimmungen im Vertrag finden. Hierbei sind unter dem Titel «Die Sozialpolitik», der Artikel 117–128 umfaßt, noch Art. 117 («Verbesserung der Lebens- und Arbeitsbedingungen der Arbeitskräfte») und Art. 118 («Förderung der Zusammenarbeit zwischen den EWG-Mitgliedsstaaten in sozialen Fragen») zu nennen, sowie Abschnitte der Präambel und die Grundsatzartikel 2 und 3, in denen Oberziele sozialpolitischer Natur aufgeführt werden[5].

In der Präambel wird im dritten Absatz die Entschlossenheit angesprochen, neben dem wirtschaftlichen auch den sozialen Fortschritt zu sichern. Eine Konkretisierung dieses Begriffs des sozialen Fortschritts wird im darauffolgenden Absatz der Präambel versucht, wo eine stetige Besserung der Lebens- und Beschäftigungsbedingungen als Ziel angegeben wird. Aus Art. 2 EWG-Vertrag können sozialpolitische Zielvorstellungen insofern abgeleitet werden, als danach eine «beschleunigte Hebung der Lebenshaltung» zu fördern ist. In Art. 3 EWG-Vertrag werden unter den Tätigkeiten der Gemeinschaft die Beseitigung der Hindernisse für den freien Personenverkehr zwischen den Mitgliedsstaaten (Punkt c) und die Schaffung eines Europäischen Sozialfonds (Punkt i) als sozialpolitische Maßnahmen angesehen. Bemerkenswert ist jedoch, daß die Sozialpolitik allgemein als Politikbereich für eine gemeinsame oder koordinierte Politik in diesem Artikel nicht angesprochen wird, obwohl dies bei anderen Politikbereichen (Landwirtschaft, Handel, Wirtschaft, Verkehr) der Fall ist[6].

Das Gewicht der Sozialpolitik im EWG-Vertrag wird schon deutlich an der geringen Anzahl der Vertragspunkte mit sozialpolitischem Inhalt, denen mehr als 100 Artikel gegenüberstehen, die auf wirtschaftspolitische Fragestellungen im Zusammenhang mit der Integration eingehen[7]. Sehr viel bedeutsamer ist jedoch, daß auch der Inhalt der sozialpolitischen Vertragsbestimmungen in der Literatur weitgehend einheitlich beurteilt wird; auch Veröffentlichungen von EG-Gremien selbst stimmen dieser Beurteilung zu.

Von der EG-Kommission wird festgestellt, daß der Vertrag «keine Vorschriften für eine regelrechte Sozialpolitik der Gemeinschaft (enthält und insofern) der Abschnitt . . . über die Sozialpolitik von recht begrenzter Tragweite (war)»[8], vor allem, wenn man einen Vergleich mit den genauen Bestimmungen über die Errichtung der Zollunion und über die Einführung einer gemeinsamen Agrar- und Verkehrspolitik vornimmt[9]. Es wird im Bereich der Sozialpolitik in der Gesamtanlage der EWG-Konstruktion – und damit zwangsläufig in dem ihr zugrunde liegenden Vertragswerk – ein «dysfunktionaler sozialpolitischer Rückstand» gesehen[10], und selbst von einem ehemaligen Kommissionsmitglied wird das weitgehende Schweigen des Vertrages von Rom auf dem Gebiet der Sozialpolitik bedauert, da dies zu einer schwachen Rechtsbasis für diesen Bereich führt[11].

Die Artikel mit sozialpolitischem Charakter sind im EWG-Vertrag also von beschränkter Anzahl, die wenigen aufgenommenen Artikel sind zudem in ihren inhaltlichen Zielsetzungen und verwendeten Formulierungen so wenig konkret und so weitschweifig – den allgemeinen sozialpolitischen Zielen des EWG-Vertrages wird sogar Leerformelcharakter bescheinigt[12] –, daß damit die Aufforderung an die EG-Gremien und die EG-Regierungen zu bestimmten sozialpolitischen Tätigkeiten in der Gemeinschaft nur in geringem Umfang verbunden ist. Andrerseits eröffnet gerade diese Leerformelhaftigkeit der sozialpolitischen Zielsetzungen und die sehr weite Fassung sozialpolitisch relevanter Artikel die Möglichkeit, die sozialpolitischen Aktivitäten im EG-Bereich auszudehnen[13]. In welchem Maße die sozialpolitischen Möglichkeiten ausgeschöpft werden, hängt natürlich nicht nur von der Weite des rechtlichen Rahmens ab, sondern gerade vom politischen Willen und von der konkreten Vorgehensweise der Entscheidungsträger werden sozialpolitische Fortschritte entscheidend bestimmt. Insofern bedeuten die sozialpolitischen Zielsetzungen und Bestimmungen des EWG-Vertrages keine Einengung sozialpolitischer Handlungsmöglichkeiten; sie enthalten nur nicht – über die wenigen benannten Punkte hinaus – direkte, konkrete Anstöße zum Tätigwerden im sozialpolitischen Bereich.

Bei der Betrachtung der Grundvorstellungen der EWG-Sozialpolitik und ihrer konkreten Verankerung (bzw. Nichtverankerung) in den Verträgen von Rom wird augenfällig, daß die Ausgestaltung der Sozialpolitik durch die Ausrichtung an den Erfordernissen des Gemeinsamen Marktes die Interessen der Unternehmerseite und deren gesellschafts-politische Vorstellungen weit mehr berücksichtigt als sozialpolitische Grundgedanken der Gewerkschaften. Das neoliberale Leitbild der EWG-Sozialpolitik[14] wurde getragen von einem breiten ordnungspolitischen Grundkonsensus zwischen Unternehmern und Regierungen. Die damit einhergehende Interessenverflechtung sorgte dafür, daß nicht nur die Machtstellung der Unternehmer und dadurch auch ihr Einfluß auf die wirt-schafts- und sozialpolitischen Entscheidungen bei der Gründung der EWG deutlich grö-ßer war als der Einfluß der Gewerkschaften; vielmehr bedeutete die Verwirklichung der Regierungsvorstellungen im Bereich der Sozialpolitik weitgehend gleichsam die Ver-wirklichung unternehmerischer sozialpolitischer Grundpositionen.

Die Gewerkschaften zeigten auch keine einheitliche Haltung gegenüber dem EWG-Zu-sammenschluß. Die kommunistisch beeinflußten standen der angestrebten europä-ischen Integration ablehnend gegenüber und versuchten infolgedessen auch nicht einen Einfluß auf die Form der Ausgestaltung der EWG auszuüben. Grundsätzlich positiv ge-genüber der Integration eingestellt waren die christlichen Gewerkschaften und die dem Internationalen Bund Freier Gewerkschaften (IBFG) bzw. seiner europäischen Regional-organisation angehörenden Gewerkschaften aus den EWG-Ländern. Diese Gewerk-schaften stellten aber keine speziellen sozialpolitischen Forderungen für den europä-ischen Integrationsprozeß, da für sie andere Motive für die Unterstützung des EWG-Zu-sammenschlusses maßgebend waren, und auch die Integration per se als positiver Bei-trag zur Friedenssicherung in Europa angesehen wurde. Zusätzlich befanden sich die Gewerkschaften in der EWG-Vorbereitungsphase politisch und organisatorisch in einer unvorbereiteten, defensiven Position[15].

Als Interesse der Gewerkschaften am supranationalen Zusammenschluß sind mehrere Punkte zu nennen. Von deutschen Gewerkschaften wurde mit der Unterstützung eines westeuropäischen Zusammenschlusses die Zielsetzung verfolgt, die nach dem Krieg auf-getretene deutsche Isolierung zu überwinden. Die dem IBFG angehörenden Gewerk-schaften der EWG-Länder mußten in ihren Heimatländern z. T. einen Rückgang ihrer Machtposition zugunsten konkurrierender Gewerkschaften hinnehmen; sie hofften, diese Verluste auf nationaler Ebene durch Repräsentation im supranationalen Bereich wiederauffangen zu können. Aber nicht nur gegenüber Konkurrenzgewerkschaften mußten Machteinbußen hingenommen werden. Auch gesamtwirtschaftlich befanden sich die Gewerkschaften allgemein in einer schwachen Position. Sie mußten erkennen, daß ihre Vorstellungen über strukturelle Eingriffe gegen im wirtschaftlichen Auf-schwung gefestigte Unternehmer, konservative Regierungen und neoliberale Wirt-schaftspolitik nationalstaatlich nicht durchzusetzen waren; dies konnte höchstens auf supranationaler Ebene im Rahmen der EWG angestrebt werden. Allerdings waren die Verfechter struktureller Änderungen in den Gewerkschaften durchaus nicht in der Mehrheit. Vielmehr standen die meisten Gewerkschafter neoliberalem Gedankengut, al-so den bei Regierungen und Unternehmern vorherrschenden ordnungspolitischen Grundgedanken, die auch im EWG-Vertrag und dessen Sozialpolitik Niederschlag fan-den, nicht ablehnend gegenüber. Die «europäische Perspektive . . . war der Ausdruck ei-nes wachsenden Elitenkonsensus, in den auch die Gewerkschaftsführer einbezogen wa-ren. Er läßt sich auf den Nenner bringen: Abwehr der kommunistischen Alternative und ein neues Vertrauen in die Leistungs- und Regenerationsfähigkeit des Kapitalismus»[16].

2.2. Bilanz der Sozialpolitik

Aufgrund der beschriebenen Vorstellung, daß Sozialpolitik instrumentelles Element des Gemeinsamen Marktes und korrigierender Faktor für auftretende Fehlentwicklungen zu sein hätte, die ihren Ausdruck in den knappen und allgemein gehaltenen sozialpolitischen Bestimmungen des EWG-Vertrages findet, hat die EWG-Sozialpolitik in den ersten 15 Jahren umfangmäßig nur wenige Aktivitäten entwickelt. So erlangte sie auch nur geringe Bedeutung und spielte gegenüber der Wirtschaftspolitik nur eine untergeordnete Rolle[17]. Darüber hinaus stellen die sozialpolitischen Aktivitäten inhaltlich ein «unkoordiniertes, punktförmig ansetzendes Gemenge von Einzelmaßnahmen dar, ohne den Charakter einer sichtbaren Eigenständigkeit, ohne grundlegende gesellschaftspolitische Zielsetzungen und ohne gewichtige Funktion im Gesamtzusammenhang des Integrationsprozesses»[18]. Insgesamt muß der EWG-Sozialpolitik der ersten 15 Jahre eine wenig ermutigende Bilanz bescheinigt werden[19].

Ein solches aus einer weiten Sicht von Sozialpolitik nicht zufriedenstellendes Ergebnis resultiert neben den genannten Gründen im besonderen Maße auch aus institutionellen Faktoren, die sich z. T. aus dem EWG-Vertrag ergeben. Aus Art. 117 I EWG-Vertrag läßt sich folgern, daß die Entscheidungskompetenz für sozialpolitische Fragestellungen bei den Regierungen der einzelnen Mitgliedsstaaten belassen wird[20] und somit das Betreiben einer gemeinsamen oder gar EG-eigenständigen Sozialpolitik vertraglich nicht explizit festgelegt wurde. Eine solche Regelung erschwert natürlich die Koordination der einzelstaatlichen Sozialpolitiken und den Versuch, gemeinsame sozialpolitische Aktivitäten zu entwickeln, zumal keine ausdrückliche rechtliche Verpflichtung der zuständigen Entscheidungsträger auf das Erreichen des sozialpolitischen Oberziels («Angleichung der Lebens- und Arbeitsbedingungen») gegeben ist. Auch eine Verpflichtung der Mitgliedsstaaten zur Zusammenarbeit im Bereich der Sozialpolitik ist vertraglich nicht verankert[21]. Insofern ist das Tätigwerden von nationalstaatlichen und von EG-Gremien in der Sozialpolitik in starkem Maße vom politischen Willen der jeweiligen Regierungen abhängig, was die Kontinuität sozialpolitischer Arbeit stark gefährdet.

Die genannte Regelung der Entscheidungsbefugnisse im sozialpolitischen Bereich bedeutet auch, daß der Kommission keine Entscheidungszuständigkeit übertragen wurde. Gerade die EWG-Kommission war aber das Gremium, das schon früh auf die Notwendigkeit einer eigenständigen Sozialpolitik hinwies und in den ersten Jahren nach der EWG-Gründung wohl auch die weitestgehenden sozialpolitischen Vorstellungen entwickelte. Da ihr aber – entsprechend den juristischen Auslegungen vertraglicher Bestimmungen – von nationalstaatlichen Stellen die Kompetenz abgesprochen wurde[22], war sie nicht in der Lage, ihre sozialpolitischen Vorstellungen durchzusetzen.

Dies dürfte sicher auch darauf zurückzuführen sein, daß die Stellung der Kommission gegenüber dem Ministerrat und den Regierungen der Mitgliedsstaaten hinsichtlich der Entscheidungskompetenzen generell sehr schwach ist. So muß die Kommission vor Einbringung eines Vorschlages die Regierungen der Mitgliedsstaaten konsultieren; das im EWG-Vertrag vorgesehene Initiativ- und Vorschlagsrecht hat sie politisch nicht durchsetzen können. Die Entscheidung, ob und in welcher Form ein Vorschlag angenommen wird, liegt beim Ministerrat. Verbindliche Verordnungen und Richtlinien zu erlassen, obliegt der Kommission nur in wenigen Bereichen und z. T. nur aufgrund der Übertragung von Durchführungsbefugnissen durch den Ministerrat; weitgehend muß sich die Kommission auf unverbindliche Stellungnahmen und Empfehlungen beschränken. Im Entscheidungsprozeß nimmt damit aber die Kommission nur die Aufgabe einer technokratischen Clearingstelle wahr, ihre politischen Funktionen sind stark beschränkt[23].

Bei der Betrachtung der institutionellen Faktoren muß auch auf den ESF und seine Funktionsweise eingegangen werden, das wichtigste Instrument einer EWG-Sozialpolitik. Der ESF sollte – nach im EWG-Vertrag festgelegten Vorstellungen – die berufliche Verwendbarkeit und die örtliche und berufliche Freizügigkeit der Arbeitskräfte fördern, um so die Beschäftigungsmöglichkeiten im Gemeinsamen Markt zu verbessern. Der erste Sozialfonds begann seine Arbeit 1960. Er war in der ersten Dekade aber nicht viel mehr als eine Abrechnungsstelle für finanzielle Aufwendungen der einzelnen Staaten für Umschulungs- und Umsiedlungsmaßnahmen zugunsten von aufgrund struktureller Veränderungen entlassener Arbeitskräfte, hatte also eher den Charakter einer «Reservekasse der nationalen Arbeitsmarktinstanzen»[24]. Denn Mittel konnten nur nachträglich bewilligt werden und Zuschüsse nur von Regierungsstellen beantragt werden, so daß insbesondere gut funktionierende Verwaltungen in den Genuß der Mittel kamen[25]. Da darüber hinaus die Bezuschussung von der Wiederbeschäftigung der geförderten Personen abhing, ergab sich das paradoxe Ergebnis, daß die Bundesrepublik bis 1972 den größten Teil der Gesamtzuschüsse des Fonds erhielt[26] und somit die Ungleichheit der Verteilung zwischen den Staaten noch verstärkt wurde. Insgesamt war der Rahmen der Zuschüsse mit 326 Mio Rechnungseinheiten bis 1973 recht begrenzt. Infolge der beschriebenen Funktionsschwächen kam es dann im Vorfeld der Überlegungen zu einer Neugestaltung der Sozialpolitik 1972 auch zu einer fundamentalen Umgestaltung des Sozialfonds, auf die weiter unten ausführlich eingegangen wird.

3. Neuorientierung der Sozialpolitik der EG

3.1. Gründe für die Neuorientierung

Die Erkenntnis der geringen Tragweite, der unstrukturierten Vorgehensweise und institutioneller Unzulänglichkeiten der EG-Sozialpolitik bildete zwar einen bedeutsamen Grund für den Versuch einer Neugestaltung des sozialpolitischen Bereichs, doch muß eine Reihe weiterer sozialer, wirtschaftlicher und politischer Faktoren als gewichtiger Anstoßpunkt angesehen werden.

Das sozialpolitische Grundverständnis, nach dem in der ersten Dekade Sozialpolitik betrieben wurde, nämlich die Voraussetzungen für das Funktionieren des Gemeinsamen Marktes zu schaffen und erwartete unsoziale Auswirkungen der Wirtschaftstätigkeit zu korrigieren, wurde zunehmend angegriffen. Dies gilt im besonderen Maße für die Kommission. Denn – so wurde nun die Aufgabe der Sozialpolitik interpretiert – eine fortschrittliche Sozialpolitik könne sich nicht damit begnügen, Auswirkungen von Wirtschaftsmaßnahmen nach sozialen Maßstäben zu korrigieren; vielmehr müsse die Sozialpolitik selbst wirtschaftspolitische Zielvorstellungen formulieren. Deshalb müßten wirtschaftliche und soziale Zielsetzungen als gleichrangig betrachtet werden[27].

Auch der Ministerrat schloß sich Ende der 60er Jahre der Meinung an, daß ein Zusammenhang zwischen Wirtschafts- und Sozialpolitik besteht[28]. Er initiierte sogar eine Untersuchung über die Zusammenhänge von Sozialpolitik und die sozialen Aspekte der anderen Politikbereiche. Es wurde nun weitgehend anerkannt, daß die Berücksichtigung sozialer Konsequenzen anderer EG-Politikbereiche bei der bisherigen Sozialpolitik vernachlässigt worden war, was insgesamt zu einer zu engen Sicht des Gebietes der Sozialpolitik geführt hatte. Zunehmend setzte sich die Erkenntnis durch, daß eine Verbesserung der allgemeinen Lebens- und Arbeitsbedingungen als sozialpolitisches Ziel durch eine Wachstumspolitik über den Gemeinsamen Markt allein nicht zu erreichen sei, daß das Wirken des Gemeinsamen Marktes und das damit verbundene wirtschaftliche Wachstum im Gegenteil gerade zur Verstärkung vorhandener sozialer Probleme beigetragen bzw. zur Schaffung neuer geführt hatte.

So waren z. B. mit dem Integrationsprozeß Strukturveränderungen verbunden, die sich für einige soziale Gruppen nachteilig auswirkten. Zu denken ist hier an die Tatsache, daß insbesondere Behinderte, Frauen und junge Arbeitskräfte von struktureller Arbeitslosigkeit besonders stark betroffen wurden. In diesem Zusammenhang wurde auch kritisch angemerkt, «ob denn nicht die Verwirklichung des formalen Rechts auf Freizügigkeit unter dem Strich als ‹unsozial› qualifiziert werden muß»[29]. Die Freizügigkeit bezieht sich allein auf die Arbeitskräfte, ist jedoch nicht allgemeines Grundrecht. Damit bleibt die Freizügigkeit in der Gemeinschaft letztlich allein «die Freiheit des Lohnabhängigen, seine Arbeitskraft zu gleichen Bedingungen an jedem Ort des Gemeinsamen Marktes jedem Unternehmer verkaufen zu können»[30]. Faktisch wird aus dem formalen Recht in vielen Fällen eine erzwungene Mobilität mit einigen unerwünschten gesellschaftlichen und sozialen Folgen. In den Einwanderungsländern entstanden soziale Spannungen, weil die soziale Integration der ausländischen Arbeitskräfte schwere Probleme aufwarf. Auf der anderen Seite hatte das dahinterstehende Entwicklungskonzept aber auch ökonomisch nicht entscheidend auf einen Ausgleich zwischen den Regionen hinwirken können, sondern im Gegenteil einer Polarisierung in wirtschaftlich, sozial und kulturell verödete Problemgebiete auf der einen und in Ballungszentren mit hoher Belastung der sozialen und natürlichen Umwelt auf der anderen Seite Vorschub geleistet.

Auch die ungleichmäßige Verteilung von Einkommen und Vermögen war durch das Wachstum nicht nur nicht beseitigt worden, sondern sogar noch verschärft worden. Als weitere mit dem wirtschaftlichen Wachstum zusammenhängende Probleme nennt die EG-Kommission z. B. Umweltverschmutzung und -zerstörung sowie durch das Wachstum auftretende Wertkonflikte zwischen Wirtschaft und Gesellschaft[31], also insbesondere die mit der damals beginnenden Diskussion um «Lebensqualität» angesprochenen Fragestellungen.

In diesem Zusammenhang erkannte man auch, daß bestimmte sozialpolitische Problembereiche mit einer wirtschafts- und sozialpolitischen laissez-faire-Politik über den Gemeinsamen Markt überhaupt nicht angegangen werden konnten; so z. B. fehlende Beteiligung der Arbeitnehmer am Entscheidungsprozeß ihres Unternehmens, Formen monotoner Arbeitsabläufe, schlechte Arbeitsbedingungen. Diese Probleme wurden aber nun als lösungsbedürftig angesehen[32].

Die Formulierung der angesprochenen Kritikpunkte an der Grundlage der EG-Sozialpolitik und an ihrer konkreten Vorgehensweise läßt sich neben der Feststellung von Fehlentwicklungen insbesondere zurückführen auf eine Änderung sozialpolitischer Wertvorstellungen und eine veränderte Prioritätenskala wirtschafts- und gesellschaftspolitischer Zielsetzungen. Als bedeutsam für diese Entwicklung kann der Regierungswechsel in der Bundesrepublik Ende der 60er Jahre angesehen werden. Mit der neuen deutschen Regierung unter Brandt hielten stark veränderte sozialpolitische Vorstellungen Einzug in den EG-Bereich; durch sie wurde auch der politische Wille verstärkt, der für die Sozialpolitik in der EG unerläßlich ist, da – wie gesehen – die Kommission allein keine EG-Sozialpolitik betreiben kann. Außerdem hatte sich in der gesamten Gemeinschaft die Ansicht durchgesetzt, daß ein solch hoher Stand der wirtschaftlichen Entwicklung erreicht sei und ein stetiges und dauerhaftes Wirtschaftswachstum gesichert sei, daß für diesen Bereich keine staatlichen Mittel und Maßnahmen mehr vorgesehen werden müßten, sondern man es sich nun «leisten» könne, in verstärktem Maße auf sozialpolitischem Gebiet tätig zu werden. Damit wird aber schon deutlich, daß sozialpolitische Aktivitäten in Abhängigkeit von der jeweiligen wirtschaftlichen und konjunkturellen Situation und vom Erreichen der wirtschaftspolitischen Zielvorstellungen gesehen werden müssen.

Alle angesprochenen Problempunkte, die unabhängig von ihrer Verbindung zur EG-Integration einer Lösung bedurften, könnten – so wurde befürchtet – letztendlich zu einer Gefährdung des bisher erreichten Integrationsniveaus führen, wenn nicht die Sozialpolitik entsprechend ausgeweitet würde und die notwendigen sozialpolitischen Maßnahmen ergriffen würden[33]. Dies um so mehr, als man glaubte, daß der Integrationsprozeß nur noch dann auf einem erfolgversprechenden Fundament stände, wenn die EG-Politik ihren Niederschlag beim einzelnen Bürger direkt finden würde, da nur so die für die Gemeinschaftsbildung notwendige Solidarität und das erforderliche Zusammengehörigkeitsgefühl geschaffen werden könnte. Die deutsche «Initiative für eine europäische Sozial- und Gesellschaftspolitik» von 1972 nennt dann auch als Ziel, «die Gemeinschaft wirtschafts- und gesellschaftspolitisch zu profilieren . . ., und die Bejahung der Integration durch den Bürger zu vertiefen»[34]. Dies glaubte man nur durch eine inhaltlich veränderte und weiterreichende Sozialpolitik erreichen zu können.

Überlegungen über die Notwendigkeit einer modifizierten Sozialpolitik ergaben sich somit auch zwangsläufig im Zusammenhang mit der Wirtschafts- und Währungsunion als neuem Integrationsziel, derzufolge bis 1980 eine einheitliche Wirtschafts- und Währungspolitik verwirklicht werden sollte. Dies auch deshalb, weil gerade durch den fortschreitenden Integrationsprozeß die Anzahl der gemeinsamen sozialen Probleme steigen würde. Bei einer gemeinsamen Wirtschafts- und Währungspolitik wurde der Bereich der Sozialpolitik als gleichberechtigt betrachtet, da mangelnde Parallelität der einzelnen Bereiche als Gefährdung des gesamten Prozesses zur Erreichung der Wirtschafts- und Währungsunion angesehen wurde[35]. Zusammen mit der Wirtschafts- und Währungsunion sollte auch eine Sozialunion angestrebt werden, so daß die Sozialpolitik nicht mehr als zweitrangiges, korrigierendes Politikelement eingreifen, sondern eigenständige Zielvorstellungen entwickeln und politikmitgestaltend tätig werden sollte. Insgesamt kann man davon sprechen, daß die Rolle, die der Sozialpolitik im Integrationsprozeß zugedacht war, einen nicht unwesentlichen Faktor für die Neugestaltung der Sozialpolitik darstellte.

Die Integrationsbestrebungen trafen auch auf eine veränderte Interessenkonstellation. Die Erfolgsaussichten der Wirtschafts- und Sozialpolitik waren in der beschriebenen Lage Anfang der 70er Jahre eng mit der Bereitschaft der Interessengruppen verbunden, diese Politik wenigstens grundsätzlich zu akzeptieren.

Die Funktionsfähigkeit der angestrebten Wirtschafts- und Währungsunion setzte notwendig eine in weiten Bereichen gemeinsame und eng abgestimmte Wirtschaftspolitik voraus, die ohne einen sozialen Minimalkonsens nicht denkbar wäre[36]. Mit der Einbindung der Interessengruppen in den politischen Prozeß sollte eine wesentliche Vorbedingung für diesen Konsens geschaffen werden.

Für die wirtschaftliche Situation in den Ländern der Gemeinschaft war kennzeichnend, daß sich bereits inflationäre Tendenzen und Probleme struktureller Arbeitslosigkeit abzeichneten. Sowohl für die Inflationsbekämpfung als auch für eine mit dem Verlust von Arbeitsplätzen und zumindest zeitweiliger Arbeitslosigkeit verbundene Politik struktureller Anpassung kommt den Strategien vor allem der Gewerkschaften zentrale Bedeutung zu.

Die aus Stabilitätsgründen für notwendig erachtete Begrenzung der Lohnzuwächse war gegen den Widerstand der Gewerkschaften kaum durchsetzbar, wie auch die EG-Kommission erkannte: «Die Kommission weist darauf hin, daß in einer Zeit, in der die Arbeitnehmer immer wieder zu lohnpolitischem Maßhalten aufgerufen werden, eine stärkere Mitwirkung eine wesentliche Voraussetzung für die Zusammenarbeit mit der Gewerkschaftsbewegung darstellt.»[37]

Ähnlich war die Situation in der Strukturpolitik, bei der von den Gewerkschaften erwartet wird, daß sie letztlich dem Verlust von Arbeitsplätzen zustimmen. Als Gegenleistung für diese Zugeständnisse konnte ein Ausgleich durch sozialpolitische Maßnahmen in Aussicht gestellt werden. Der damalige für den Sozialbereich zuständige Vizepräsident der EG-Kommission, Hillery, sprach diesen Zusammenhang offen aus: «Ein institutioneller Rahmen für die Beteiligung der Sozialpartner (müßte) eine Verbindung zur Konjunktur- und Wirtschaftspolitik auf der einen und Sozialpolitik auf der anderen Seite herstellen . . ., die den Sozialpartnern eine so starke Beteiligung im sozialpolitischen Bereich einräumt, daß sie die gesamte Wirtschaftssteuerung weitgehend akzeptieren.»[38]

Diese Überlegungen auf seiten der EG-Institutionen und der Regierungen der Mitgliedsstaaten trafen auf die Forderungen der Gewerkschaften, die sich 1973 im Europäischen Gewerkschaftsbund (EGB) zusammengeschlossen hatten[39], um eine Abstimmung ihrer Politik auf (west)europäischer Ebene zu fördern und mehr Durchschlagskraft zu gewinnen. Die Gewerkschaften forderten eine grundlegende Neuorientierung der Wirtschafts- und Sozialpolitik auf EG-Ebene, für die eine umfassende und frühzeitige Information der Gewerkschaften und ihre Beteiligung am Entscheidungsprozeß zentrale Bestandteile bilden sollten. Die Gewerkschaften beanspruchten ein Mitspracherecht in allen Bereichen mit wirtschaftlichen und sozialen Auswirkungen[40]. Sie argumentierten, mit dem Zusammenschluß im EGB nunmehr die legitime Interessenvertretung der Beschäftigten in den EG-Ländern zu sein, deren gewachsenem politischen Gewicht auf diese Weise entsprochen werden müßte. Die Chance, institutionell abgesicherte Einflußmöglichkeiten zu erhalten, bot für die Gewerkschaften einigen Anreiz, auf die Vorstellungen der EG-Kommission einzugehen.

Welcher der angesprochenen Punkte – veränderte gesellschaftliche Leitbilder und Wertvorstellungen; Absicherung bzw. Ausweitung des Integrationsniveaus; veränderte Interessenkonstellation – für eine Neuorientierung der EG-Sozialpolitik ausschlaggebend oder auch nur vorherrschend war, läßt sich im einzelnen nicht feststellen. Eine solche Zuordnung erscheint auch weniger wichtig. Von Bedeutung dürfte vielmehr sein, daß diese Punkte sich z. T. gegenseitig bedingten und ergänzten, so daß ein Komplex von eng verzahnten Motivationen entstand, der als gemeinsames Antriebsmoment für die Neuorientierung der Sozialpolitik auf EG-Ebene diente.

3.2. Das sozialpolitische Aktionsprogramm

Als Meilenstein auf dem Weg zur Neuorientierung der EG-Sozialpolitik muß die *Pariser Gipfelkonferenz* der Regierungschefs der Neun vom Oktober 1972 angesehen werden. Der Konferenz wurde von deutscher Seite das bereits erwähnte Memorandum vorgelegt, das konkrete sozialpolitische Zielvorstellungen enthielt. Auch von französischer Seite wurden sozialpolitische Vorstellungen vorgetragen. Diese Initiativen fanden bei den anderen Regierungen positive Resonanz, wobei allgemein die Entschlossenheit zu konkretem Handeln vorhanden war[41].

Im Schlußkommuniqué wurde betont, daß «einem energischen Vorgehen im sozialpolitischen Bereich die gleiche Bedeutung zukommt wie der Verwirklichung der Wirtschafts- und Währungsunion»[42]. Außerdem wurde «eine wachsende Beteiligung der Sozialpartner an den wirtschafts- und sozialpolitischen Entscheidungen der Gemeinschaft» für unerläßlich gehalten[43]. Die Kommission wurde aufgefordert, bis Ende 1973 ein Aktionsprogramm mit konkreten sozialpolitischen Maßnahmen und Vorschlägen zur Finanzierung vorzulegen.

Die Kommission, die bereits 1971 eine «Vorläufige Ausrichtung für ein Programm einer gemeinschaftlichen Sozialpolitik» entwickelt hatte, veröffentlichte im April 1973 «Leitlinien für ein sozialpolitisches Aktionsprogramm». Diese Leitlinien stellten dann die Grundlagen dar für das «Sozialpolitische Aktionsprogramm», das dem Ministerrat zusammen mit einer Entschließung über die wichtigsten Ziele und Aktionen des Programmes Ende 1973 vorgelegt wurde[44]. Der Rat verabschiedete die Entschließung im Januar 1974, wobei er nicht alle Vorschläge der Kommission annahm. Das verabschiedete *sozialpolitische Aktionsprogramm* umfaßt drei große Zielbereiche:

— *Vollbeschäftigung und bessere Beschäftigung*
— *Verbesserung der Lebens- und Arbeitsbedingungen*
— *wachsende Beteiligung der Sozialpartner an den wirtschafts- und sozialpolitischen Entscheidungen der Gemeinschaft und der Arbeitnehmer am Leben[45] der Unternehmen und Betriebe.*

Innerhalb dieser Bereiche sind insgesamt mehr als drei Dutzend Einzelvorschläge gegeben, von denen neun als Prioritätspunkt angesehen wurden, für die die Kommission dem Ministerrat noch im Jahre 1974 Lösungsvorschläge vorlegen sollte. Das sozialpolitische Aktionsprogramm insgesamt sollte in mehreren Stufen verwirklicht werden; die erste Stufe sollte Ende 1976 abgeschlossen sein. Betont wird, daß als wesentliches sozialpolitisches Mittel weiterhin der ESF gesehen wird, dessen Stellung gestärkt werden soll, um dadurch die Realisierung der vorgesehenen Zielsetzungen zu erreichen und die notwendigen strukturellen Änderungen und die Beseitigung von Ungleichgewichten zu bewerkstelligen.

Bei der Betrachtung der Struktur und des Inhalts des sozialpolitischen Aktionsprogramms muß man feststellen, daß es sich um eine Liste einzelner Aktionspunkte handelt, die durch kein klar erkennbares Konzept miteinander verbunden sind. Dies kann insbesondere darauf zurückgeführt werden, daß vor allem solche Vorschläge aufgenommen wurden, bei denen man von einem breiten politischen Konsens aller Mitgliedsstaaten ausgehen konnte, so daß eine Realisierung weitgehend möglich erschien[46]. Man kann also von einem Programm des «kleinsten gemeinsamen politischen Nenners» sprechen.

Mit dem sozialpolitischen Aktionspgrogramm wird jedoch in der EG zum ersten Mal die Sozialpolitik als eigenständiger Politikbereich anerkannt; in der Präambel der Entschließung des Ministerrates wird festgestellt, daß «die Sozialpolitik der Gemeinschaft eine eigene Aufgabe zu erfüllen hat»[47]. Darüber hinaus ist der Sozialpolitik eine Querschnittsaufgabe für die gesamte EG-Politik zugedacht, da sie auch die sozialen Aspekte aller anderen Politikbereiche umfassen soll. Es soll «die Kohärenz zwischen der Sozialpolitik und den anderen Gemeinschaftspolitiken (gewährleistet werden)»[48]. Als dritte wesentliche Neuerung ist das Bestreben zu nennen, die aktive Mitwirkung der sozialen Interessengruppen zu stärken.

Das sozialpolitische Aktionsprogramm soll aber keine Übertragung aller anstehenden sozialen Fragestellungen auf EG-Ebene und EG-Gremien vornehmen. Vielmehr soll entsprechend dem Subsidiaritätsprinzip dies nur soweit erfolgen, wie gemeinsame übergreifende Probleme auftreten, die von nationalstaatlichen Stellen nicht erfolgreich bewältigt werden können[49]. Zuständigkeiten und Funktionen sollen dann nicht auf die EG übertragen werden, wenn sie «auf anderer Ebene sehr viel wirkungsvoller wahrgenommen werden können»; die EG-Sozialpolitik «soll keineswegs an die Stelle der einzelstaatlichen Politiken treten»[50].

4. EG-Sozialpolitik seit 1974

Die Umsetzung des Sozialen Aktionsprogramms und die weitere Entwicklung der EG-Sozialpolitik ist in enger Verbindung mit der allgemeinen wirtschaftlichen Entwicklung in der Gemeinschaft zu sehen. In den beiden ersten Jahren nach Inkrafttreten des Sozialen Aktionsprogramms verlief die Umsetzung der beschlossenen Maßnahmen im großen und ganzen programmgemäß. 1976 geriet jedoch die Verwirklichung der noch ausstehenden Beschlüsse des Sozialen Aktionsprogramms deutlich ins Stocken[51]; wenngleich sich die EG-Institutionen mit dem Erfolg des Aktionsprogramms für die gesamte Periode 1974–76 alles in allem zufrieden zeigten[52].

Tabelle 2: Entwicklung der Arbeitslosigkeit in den EG-Staaten seit 1970

(Jahresdurchschnittswerte; erfaßt sind die bei den Arbeitsämtern registrierten Arbeitslosen.)
EG-Staaten ohne Griechenland

1970	2,13	Millionen	1975	4,61	Millionen
1971	2,59		1976	5,24	
1972	2,87		1977	5,71	
1973	2,60		1978	5,97	
1974	3,07		1979	6,04	
			1980	ca. 6,80	

Quelle: berechnet nach: EG-Sozialberichte, verschiedene Jahrgänge sowie EG-Bulletin Nr. 7–8, 1981
Zum Jahresende 1980 betrug die Zahl der Arbeitslosen bereits rund 8 Millionen, im November 1981 sogar schon 9,96 Millionen.

Mit der rapide schärfer werdenden Beschäftigungskrise (vgl. Tab. 2) schob sich aber die Bekämpfung der Arbeitslosigkeit als die alle anderen dominierende sozialpolitische Aufgabe immer stärker in den Vordergrund. Zugleich deuteten sich Interessengegensätze zwischen den reicheren und den ärmeren Mitgliedstaaten der Gemeinschaft an[53]. Aus der Sicht der ärmeren Staaten schien eine Konzentration aller Mittel und Maßnahmen auf die Schaffung von Arbeitsplätzen, insbesondere mit Hilfe des Sozialfonds und des Regionalfonds, oberste Priorität zu haben. Anderen sozialpolitischen Vorhaben standen sie eher zurückhaltend gegenüber, zumal dann, wenn diese eine Erhöhung der Produktionskosten und damit eine Verschlechterung der internationalen Wettbewerbsfähigkeit bewirken konnten. Sozialpolitische Fortschritte waren bei dieser Konstellation weitgehend von der Bereitschaft der reicheren Staaten der Gemeinschaft abhängig, Transferzahlungen zugunsten der schwachen Regionen zu leisten; dazu waren und sind die reicheren Länder aber nur in begrenztem Umfang bereit. Die Kommission legte zwar dem Rat neue «Leitlinien für die Sozialpolitik»[54] vor, die Aktionspläne für einige Aufgabenbereiche enthielten und als Fortsetzung des Aktionsprogramms gedacht waren, doch eine Einigung auf ein neues Aktionsprogramm gelang nicht. Um wenigstens gegen das vorherrschende soziale Problem Arbeitslosigkeit gemeinsam vorzugehen, forderte die

Kommission im Sozialbericht für 1978, «daß sich sämtliche Gemeinschaftseinrichtungen bereits zum Zeitpunkt der Ausarbeitung der Auswirkungen der Gemeinschaftspolitiken auf die Beschäftigung bewußt sind»[55]. Die Kommission betonte allerdings, daß die Konzentration auf die Bekämpfung der Arbeitslosigkeit nicht zur (völligen) Vernachlässigung der anderen sozialpolitischen Aufgaben führen dürfe[56]. Insgesamt kam die gemeinschaftliche Sozialpolitik im Anschluß an das Soziale Aktionsprogramm nicht mehr zu einem gemeinsamen übergreifenden Programm; entsprechende Anregungen und Forderungen, auch von seiten der EG-Kommission, blieben politisch wirkungslos.

In den folgenden Abschnitten werden die Entwicklungen in den einzelnen sozialpolitischen Bereichen detaillierter beschrieben; im Mittelpunkt steht dabei die Beschäftigungspolitik.

4.1. Beschäftigungspolitik

Die wirtschaftspolitische Grundstrategie der EG, mit der die Arbeitslosigkeit überwunden werden soll, zielt auf Wachstumsförderung über eine verstärkte Investitionstätigkeit[57]. Inflationsbekämpfung und Förderung des strukturellen Wandels werden als wichtigste Vorbedingungen für die dauerhafte Schaffung bzw. Erhaltung von Arbeitsplätzen angesehen. Ziel dieser Politik ist es, eine Industriestruktur herbeizuführen, die «auf dem Weltmarkt konkurrenzfähig ist»[58]. Der «aktiven» Sozialpolitik kommt in dieser Konzeption vor allem die Funktion zu, den Strukturwandel sozial abzusichern.

Unter den Bedingungen der Wirtschaftskrise seit Mitte der 70er Jahre führte aber gerade der strukturelle Wandel zumindest auf kurze und mittlere Sicht zu erheblichen Beschäftigungsproblemen. Die EG-Sozialpolitik mußte auf strukturell bedingte akute Beschäftigungskrisen in einzelnen Industriezweigen wie Stahlindustrie, Schiffbau und Textil- und Bekleidungsindustrie reagieren.

Eine notwendige Voraussetzung für einen einigermaßen krisenfreien Verlauf des strukturellen Wandels wäre die Konzipierung eines gemeinschaftlichen strukturellen Anpassungsprogramms[59]. Dieses müßte versuchen, besondere Arbeitsbeschaffungsprogramme und soziale Stützungsmaßnahmen für die Krisenbranchen zu erarbeiten und zugleich eine gezielte Förderung von Wachstumsbranchen zu entwerfen, auf die Umschulungsprogramme ausgerichtet werden können, und zwar jeweils einheitlich auf EG-Ebene. Von einem solchen gemeinschaftlichen langfristigen Anpassungsprogramm ist die EG jedoch weit entfernt. Nur für die besonders stark von struktureller Arbeitslosigkeit getroffenen Branchen werden punktuelle Krisenprogramme durchgeführt, die die Verminderung der Anzahl der Arbeitsplätze sozial erträglich gestalten sollen. Besonders stark betroffen war die Stahlindustrie, in der die Zahl der Arbeitsplätze im Zeitraum 1978–1980 von insgesamt rund 700 000 um fast 90 000 zurückging[60]. Die EG-Kommission schlug deshalb 1979 eine befristete Sonderbeihilfe für diese Branche vor.

In letzter Zeit finden sich Hinweise, daß EG-Organe von der Einführung neuer Technologien, vor allem der Mikroelektronik, die Gefahr neuer struktureller Beschäftigungsprobleme erwarten[61]. Eine ausgearbeitete Strategie, wie diesen möglichen Problemen zu begegnen wäre, steht jedoch noch aus. Schließlich wies die Verschärfung der regionalen Strukturprobleme darauf hin, daß eine Umorientierung der Beschäftigungspolitik auch in regionaler Hinsicht notwendig war. Das ursprüngliche Konzept, auf eine erhöhte regionale Mobilität der Arbeitskräfte zu setzen, hatte sich weder wirtschaftlich noch sozial bewährt. Der Neuansatz mußte demzufolge davon ausgehen, statt dessen die wirtschaftliche Entwicklung in den regionalen Problemgebieten konzentriert zu fördern. Zu diesem Zweck wurde der Regionalfonds geschaffen, der erstmals 1975 Mittel vergeben konnte.

Die Arbeitslosigkeit in der EG ist nicht nur sektoral und regional konzentriert, sie trifft auch bestimmte soziale Gruppen in besonderem Maß. Der Anteil der Jugendlichen (in der EG-Definition die Altersgruppe unter 25 Jahre) und der Anteil der Frauen an den Arbeitslosen sind weit überdurchschnittlich. Dies zwang zu speziellen Arbeitsbeschaffungsprogrammen und weiteren gezielten Unterstützungsmaßnahmen für diese Gruppen, vor allem im Bereich der beruflichen Bildung. Der Erfolg dieser Maßnahmen war bisher allerdings recht begrenzt: Ende 1980 lag der Anteil der Jugendlichen an den rund acht Millionen Arbeitslosen in der Gemeinschaft bei etwa 40 v. H., der Anteil der Frauen betrug 43 v. H.[62].

Für die Durchführung von beschäftigungspolitischen Maßnahmen der EG ist der *ESF* das zentrale Instrument. Seit der Umgestaltung von 1972 ist er mit erheblich größeren finanziellen Mitteln ausgestattet und wird unmittelbar aus EG-Mitteln finanziert, also nicht mehr aus direkten Beiträgen der einzelnen Mitgliedstaaten. Er vergibt Zuschüsse für Beschäftigungsmaßnahmen, die bestimmte gemeinschaftlich festgelegte Kriterien erfüllen müssen. Diese Kriterien sind[63]: erstens (Artikel 4) das Vorliegen negativer Beschäftigungswirkungen der EG-Politik in anderen Bereichen und Maßnahmen zur qualitativen Angleichung von Arbeitsangebot und Arbeitsnachfrage und zweitens (Artikel 5) Maßnahmen zur Überwindung langfristiger struktureller Arbeitslosigkeit in rückständigen Gebieten und in stark von technischem Wandel betroffenen Branchen. Der ESF ist also ausdrücklich auf strukturelle Beschäftigungsprobleme ausgerichtet; für eindeutig konjunkturelle Maßnahmen sollen seine Mittel nicht verwendet werden[64]. Im einzelnen förderte der ESF nach den genannten Kriterien Maßnahmen für eine ganze Reihe unterschiedlicher Gruppen. Insgesamt erfaßte die Förderung aus ESF-Mitteln etwa zwei Millionen Personen. Etwa 90 v. H. der Mittel wurden für Berufsausbildung ausgegeben, die restlichen 10 v. H. für Umsiedlungsmaßnahmen[65].

Die doch relativ weite Streuung der Mittel beeinträchtigte die Wirksamkeit des ESF. Mit einer erneuten Reform, die 1978 in Kraft trat, wurde deshalb eine stärkere Konzentration auf die besonders unterstützungsbedürftigen Gruppen und Regionen angestrebt. Der ESF soll sich künftig noch stärker auf die Förderung von arbeitslosen Jugendlichen und Frauen konzentrieren und zur sozialen Abstützung von Umstrukturierungsprogrammen in Krisenbranchen eingesetzt werden.

Der zweite Schwerpunkt der Vergabepolitik ist seitdem die Orientierung an regionalen Kriterien. Diese Ausrichtung kann aber erst bei einer engen Abstimmung mit dem *Regionalfonds* volle Wirkung erzielen. Der nach der EG-Erweiterung eingerichtete Regionalfonds wird ebenso wie der ESF aus dem EG-Haushalt finanziert. Die Mittelvergabe richtet sich zu einem erheblichen Teil nach vorher festgelegten Länderquoten. Von ihrer Anlage her sind Regionalfonds und ESF geeignet, sich gegenseitig zu ergänzen, denn sie arbeiten mit unterschiedlichen Instrumenten an der gleichen Zielsetzung: der Regionalfonds vergibt Investitionszuschüsse, insbesondere für Infrastrukturvorhaben, und fördert damit die Schaffung bzw. Erhaltung von Arbeitsplätzen, der ESF fördert Qualifikation und Beweglichkeit der Arbeitskräfte in den Problemregionen. Die regionalpolitischen Maßnahmen von Regionalfonds und ESF müßten allerdings auch mit der Geschäftspolitik der Europäischen Investitionsbank abgestimmt werden[66], wenn das Defizit in der Regionalpolitik beseitigt werden soll. Schließlich hat das Regionalgefälle in der Gemeinschaft in den 70er Jahren noch weiter zugenommen[67].

Nach der Umstellung von 1978 standen dem ESF jährlich rund zwei Milliarden DM zur

Verfügung, die zu mehr als drei Vierteln für regional orientierte Maßnahmen und für Maßnahmen gegen die Jugendarbeitslosigkeit verwendet wurden[68].

Die Aktivitäten des ESF erscheinen allerdings in einem ganz anderen Licht, wenn man sie den nationalstaatlichen Beschäftigungsmaßnahmen gegenüberstellt. So wurden bis 1977 nur etwa 6 v. H. der gesamten Ausbildungs- und Umschulungsmaßnahmen in den Mitgliedstaaten aus dem ESF finanziert[69]. Der Stellenwert der gemeinschaftlich betriebenen Beschäftigungspolitik ist also vergleichsweise gering. Das wird, trotz der Reform von 1978, auch auf absehbare Zeit so bleiben, denn die Finanzierung der EG-Agrarpolitik läßt nur wenig Spielraum für eine kräftige Aufstockung der Fondsmittel. Auch bei den Auseinandersetzungen um den jetzt anlaufenden EG-Haushalt wurden die Ansätze der Kommission sowohl für den ESF als auch für den Regionalfonds vom Ministerrat spürbar gekürzt.

Neben den Aktivitäten des ESF hat sich die EG im Bereich der Beschäftigungspolitik vor allem mit Fragen der Arbeitsmarktpolitik und der Arbeitszeitpolitik befaßt. Die Arbeitsmarktpolitik der EG ist über Vorarbeiten zu gemeinschaftlichen Aktionen noch nicht hinausgekommen. Im Gespräch sind vor allem Pläne, eine verbesserte Informationslage auf EG-Ebene unter Einbeziehung der sogenannten Wanderarbeitnehmer herzustellen, die internationale Stellenvermittlung auszubauen und die nationale Berufsbildung und Berufsberatung sowie die Zuwanderungspolitik gegenüber Arbeitskräften aus Drittländern enger abzustimmen[70].

Etwa seit 1978 werden die verschiedenen Möglichkeiten der Arbeitszeitverkürzung in EG-Organen intensiv diskutiert. Dabei traten die Interessengegensätze zwischen Unternehmern und Gewerkschaften offen zutage. Die Forderung der Gewerkschaften nach einer Verkürzung der Arbeitszeit um 10 Prozent als «Nahziel», die sie auf dem EGB-Kongreß 1979 unterstrichen haben[71], stieß auf entschiedenen Widerstand der Unternehmer. So überrascht es nicht, daß bislang kein EG-Beschluß zustande kam, der die Durchführung konkreter Maßnahmen auf diesem Gebiet zum Gegenstand hatte.

Die Beschäftigungsentwicklung in der EG zeigt eindeutig, daß die Beschäftigungspolitik der Gemeinschaft kein großes Gegengewicht gegen die Zunahme der Arbeitslosigkeit darstellte. Aufgrund ihres im Vergleich zu den nationalen Beschäftigungspolitiken der Mitgliedsländer geringen Stellenwertes war das auch nicht zu erwarten. Angesichts der beschränkten Mittel erscheint die Konzentration auf strukturelle Probleme von gemeinschaftlicher Bedeutung, z. B. durch Programme gegen die Jugendarbeitslosigkeit, ein Schritt auf dem richtigen Weg zu sein. Um so nachteiliger muß es sich auswirken, wenn infolge des Finanzbedarfs der EG-Agrarpolitik und vor dem Hintergrund von Auseinandersetzungen zwischen den Mitgliedstaaten um die Beteiligung an der Finanzierung des EG-Haushalts die dringend notwendige Aufstockung des ESF und des Regionalfonds ausbleibt, ja unter Umständen die Mittel der beiden Fonds sogar gekürzt werden.

Schließlich muß sich das Fehlen einer längerfristigen gemeinschaftlichen Beschäftigungskonzeption negativ auswirken, auch wenn der gemeinschaftlich finanzierten Beschäftigungspolitik nur ein geringes Gewicht zukommt, denn eine solche Konzeption könnte auch den nationalstaatlich finanzierten Beschäftigungspolitiken Orientierungshilfen geben und eine gegenseitige Abstimmung erleichtern.

4.2. Arbeits- und Lebensbedingungen

Auch der zweite große im Sozialen Aktionsprogramm aufgeführte Aufgabenbereich, die Verbesserung der Arbeits- und Lebensbedingungen, wird durch ökonomische Zwänge und Überlegungen beeinflußt. So wird im Sozialbericht der EG für 1980 hervorgehoben, Verbesserungen in diesem Zielbereich sollten ohne nachteilige Auswirkungen auf die Produktivität verwirklicht werden[72]. Die Interessengegensätze zwischen reicheren und ärmeren Staaten der Gemeinschaft wirken sich auf diesem Gebiet gleichfalls kräftig aus. Die ärmeren EG-Staaten verhalten sich abwartend gegenüber Maßnahmen, von denen sie eine Verschlechterung ihrer ökonomischen Wettbewerbsposition befürchten. Die reicheren EG-Staaten dagegen sind an der Durchsetzung von sozialen Mindeststandards interessiert, die für alle Mitgliedstaaten gelten. Die ärmeren EG-Staaten sind aber ohne finanzielle Unterstützung von seiten der reicheren nicht imstande, diese Mindeststandards zu verwirklichen. Deshalb blockiert die Beschränkung der finanziellen Mittel, die insgesamt für die EG-Sozialpolitik zur Verfügung gestellt werden, einen spürbaren Fortschritt im Bereich der Arbeits- und Lebensbedingungen. Von daher liegt es nahe, daß seit einiger Zeit versucht wird, sich vor allem auf wenig kostenintensive Maßnahmen zu konzentrieren.

Dazu zählt die Ausdehnung des Gleichbehandlungsgrundsatzes von Männern und Frauen, der bis Mitte 1975 nur auf die Entlohnung bezogen war, auf den gesamten Arbeitsbereich einschließlich der Berufsausbildung. Bei beruflicher Diskriminierung können die Frauen seitdem den Rechtsweg beschreiten. Der Gleichbehandlungsgrundsatz soll mit Hilfe eines Aktionsprogramms auch auf die Beschäftigten aus Drittländern ausgedehnt werden. Dieses Aktionsprogramm hat die volle Gleichbehandlung und die volle wirtschaftliche Gleichberechtigung dieser Beschäftigten zum Ziel. Davon wären immerhin rund 4,5 Millionen Beschäftigte betroffen.

Weiterhin wurde 1978 ein bis 1982 befristetes Aktionsprogramm für «Sicherheit und Gesundheitsschutz am Arbeitsplatz» beschlossen. Außerdem wurde eine Anzahl von Untersuchungen und Forschungsarbeiten auf dem Gebiet der Arbeitsbedingungen durchgeführt bzw. gefördert. Maßnahmen im Zielbereich «Humanisierung der Arbeitswelt» befinden sich erst im Stadium der Vorbereitung; konkrete gemeinsame Handlungsprogramme liegen hierzu bis jetzt nicht vor.

Im Bereich der sozialen Sicherheit konnte seit Inkrafttreten des Sozialen Aktionsprogramms der soziale Schutz auf vorher nicht einbezogene Personengruppen ausgedehnt werden. Die gemeinschaftliche Sozialpolitik stößt in diesem Bereich nach wie vor auf das Hindernis sehr unterschiedlicher einzelstaatlicher Systeme und Regelungen[73], wenngleich eine weitgehende Angleichung für nicht unbedingt notwendig erachtet wird – allgemein akzeptierte Mindestschutznormen wären ausreichend[74].

Ein wesentlicher Schritt zur Vorbereitung einer gemeinschaftlich abgestimmten Politik im Bereich der sozialen Sicherheit ist die Aufstellung des sogenannten *Europäischen Sozialbudgets*, das erstmals für die Periode 1970–1975 erarbeitet und mit dem zweiten Sozialbudget 1975–1980 fortgesetzt wurde. Das Sozialbudget ist kein Budget im herkömmlichen Sinn, es umfaßt vielmehr eine Zusammenstellung aller Maßnahmen und Ausgaben für soziale Sicherheit in den einzelnen Mitgliedstaaten[75]. Es ist also vor allem eine Informationsquelle, die aber, indem sie unterschiedliche Strategien und Prioritäten in den einzelnen Mitgliedstaaten erkennen läßt, zugleich als Entscheidungshilfe dienen soll, sowohl für die einzelnen Staaten als auch für die Gemeinschaftsebene. Auf diese Weise könnten geeignete Ansätze für eine «Konzertierung» bzw. Harmonisierung in diesem Bereich aufgezeigt werden[76]. Die EG-Kommission begreift das Sozialbduget als ei-

nen «erste(n) Schritt zur Erstellung einer sozialen Vorausschau auf europäischer Ebene»[77].
Es wird angestrebt, das Sozialbudget künftig in kürzeren Abständen zu erarbeiten.

Diese umfangreichen administrativen und organisatorischen Tätigkeiten können aber nicht darüber hinwegtäuschen, daß die erreichten materiellen Fortschritte im Bereich der Arbeits- und Lebensbedingungen insgesamt mager sind. Der Grundsatz, weiteren Kostenanstieg zu vermeiden, wurde in den letzten Jahren immer mehr zur wichtigen Leitlinie für die Politik der sozialen Sicherung. Die verteilungspolitischen Konsequenzen liegen auf der Hand: es wird weitgehend darauf verzichtet, durch Sozialleistungen auf größere soziale Gerechtigkeit hinzuwirken. Diese von einigen Politikern in den Mitgliedstaaten offenbar erwünschte Entwicklung scheint von den EG-Institutionen akzeptiert zu werden. Einige sogenannte «Modellvorhaben» zur «Bekämpfung der Armut» sind kaum mehr als der berühmte Tropfen auf den heißen Stein. Und aus der Vermögenspolitik ist lediglich eine Denkschrift der EG-Kommission zu erwähnen; gemeinschaftliche Maßnahmen liegen in weiter Ferne.

4.3. Beteiligung der sozialen Interessengruppen

Um die Einflußmöglichkeiten der sozialen Interessengruppen im Willensbildungs- und Entscheidungsprozeß der Gemeinschaft zu verbessern, wurden institutionelle Veränderungen vorgenommen. Durch diese Veränderungen sollten zwei Organe großes Gewicht erhalten, in denen die Unternehmerverbände und die Gewerkschaften vertreten sind: der Ständige Ausschuß für Beschäftigungsfragen und die sogenannten Dreierkonferenzen. Gegenüber diesen beiden Organen hat der Wirtschafts- und Sozialausschuß (WSA) nur relativ geringe Bedeutung. Der WSA erhielt zwar im Jahr 1972 das Initiativrecht, d. h. er kann seither Stellungnahmen frei nach eigener Entscheidung abgeben – vorher mußte er dazu von der Kommission oder vom Rat aufgefordert werden – aber sein Einfluß auf den Entscheidungsprozeß in der EG blieb dennoch gering. Das liegt zum guten Teil daran, daß die Gewerkschaften dem WSA weniger Bedeutung zumessen, weil sie sich in ihm nur unzureichend vertreten sehen. Vor allem durch die Zusammensetzung der Vertreter der sogenannten «Sonstigen Interessen» – Landwirte, Selbständige, Verbrauchervertreter usw. – sehen sich die Gewerkschaften benachteiligt. Außerdem kritisieren die Gewerkschaften, daß der WSA Beschlüsse nur mit Einstimmigkeit fassen kann. Erst wenn Minderheitsvoten möglich würden, bekäme der WSA für die Gewerkschaften größere Bedeutung[78].

Das Gewicht des WSA wurde in letzter Zeit durch den neuen Legitimationsanspruch des erstmals direkt gewählten Europäischen Parlamentes, das gleichfalls eine Beratungsfunktion in wirtschaftlichen und sozialen Angelegenheiten wahrnimmt, noch zusätzlich eingeschränkt.

Der *Ständige Ausschuß für Beschäftigungsfragen* setzt sich zusammen aus den Arbeits- und Sozialministern der EG-Staaten sowie Vertretern der Unternehmerverbände und der Gewerkschaften in jeweils gleicher Anzahl. Die EG-Kommission ist also nicht vertreten. Der Ausschuß wurde 1970 auf das Drängen der Gewerkschaften hin eingerichtet, war aber von 1972–1974 (u. a. wegen gewerkschaftsinterner Probleme) nicht tätig. Er wurde Anfang 1975 neubelebt und kommt seitdem mehrmals im Jahr zusammen. Er soll sich mit allen grundsätzlichen Fragen der Beschäftigung auseinandersetzen und fungiert im wesentlichen als ein ständiges Diskussionsforum für die unterschiedlichen Standpunkte der im Ausschuß vertretenen Gruppen zu den Beschäftigungsproblemen der EG. Zu den Aufgaben des Ausschusses gehörte auch die Vorbereitung der Dreierkonferenzen und die ausführliche Nachbereitung und Beratung der dort behandelten Fragen. Die *Dreierkonferenzen* wurden 1975 erstmals einberufen und fanden von da ab bis 1978 jährlich statt. Von der Zusammensetzung her sind sie das gewichtigste Gremium, in dem Tarifvertragsparteien vertreten sind. Die Sozial-, Arbeits-, Wirtschafts- und Finanzminister der Mitgliedstaaten, Vertreter der EG-Kommission und Vertreter der Gewerkschaften und der Unternehmerverbände in gleicher Anzahl sind seine Mitglieder. Die Dreierkonferenzen können keine rechtlich verbindlichen Ergebnisse hervorbringen. Bedeutung bekommen sie vor allem dann, wenn die Beteiligten sich auf politische Willenserklärungen einigen können, die wenigstens politische Verbindlichkeit besitzen. Eine solche gemeinsame Erklärung gelang auf der Konferenz 1976 in Luxemburg; allerdings beinhaltete diese Erklärung zur «Wiederherstellung der Vollbeschäftigung und Stabilität in der Gemeinschaft» nur eine sehr allgemein bleibende Wachstumsstrategie. Auf den nachfolgenden Konferenzen wurden die kontroversen Standpunkte deutlich vertreten, ohne daß gemeinsame Erklärungen einen Kompromiß wenigstens formal angedeutet hätten.

Ob die Dreierkonferenzen damit das Ziel, einen Konsens über die Wirtschafts- und Sozialpolitik durch die Beteiligung der sozialen Interessengruppen herbeizuführen, erreichen konnten, ist zweifelhaft. Daß sie seit 1978 nicht mehr fortgesetzt wurden, weist eher darauf hin, daß einige der beteiligten Gruppen den Nutzen als eher gering einschätzen. Vor allem von den Gewerkschaften wird betont, diese Konferenzen hätten nur dann einen Wert, wenn sie politisch verbindliche Erklärungen, die «echte Verpflichtungen»[79] darstellen, als Ergebnis erzielen können[80]. In den letzten Jahren haben die Gewerkschaften wieder den Weg gewählt, ihre Forderungen in politischen Erklärungen zum Ausdruck zu bringen, die sie zu den jährlich stattfindenden Gipfelkonferenzen der EG-Staats- bzw. Regierungschefs präsentieren. Gleichzeitig hat der Ständige Ausschuß für Beschäftigungsfragen weiter an Gewicht gewonnen.

Auf Industriezweigebene gibt es in Form von Branchenausschüssen weitere Gremien mit Beteiligung von Unternehmern und Gewerkschaften. Besondere Bedeutung haben diese Ausschüsse in den Krisenbranchen erhalten, in denen sie bei der Vorbereitung und Beratung der Maßnahmen zur Krisenbekämpfung teilnehmen. Die EG-Kommission verspricht sich von diesen Ausschüssen eine bessere Durchsetzbarkeit der Krisenprogramme und wünscht deshalb die verstärkte Mitarbeit der Ausschüsse[81]. Die Gewerkschaften fordern, diese Ausschüsse zu «Strukturräten» auszubauen, die «Industrieentwicklungspläne» für die wichtigsten Industriebereiche erarbeiten sollen[82]. Diese Forderung steht in engem Zusammenhang mit der weiteren Forderung des EGB nach Einrichtung einer Meldestelle auf EG-Ebene für Investitionen in den international stark verflochtenen Wirtschaftsbereichen.

Die *betriebliche Mitbestimmung* ist in der EG-Sozialpolitik in der letzten Zeit weit in den Hintergrund gedrängt worden. Bezeichnend dafür ist, daß dieser im Sozialen Aktionsprogramm aufgeführte Zielbereich in den letzten Jahren in den Sozialberichten der Bundesregierung im Kapitel «Internationale sozialpolitische Zusammenarbeit» nicht einmal mehr erwähnt wird. In der Frühphase der sozialpolitischen Neukonzeption der Gemeinschaft hatte die Frage der betrieblichen Mitbestimmung dagegen erheblichen Stellenwert. Es geht dabei nicht lediglich um eine Angleichung der unterschiedlichen einzelstaatlichen Regelungen, vielmehr erhält diese Frage angesichts der ausgeweiteten Aktionsmöglichkeiten für multinationale Konzerne in der EG, denen keine entsprechende Verbesserung der gewerkschaftlichen Aktionsmöglichkeiten gegenüberstand, eine neue Qualität.

Auch die EG-Kommission ist sich der Tatsache bewußt, daß mit dieser Entwicklung eine

Übermacht der Unternehmerseite entstanden bzw. verstärkt worden ist, die sich vor allem im Bereich der Beschäftigung und der betrieblichen Arbeitsbedingungen nachteilig für die Beschäftigten auswirken kann[83]. Gemeinschaftliche Aktionen auf diesem Gebiet treffen auf besondere Schwierigkeiten, denn die Arbeitsbeziehungen und damit auch die Strategien von Unternehmern und Gewerkschaften in den einzelnen EG-Staaten klaffen weit auseinander. Die EG-Kommission griff auf einen ursprünglich aus dem Jahr 1970 stammenden Entwurf für eine «Europäische Aktiengesellschaft» zurück, den sie 1975 entsprechend der neuen Lage abänderte. Er zielt auf Unternehmen mit Betriebsstätten in mehreren EG-Staaten. Der Entwurf ist relativ stark an die Mitbestimmung nach dem Muster der Bundesrepublik Deutschland angelehnt; er umfaßt drei wesentliche Bestandteile[84]:

— die Einrichtung eines europäischen Betriebsrates mit Informations-, Anhörungs- und Beratungsrechten;
— die Vertretung der Beschäftigten im Aufsichtsrat, der zu je einem Drittel aus Vertretern der Kapitaleigner, der Beschäftigten und einer Gruppe «unabhängiger» Mitglieder bestehen soll; letztere sollen mit Zwei-Drittel-Mehrheit von den beiden anderen Gruppen hinzugewählt werden;
— die Möglichkeit dieser «Europäischen Aktiengesellschaft», einheitliche europäische Tarifverträge über Löhne und Arbeitsbedingungen abzuschließen.

Die EG-Kommission wollte diese «Europäische Aktiengesellschaft» nicht zur verbindlichen Rechtsform erklären, sondern nur als eine Wahlmöglichkeit bereitstellen. Damit sollte ein Rahmen für die Angleichung der sehr unterschiedlichen einzelstaatlichen Regelungen geschaffen werden[85].

Die EG-Kommission konnte ihre Absicht jedoch nicht verwirklichen, nicht nur wegen des scharfen Einspruchs der Unternehmerverbände, sondern auch, weil ein Teil der Gewerkschaften im EGB, nämlich die belgischen, die italienischen und die französische CFDT, die hinter dem EG-Entwurf stehende Vorstellung der «Sozialpartnerschaft» nicht akzeptieren[86]. Die defensive Position der Gewerkschaften übt allerdings einen Zwang zur Verständigung auf gemeinsames Handeln aus. Die wesentliche Forderung dieses gemeinsamen gewerkschaftlichen Standpunktes ist die Einsetzung von Organen in den internationalen Unternehmen, die die Unterrichtung und Anhörung der Beschäftigten bzw. ihrer Vertreter über alle wesentlichen wirtschaftlichen und unternehmenspolitischen Vorhaben und Ergebnisse sicherstellen können[87].

Im Oktober 1980 schlug die Kommission dem Ministerrat eine Richtlinie vor, die diese gewerkschaftlichen Forderungen weitgehend enthält. Insbesondere bei Stillegungen und Umstrukturierungsmaßnahmen ist die frühzeitige Information und Anhörung der Beschäftigten in den einzelnen Betrieben des betreffenden Unternehmens vorgesehen[88].

Bereits Mitte der 70er Jahre hatte der Rat die Stellung der Beschäftigten in den europäischen multinationalen Unternehmen gestärkt, indem er einheitliche Vorschriften für Massenentlassungen erließ.

Diese Regelungen gelten bzw. sollen gelten nur für Unternehmen mit Betriebsstätten in mehreren Mitgliedstaaten der EG. In den übrigen Unternehmen konnten in der Mitbestimmungsfrage kaum Fortschritte erzielt werden.

Gemessen an der Zielvorstellung der EG-Kommission, «geeignete Instrumente zur Bildung eines gewerkschaftlichen Gegengewichtes»[89] zu schaffen, fällt die Bilanz der betrieblichen Mitbestimmung insgesamt ziemlich trübe aus.

5. Bilanz und Perspektiven

Die von der Pariser Gipfelkonferenz von 1972 und dem Sozialen Aktionsprogramm von 1974 geweckten hochgesteckten Hoffnungen hat die Sozialpolitik der EG nicht erfüllen können. Die verkündete prinzipielle Neuorientierung, die der Gemeinschaft ein stärker sozial bestimmtes Gesicht geben sollte, blieb spätestens seit 1976 in der wirtschaftlichen Krise stecken. Die Aufbruchstimmung, die noch das Soziale Aktionsprogramm geprägt hatte, ist längst verflogen, und die Bedingungen der seit Mitte der 70er Jahre ständig schärfer werdenden Wirtschaftskrise bestimmen Inhalt und Reichweite der sozialpolitischen Aktionen. Die Arbeitslosigkeit in der EG hat gerade seit Ende 1978 noch weiter kräftig zugenommen und verlangt daher eine noch stärkere Konzentration der Mittel und Anstrengungen auf die Beschäftigungspolitik. Dennoch sind durchschlagende beschäftigungspolitische Erfolge auf EG-Ebene angesichts der sehr begrenzten Mittel kaum zu erwarten. Solange der weit überwiegende Teil des EG-Haushalts für die gemeinschaftliche Agrarpolitik aufgebracht wird, sind die Wirkungsmöglichkeiten der aus dem Sozialfonds und dem Regionalfonds unterstützten Maßnahmen viel zu gering, um wirklich eine spürbare Verbesserung wenigstens der strukturellen Beschäftigungsprobleme zu erreichen[90].

Auf die anderen sozialpolitischen Gebiete schlagen die veränderten Rahmenbedingungen in gleicher Weise durch. Bis auf absehbare Zeit haben nur solche Maßnahmen reelle Chancen auf Verwirklichung, von denen keine nachteiligen Auswirkungen auf die internationale Konkurrenzfähigkeit der EG-Länder erwartet werden, und deren Finanzbedarf als gering eingeschätzt wird. Trotz der im vierten Kapitel dargestellten Reformen hat die EG-Sozialpolitik auch ihren konzeptionellen Anspruch nicht einlösen können, die Sozialpolitik auf Gemeinschaftsebene müsse auf einer in sich geschlossenen Konzeption aufbauen, die insbesondere die sozialen Auswirkungen und Konsequenzen aller politischen Entscheidungen und Maßnahmen gezielt und von vornherein mit einbezieht. Die fehlende gemeinsame Grundlage kam nicht zuletzt darin zum Ausdruck, daß eine Verständigung auf ein neues kurz- bis mittelfristiges Programm im Anschluß an das erste Soziale Aktionsprogramm von 1974 nicht gelang. Selbst die Beschäftigungspolitik, die gegenwärtig im Mittelpunkt der sozialpolitischen Aktivitäten steht, beruht nicht auf einem gemeinschaftlichen langfristig orientierten Fundament, sondern reagiert vorwiegend defensiv auf akute Beschäftigungskrisen.

Alles in allem hat die EG-Sozialpolitik die ihr zugesprochene Gestaltungsfunktion nur in geringem Maß erfüllen können. Auch nach der Neudefinition ihres programmatischen Anspruchs blieb sie in weiten Teilen damit beschäftigt, die unerwünschten Folgen der wirtschaftlichen Entwicklung zu beseitigen bzw. zu lindern. Die Diagnose von Tudyka[91], die Verwirklichung der neuen, als eigenständig deklarierten sozialen Zielsetzung stehe und falle mit dem erwarteten wirtschaftlichen Wachstum, sei bei einer krisenhaften Wirtschaftsentwicklung aber notwendig zum Scheitern verurteilt, hat sich als treffend erwiesen. Die Aussichten der zukünftigen EG-Sozialpolitik sind vor dem Hintergrund sowohl dieser Bilanz als auch der veränderten politischen und sozialen Kräfte- und Interessenlage zu sehen.

In politischer Hinsicht ist zunächst die Süderweiterung der EG zu nennen. Der Beitritt Griechenlands und der geplante Beitritt Spaniens und Portugals bedeuten zweifellos eine Vergrößerung der sozialen Unterschiede innerhalb der Gemeinschaft. Im Rahmen einer auf Ausgleich dieser Unterschiede zielenden Politik fiele vor allem der Regionalpolitik herausragende Bedeutung zu; eine solche Politik kann aber nur erfolgreich sein, wenn die reicheren Mitgliedsländer bereit sind, den erheblichen finanziellen Aufwand für die notwendigen gemeinschaftlichen Maßnahmen in den armen Regionen der EG mit zu tragen. Wegen der vereinbarten bzw. zu vereinbarenden Übergangsregelungen kommt dieser Problematik allerdings erst auf mittlere bzw. längere Sicht großes Gewicht zu.

Für die sozialpolitische Entwicklung in der Gemeinschaft auf kurze bis mittlere Sicht dürfte der Regierungswechsel in Frankreich von einiger Bedeutung sein. Bereits auf dem Gipfeltreffen in Luxemburg hat der neue Präsident Mitterrand gefordert, der EG eine neue «soziale Dimension» zu geben. Mit seinen Vorschlägen, die Bekämpfung der Arbeitslosigkeit mit absolutem Vorrang vor den anderen wirtschaftspolitischen Zielen zu betreiben, und dem Plan, eine spürbare Verkürzung der Arbeitszeit in der nationalen Wirtschaftspolitik zu erreichen, versuchte er, auch der EG-Sozialpolitik neue Impulse zu geben. Die Bereitschaft der anderen EG-Staaten, diese Impulse aufzunehmen, erscheint allerdings derzeit als ausgesprochen gering. Die Zeit seit dem Regierungswechsel in Frankreich ist aber noch zu kurz, um auch nur einigermaßen begründete Prognosen über die künftige Entwicklung abzugeben, und um beurteilen zu können, ob letztendlich von der Programmatik der neuen französischen Regierung konkrete Wirkungen auf die Sozialpolitik der Gemeinschaft ausgehen können.

Dafür wird auch die Entwicklung des sozialen Kräfteverhältnisses ausschlaggebend sein. Trotz der verstärkten institutionellen Beteiligungsmöglichkeiten der Gewerkschaften im Willensbildungs- und Entscheidungsprozeß der EG ist die angestrebte «Konzertierte Aktion» auf EG-Ebene nicht erreicht worden. Dies wird schon äußerlich daran deutlich, daß die Gewerkschaften die Durchsetzung ihrer Interessen wieder aus dem Rahmen der Dreierkonferenzen heraus zu einem direkten Ansprechen der politischen Entscheidungsträger verlagert haben, indem sie vor allem die Gipfeltreffen der EG-Staats- und Regierungschefs zum Anlaß nehmen, ihre Forderungen und ihre Kritik zu präsentieren. Der Inhalt der Forderungen ist natürlich von der Wirtschaftskrise geprägt und stellt die Abwehr der sozialen Folgen dieser Krise ins Zentrum. Ein durchschlagender Anstoß zur Verwirklichung weiterreichender sozialpolitischer Ziele kann bei dieser Lage von den Gewerkschaften in absehbarer Zeit nicht erwartet werden, selbst wenn sie auf die neue französische Regierung als Bundesgenossen setzen sollten.

Diese insgesamt ziemlich pessimistischen Zukunftsaussichten fallen um so mehr ins Gewicht, wenn man in Betracht zieht, daß der Sozialpolitik künftig noch wichtigere Funktionen zufallen werden, eine Einschätzung, die auch die EG-Kommission teilt: «Die Gemeinschaft muß noch mit g r ö ß e r e n s o z i a l e n V e r ä n d e r u n g e n (Hervorh. i. O.) fertig werden, die sich in einer wachsenden Besorgnis um die Arbeitsinhalte, die Bedeutung von Konsultation und Mitbestimmung der Arbeitnehmer sowie die allgemeine Lebensqualität und die Arbeitsbedingungen widerspiegeln.»[92] Aus dieser Stellungnahme der Kommission spricht die Auffassung, daß die EG einen neuen sozialpolitischen Impuls dringend nötig hätte. Konkret könnte das bedeuten, daß zum einen zusätzliche sozialpolitische Kompetenzen auf die Gemeinschaftsorgane übertragen werden; dabei wäre auch an bessere Einflußmöglichkeiten für das Europäische Parlament zu denken[93]. Zum anderen müßte die finanzielle Ausstattung der sozialpolitisch eingesetzten Fonds in beträchtlichem Ausmaß erhöht werden[94], damit die Fonds wirksame Instrumente des längerfristig politisch unumgänglichen «echten europäischen Finanzausgleichs»[95] werden können. Die gegenwärtigen sozialen und politischen Kräfteverhältnisse und Interessenbeziehungen bieten jedoch, wie die jüngsten Auseinandersetzungen um den Haushalt der Gemeinschaft nachdrücklich unterstrichen haben, wenig Chancen für die Verwirklichung dieser Vorstellungen. – (Abgeschlossen März 1982.)

Anmerkungen

[1] In den monatlichen Bulletins der EG werden u. a. folgende Einzelaufgaben unter den Überschriften «Sozialpolitik» bzw. «Beschäftigung und Sozialpolitik» behandelt: Beschäftigung; Freizügigkeit und soziale Sicherheit der Wanderarbeitnehmer; Berufsberatung und Berufsbildung; Lebens- und Arbeitsbedingungen (einschl. Wohnungswesen); betriebliche und kollektive Arbeitsbeziehungen; Soziale Sicherheit und soziale Wohlfahrt; Bekämpfung der Armut; Gesundheitsschutz. In den Sozialberichten werden noch weitere Aktionsfelder aufgeführt: Sicherheit am Arbeitsplatz; Löhne, Einkommen und Vermögen.

[2] Um den Charakter dieser Konzeption auch äußerlich zum Ausdruck zu bringen, verwendet Rummel in seiner Abhandlung der EG-Sozialpolitik den Begriff «Soziale Politik» anstelle von «Sozialpolitik». Vgl. Rummel, R., Soziale Politik für Europa; Bonn 1975.

[3] Vgl. Shanks, M., European Social Policy; Today and Tomorrow; Oxford u. a. 1977, S. 1. Rummel, R.: a.a.O.; S. 22.

[4] Vgl. Miller, R., Das Sozialpolitische Aktionsprogramm der Europäischen Gemeinschaften; in: Bundesarbeitsblatt, Heft 10/1973, S. 484–489, hier S. 485 f.

[5] Vgl. Heise, B., Sozialpolitik in der Europäischen Wirtschaftsgemeinschaft; Göttingen 1966, S. 12 ff. Krebsbach, U., Europäische Sozialpolitik, Hemmschuh der Integration? Das Verhältnis von Wirtschafts- und Sozialpolitik in der Europäischen Gemeinschaft und seine Auswirkungen auf die Interpretation vertraglicher Bestimmungen; Hamburg 1974, S. 16 ff.

[6] Vgl. Krebsbach, U., a.a.O.; S. 21.

[7] Ebenda, S. 31.

[8] Kommission der EG: Die Sozialpolitik der Europäischen Gemeinschaften. Europäische Dokumentation 1978/2, S. 5.

[9] Vgl. ebenda.

[10] Vgl. Elsner, W., Die Beeinflussung der sozialökonomischen Lage durch die westeuropäische Integration; Diss., Bielefeld 1977, S. 445.

[11] Vgl. Shanks, M., a.a.O.; S. 84.

[12] Vgl. Kleinhenz, G., Leitbilder und Zielsysteme der Sozialpolitik der Europäischen Gemeinschaften; in: Sanmann, H. (Hrsg.), Leitbilder und Zielsysteme der Sozialpolitik. Schriften des Vereins für Sozialpolitik, NF Bd. 72; Berlin 1972, S. 226.

[13] Vgl. Krebsbach, U., a.a.O. Krebsbach kommt zu dem Ergebnis, daß durch die Weite der Vertragsbestimmungen ein Primat der Wirtschaftspolitik gerade nicht gegeben ist, sondern der Sozialpolitik ein sehr breiter Raum belassen ist.

[14] Vgl. Kleinhenz, G., a.a.O.; S. 221.

[15] Vgl. hierzu sowie zum Folgenden Niethammer, L., Defensive Integration – Der Weg zum EGB und die Perspektive einer westeuropäischen Einheitsgewerkschaft; in: Borsdorf, U. u. a. (Hrsg.), Gewerkschaftliche Politik: Reform aus Solidarität. Zum 60. Geburtstag von Heinz O. Vetter; Köln 1977, S. 567–596, hier S. 573 ff.

[16] Ebenda, S. 575.

[17] Vgl. beispielhaft Shanks, M., a.a.O.; S. 3.

[18] Rummel, R., a.a.O.; S. 27.

[19] Vgl. Tegtmeier, W.; Weinstock, U., Sozial- und Gesellschaftspolitik als Element einer Europäischen Union; in: Europa-Archiv, Heft 23/1972, S. 801–809, hier S. 802.

[20] Vgl. Haupt, R., Aufbruch zur Sozialunion; in: Bundesarbeitsblatt, Heft 4/1975, S. 218–223, hier S. 218.

[21] Vgl. ebenda, S. 221.

[22] So wurden z. B. von den Mitgliedsstaaten zu einer von der Kommission 1962 organisierten Konferenz über Soziale Sicherheit nur Beobachter, aber keine offiziellen Vertreter entsandt.

[23] Vgl. Harbrecht, W., Die Europäische Gemeinschaft; Stuttgart/New York 1978, S. 83 ff.

[24] Gloystein, P., Finanzierung des industriellen Strukturwandels durch die EG; Hamburg 1978, S. 221.

[25] Vgl. EG-Kommission: Die Sozialpolitik der Europäischen Gemeinschaften; a.a.O.; S. 12.

[26] Vgl. Miller, R., Schmitt, R., Probleme mit dem Europäischen Sozialfonds; in: Bundesarbeitsblatt, Heft 11/1974, S. 608–613, hier S. 610.

[27] Vgl. z. B. EG-Kommission: Bulletin der EG, Heft 5/1969, S. 67 f.

[28] So z. B. im Ersten Programm für die mittelfristige Wirtschaftspolitik. Vgl. Krebsbach, U., a.a.O.; S. 106 f.

[29] Tegtmeier, W.; Weinstock, U., a.a.O.; S. 801.

[30] Tudyka, K. P., Marktplatz Europa. Zur politischen Ökonomie in der EG; Köln 1975, S. 24.

[31] Vgl. Kommission der EG: Sozialpolitisches Aktionsprogramm; in: Bulletin der EG; Beilage 2/1974, S. 15.

[32] Vgl. Shanks, M., a.a.O.; S. 4.

[33] Vgl. Tegtmeier, W.; Weinstock, U., a.a.O.; S. 803 f.

[34] Deutsche Initiative für eine europäische Sozial- und Gesellschaftspolitik; in: Europa-Archiv, Heft 23/1972, S. D585–D590, hier S. D585

[35] Vgl. Coppé, A., Perspektiven einer Gemeinschaftlichen Sozialpolitik; in: Wirtschaftsdienst, Heft 1/1972, S. 28–32, hier S. 30. Kommission der EG: Vorläufige Ausrichtung für ein Programm zu einer gemeinschaftlichen Sozialpolitik; in: Bulletin der EG; Sonderbeilage 2/1971, S. 7.

[36] Vgl. Kommission der EG: Die Sozialpolitik der Europäischen Gemeinschaften; a.a.O.; S. 50 und Tegtmeier, W.; Weinstock, U., a.a.O.; S. 803.

[37] Kommission der EG: Die Sozialpolitik der Europäischen Gemeinschaften; a.a.O.; S. 50.

[38] Zitiert nach Nagels, K., Überbetriebliche Partizipation von Arbeitnehmern in Europa; Frankfurt/New York 1977, S. 229 f.

[39] Lediglich die kommunistische französische Gewerkschaft CGT ist nicht Mitglied im EGB.

[40] Vgl. Nagels, K., a.a.O.; S. 251 und Kramer, H., Die Rolle der Sozialpartner im Entscheidungssystem der Europäischen Gemeinschaften; in: Aus Politik und Zeitgeschichte, Heft 22/1977, S. 23–45, hier S. 28.

[41] Vgl. Tegtmeier, W.; Weinstock, U., a.a.O.; S. 806 ff.

[42] Erklärung der Konferenz der Staats- bzw. Regierungschefs der Mitgliedsstaaten der erweiterten Europäischen Gemeinschaften in Paris am 19. und 20. Oktober 1972; S. D502–D508, hier S. D505.

[43] Ebenda.

[44] Vgl. Kommission der EG: Die Sozialpolitik der Europäischen Gemeinschaften; a.a.O.; S. 19.

[45] Dieser Begriff wurde auf französisches Drängen anstelle des ursprünglich vorgesehenen Begriffs «Entscheidungen» verwendet.

[46] Vgl. Shanks, M., a.a.O.; S. 12 f.

[47] Entschließung des Rates vom 21. Januar 1974 über ein sozialpolitisches Aktionsprogramm; in: Bulletin der EG; Beilage 2/1974, S. 7.

[48] Ebenda, S. 8.

[49] Vgl. Kommission der EG: Sozialpolitisches Aktionsprogramm; a.a.O.; S. 15.

[50] Ebenda. Vgl. auch Entschließung des Rates . . .; a.a.O.; S. 8.

[51] Vgl. Shanks, M., a.a.O., S. 16.

[52] Vgl. Kommission der EG: Sozialbericht 1976, S. 11.

[53] Vgl. Shanks, M., a.a.O., S. 17 f.

[54] Vgl. Kommission der EG: Bulletin, Nr. 6, 1977, S. 13.

[55] Kommission der EG: Sozialbericht 1978, S. 7.

[56] Vgl. Kommission der EG: Sozialbericht 1977, S. 14 f.

[57] Vgl. Kommission der EG: Sozialbericht 1978, passim.

[58] Vgl. ebenda, S. 10.

[59] Vgl. hierzu Shanks, M., a.a.O., S. 26.

[60] Vgl. die Übersichten in den Sozialberichten der EG.

[61] Vgl. Kommission der EG: Sozialbericht 1980, S. 26.

[62] Vgl. Kommission der EG: Bulletin Nr. 3, 1981, S. 15.

[63] Vgl. Kommission der EG: Die Sozialpolitik der Europäischen Gemeinschaften; a.a.O., S. 13.

[64] Vgl. Kommission der EG: Bulletin Nr. 7–8, 1975, S. 48.

[65] Vgl. Kommission der EG: Die Sozialpolitik der Europäischen Gemeinschaften; a.a.O., S. 16.

[66] Vgl. Gloystein, P., a.a.O., S. 256.

[67] Vgl. Kommission der EG: Bulletin Nr. 7–8, 1981, S. 41.

[68] Vgl. Kommission der EG: Sozialbericht 1980, S. 42.

[69] Vgl. Shanks, M., a.a.O., S. 26 f.

[70] Entschließung der Sozialminister der EG vom Juni 1980. Vgl. Kommission der EG: Sozialbericht 1980, S. 38.

[71] Vgl. Europäischer Gewerkschaftsbund (EGB): Beschlüsse auf dem EGB-Kongreß 1979 in München: Planung der Vollbeschäftigung, S. 5.

[72] Kommission der EG: Sozialbericht 1980, S. 97.

[73] Im Sozialbericht der EG-Kommission für 1979 heißt es dazu: «Bedauerlicherweise ist die Konzertierung der Politik im Bereich der sozialen Sicherheit noch nicht so weit gediehen, daß die Pläne für wichtige Reformen systematisch auf Gemeinschaftsebene beraten werden.» (S. 181).

[74] Vgl. Kommission der EG: Die Sozialpolitik . . .; Europäische Dokumentation 1978/2, S. 41 ff und Shanks, M., a.a.O., S. 60.

[75] Vgl. Kommission der EG: Das Europäische Sozialbudget 1980–1975–1970, Brüssel/Luxemburg 1979, S. 2.

[76] Ebenda.

[77] Kommission der EG: Sozialbericht 1974, S. 31.

[78] Dem widerspricht nicht, daß die Gewerkschaften den WSA insgesamt als nützlich beurteilen, weil er ein weiteres Forum ist, auf dem sie ihren Standpunkt darstellen können. Vgl. Weber, M. u. a., Aufgaben und Struktur des WSA der EG. In: Gewerkschaftliche Monatshefte, Nr. 5, 1979, S. 280–284.

[79] EGB: Beschlüsse . . ., a.a.O., Aktionsmittel, S. 2.

[80] Vgl. Vetter, H. O., Gewerkschaftseinheit in Europa. In: Gewerkschaftliche Monatshefte, Nr. 5, 1979, S. 257–266.

[81] Vgl. Kommission der EG: Sozialbericht 1977, S. 86.

[82] Vgl. EGB: Beschlüsse . . ., a.a.O., Planung der Vollbeschäftigung, S. 2.

[83] Vgl. Kommission der EG: Sozialbericht 1978, S. 86.

[84] Vgl. Kommission der EG: Beilage Nr. 4, 1975 zum Bulletin sowie Pipkorn, J.: Die Diskussion über die wirtschaftliche Mitbestimmung der Arbeitnehmer in der EG. In: Europa-Archiv, Nr. 11, 1976, S. 376–382, S. 378 f.

[85] Vgl. Pipkorn, J., a.a.O., S. 377.

[86] Vgl. Kramer, H., a.a.O., S. 30.

[87] Vgl. ausführlich Kramer, H., a.a.O., S. 29.

[88] Vgl. Kommission der EG: Beilage Nr. 3, 1980 zum Bulletin.

[89] Kramer, H., a.a.O., S. 29.

[90] Vgl. z. B.: Martiny, A., Grünt oder erstickt die EG? In: Die Neue Gesellschaft, Nr. 9, 1977, S. 722–726, S. 723.

[91] Vgl. Tudyka, K. P., a.a.O., S. 113.

[92] Mitteilung der EG-Kommission an den Rat vom 28. 4. 1981, zitiert nach: Kommission der EG: Bulletin Nr. 4, 1981, S. 8.

[93] Vgl. Kok, W., Europa wird, was wir daraus machen. In: Gewerkschaftliche Monatshefte, Nr. 5, 1979, S. 266–272, S. 268 und S. 270.

[94] Kühne fordert sogar eine Verfünffachung der Fondsmittel. Vgl. Kühne, K., EG-Regionalpolitik – Alleingänge oder Solidarität? In: Die Neue Gesellschaft, Nr. 9, 1977, S. 726–730, S. 730.

[95] Ebenda.

3. Weltweite sozialpolitische Bestrebungen und Organisationen

M. v. Hauff/B. Pfister-Gaspary (Hrsg.): Internationale Sozialpolitik · Gustav Fischer Verlag · Stuttgart · 1982

Die Entwicklung der sozialen Menschenrechte und ihre Bedeutung für die internationale Sozialpolitik

Wolfgang Bohling

1. Einleitung

Die Überzeugung von der Selbstbestimmung und Mündigkeit des Menschen im Zeitalter der Aufklärung und das Gedankengut des Humanismus sowie die Durchsetzung der Vorstellungen von den natürlichen und unveräußerlichen Rechten der Menschen im politischen Kampf sprengten die statische Geborgenheit mittelalterlicher Gesellschaftsformen und zerbrachen die sozialen Sicherungssysteme in ihren überlieferten mittelalterlichen Strukturen. Die Abhängigkeiten und Vorrechte, die je nach Stand von der Leibeigenschaft bis zum Recht auf Willkür reichten, wurden in ihren metaphysischen Begründungen nicht mehr akzeptiert und der Weg in Richtung auf mehr persönliche Freiheit und gesellschaftliche Gleichheit eingeschlagen.
Bei dieser Entwicklung wurde nicht nur die politische Freiheit gegenüber standesbedingten Privilegien, die Möglichkeit persönlicher Verwirklichung gegenüber weltlicher und kirchlicher Bevormundung und die rechtliche Gleichstellung aller Bürger gewonnen, sondern der Mensch trat auch als Gleichberechtigter aus den bisherigen Schutzräumen – so unvollkommen sie auch waren – heraus. Denn, sowohl die Kirchen wie die Patriarchen erfüllten im Gefolge ihrer Macht auch Pflichten in der sozialen Fürsorge. Diese Pflichten entfielen entsprechend den Verlusten der Vorrechte. Mit der gleichzeitig verlaufenden industriellen und demographischen Entwicklung stieg jedoch der tatsächliche Bedarf an sozialer Fürsorge an, nur daß die Zuweisung der Verantwortung sich geändert hatte.
Damit ist ein erster enger Zusammenhang zwischen Sozialpolitik und Menschenrechten aufgezeigt. Die neue Sicht von der Stellung des Menschen zwang zur Entwicklung neuer Formen der sozialen Sicherung, die jedoch nicht mehr mit Vorstellungen wie Gnade oder Almosen begründet werden konnten, sondern sich entsprechend der Würde des Menschen nur als *Rechtsanspruch* einrichten ließen.
Ein anderer Zusammenhang läßt sich aus dem Anspruch auf *Universalität* sowohl der Menschenrechte wie auch der internationalen Sozialpolitik ablesen. Den Menschenrechten ist ihre universelle Geltung inhärent. Aus der Natur des Menschen werden gewisse elementare Rechte abgeleitet, die es jedem Menschen ermöglichen sollen, seine körperliche und geistige Existenz zu verwirklichen. Unter internationaler Sozialpolitik kann verstanden werden: sozialpolitische Programme, Ziele und Maßnahmen – gerichtet auf soziale Grundziele wie freie Entfaltung der Persönlichkeit, soziale Sicherheit und

soziale Gerechtigkeit – über nationale Grenzen hinweg in möglichst vielen Nationen durchzusetzen[1]. Damit stimmen wesentliche konstituierende Elemente überein. Hier wie dort ist man überzeugt, daß bestimmte Essentialia allen Menschen zustehen und man wirkt darauf hin, daß sie diesen nicht vorenthalten werden dürfen. Unschädlich ist dabei, daß die internationale Sozialpolitik auch noch von anderen Motiven getragen wird.

Schließlich soll auf einen weiteren Zusammenhang aufmerksam gemacht werden. Er betrifft den Wandel der Vorstellungen über Inhalt, Umfang und Grenzen der Menschenrechte und dessen Einfluß auf die internationale Sozialpolitik. Die Menschenrechte sind in einer dynamischen Entwicklung begriffen, sowohl in ihrer politischen Durchsetzungskraft als auch in ihrer Verwirklichung innerhalb von Staaten. Selbstverständlich wird nicht überall derselbe Fortschritt erreicht. Aber nirgendwo können sich die Grenzen vor der Dynamik dieser Gedanken schließen. Die Bedeutung der Menschenrechte resultiert nicht zuletzt aus den grenzüberschreitenden Wirkungen dieser Vorstellungen. Zu dieser Entwicklung der Menschenrechte gehört die Entdeckung oder Wiederentdeckung der *sozialen Menschenrechte*. Das Bemühen, den sozialen, wirtschaftlichen und kulturellen Rechten der Menschen den Charakter von unveräußerlichen Menschenrechten zu geben, bleibt nicht ohne Einfluß auf die internationale Sozialpolitik, denn dadurch wird ihr Inhalt mitbestimmt und ihre Legitimationsbasis vergrößert.

2. Die Wurzeln der Menschenrechte

Die Geschichte der Menschenrechte ist überwiegend eine Geschichte der politischen *Freiheitsrechte*[2]. Die Durchsetzung dieser Rechte stand im Vordergrund. Die errungenen Erfolge basierten nicht nur auf einem philosophisch humanitären Altruismus der bisher herrschenden Klasse, sondern spiegelten die tatsächlichen Machtverhältnisse wider und garantierten der neuen mächtigen Klasse den Nutzen dieser Rechte. Die Freiheitsrechte wenden sich primär gegen Eingriffe des Staates, d. h. seiner Repräsentanten, in private menschliche Sphären, die zur freien Gestaltung des Lebens notwendig sind. Aus dieser Sicht hat sich die Formel von den Menschenrechten als *Abwehrrechte* gegen staatliche Machtansprüche und Fremdbestimmung eingebürgert[3]. In diesem Sinne ist auch heute die Hauptwirkung der Menschenrechte zu erkennen.

Allerdings wurden schon in der Philosophie des Altertums – hauptsächlich von den griechischen und römischen Stoikern und Sophisten – die Menschenrechte in ihrem vollen Umfang erkannt und als theoretisch-philosophische Forderungen aufgestellt. Unter diesem Blickwinkel wurde vor allem die Gleichheit der Menschen aus ethischen und anthropologischen Gründen entwickelt und für das politische Denken fruchtbar gemacht. Dieser Gedanke der Gleichheit, nicht nur als theoretische Möglichkeit oder technokratische Rechtsanwendungsgleichheit gedacht, sondern als Chancengleichheit bei der Wahrnehmung aller Freiheitsrechte wurde das Einfallstor für sozialstaatliche Forderungen und Gewährleistungen. So werden die Menschenrechte zunehmend als *Leistungs-* und *Teilhaberrechte* verstanden[4]. Diese Unterscheidung entspricht der Einteilung der Menschenrechte in bürgerlich-politische Menschenrechte (auch liberale Menschenrechte) und wirtschaftliche, soziale und kulturelle Menschenrechte. Als historisches Beispiel für die sozialen Menschenrechte werden meist die Artikel 21 und 22 der französischen

Verfassung vom 24. Juni 1793 angeführt[5]. Art. 21 erhebt die öffentliche Fürsorge zur heiligen Verpflichtung der Gesellschaft. Die Fürsorge soll durch Beschaffung von Arbeit oder durch Gewährung von Unterhalt geleistet werden. Art. 22 erklärt die Bildung zum Bedürfnis aller und verpflichtet die Gesellschaft mit allen Kräften den Fortschritt der Allgemeinbildung zu fördern. Dieses Beispiel aus der Verfassungsgeschichte blieb jedoch singulär im beginnenden politischen Kampf um die Verwirklichung der Menschenrechte. Erst, als die Welt noch starr von den Schrecken des II. Weltkrieges und den menschenvernichtenden Möglichkeiten totalitärer Herrschaft war und die Völkergemeinschaft nach einem neuen Anfang suchte, wurden die Menschenrechte in umfassender und vorbildlicher Weise in der Allgemeinen Erklärung der Menschenrechte durch die Vereinten Nationen beschlossen und verkündet[6]. Hier wurden auf der Basis von Gleichheit und Brüderlichkeit eine Summe gemeinsamer Rechte entworfen, die sich aus der Natur oder dem Wesen der Menschen ergeben und die Menschenwürde bedingen. Diese Rechte verpflichten alle Menschen und Staaten und gehen dem positiven Recht voraus. Sie betreffen die äußeren Beziehungen des Menschen zum Menschen und zu den menschlichen Lebensgemeinschaften und ordnen diese auf der Grundlage der Gerechtigkeit. Sie sind die Voraussetzung für ein Leben *frei von Furcht und frei von Not*, beides wiederum Voraussetzungen für eine menschengerechte Entwicklung jedes Individuums. Diese Besinnung auf das Gemeinsame aller Menschenrechte, die Unverletzlichkeit der Würde des Menschen, und die Besinnung darauf, daß die nähere Bestimmung des Begriffs Würde nicht nur Freiheit vor Furcht und politischem Zwang bedeutet, sondern auch Freiheit vor wirtschaftlicher Not und Teilhabe an der menschlichen Entwicklung bringt die sozialen, kulturellen und wirtschaftlichen mit den politischen und bürgerlichen Menschenrechten zusammen.

Diese doppelte Bedeutung der Menschenrechte wurde aber bei dem politischen Kampf um ihre Verwirklichung nicht in gleicher Weise verfolgt. Es wird jedoch oft übersehen, daß es parallel zu dem Kampf um politische Freiheit eine nicht abreißende geistige Strömung gab, die dem sozialen Aspekt der menschlichen Würde eine größere Beachtung schenkte. Gemeint sind die *sozialen Utopien* oder Staatsromane, die fernab einer baldigen Realisation ideale Staatsverfassungen erdachten, die den sozialen menschlichen Bedürfnissen in der jeweiligen Vorstellungswelt am gerechtesten wurden. Seit Platons «Politeia» wurden solche idealen oder idealistischen Gesellschaften beschrieben. Sie können von der Form her in romanhafte, die in Raum und Zeit versteckt eine politische Gemeinschaft beschreiben, und in literarisch-wissenschaftliche unterschieden werden, welche letztere in der Diskussion die bestmöglichsten Zustände einer Gesellschaft zu ergründen suchen. Eine andere Gattung, die nicht zu den Utopien gerechnet werden kann, sind klassische Staatsphilosophien, die sich rein theoretisch mit den Elementen des Staates beschäftigen. Aber die Grenzen sind hier fließend und alle Versuche verdienen wissenschaftliche Beachtung. Aristoteles hat sich schon mit Platons Staat und anderen Utopien wissenschaftlich kritisch auseinandergesetzt[7]. In neuerer Zeit hat dann von Mohl[8] die Utopien durch ihre Bezeichnung als Staatsromane aufgewertet und als wichtige Beiträge der Politikwissenschaft anerkannt. Empfindlich wurden aber die Utopien, insbesondere die sozialen Utopien, durch die Beurteilung ja Bekämpfung seitens des Marxismus getroffen[9], der die Utopien als reine Phantasterei abtat und zu einer Verkennung derselben auch bei anderen Denkern beitrug. Die Unterscheidung zwischen utopischem Sozialismus und wissenschaftlichem Sozialismus diskreditierte die gesamte utopische Literatur und hatte auch Auswirkungen auf die Bedeutung des Wortes, indem es die utopischen Entwürfe in den Bereich des Unmöglichen verlegte. Die Utopien stellen zwar etwas heute Noch-Nicht-Bewußtes (Bloch) dar, tragen aber im Kern die Möglichkeit einer

Verwirklichung in sich. Die Visionen oder gedanklichen Experimente können deshalb in ihrer jeweiligen Wirkung für die Zukunft kaum überschätzt werden[10]. Dabei soll nicht nur an die Voraussagen gedacht werden, die dann später eingetreten sind, sondern überhaupt eine Notwendigkeit behauptet werden, daß dynamische Gesellschaften Zukunftsbilder entwickeln, die von den realen Gegebenheiten abweichen[11]. Damit gewinnen die sozialen Utopien für die Entwicklung der sozialen, wirtschaftlichen und kulturellen Menschenrechte und überhaupt für die moderne Sozialstaatlichkeit einen wegweisenden Charakter. Soziale Utopien oder Staatsromane werden deshalb hier als zweite Wurzel der Menschenrechte verstanden.

2.1. Die Entwicklung der politischen Menschenrechte

Der Beginn der Kodifizierung der politisch-bürgerlichen Menschenrechte kann mit dem Abschluß der Magna Charta Libertatum (1215) festgesetzt werden. Die Magna Charta, vom mächtigen Adel dem König (Johann ohne Land) abgenötigt, schränkte die Macht des Königs gegenüber dem Adel ein. Sie enthielt auch für den freien Mann bürgerliche Rechte, also persönliche Freiheiten (kaufmännische Freiheiten, Schutz vor willkürlicher Verhaftung, Ächtung oder Verbannung und einen gewissen Schutz des Eigentums, wie Enteignungsverbote). Wegen dieser aufgeteilten Rechte wird die Magna Charta auch als der Grundstein des Verfassungsstaates angesehen. Die Freiheitsrechte, als Schranken für staatliche Macht und Machtausübung sowie für jedes Individuum geltend, wurden dann verfassungsrechtlich durch das Agreement of the people (1647)(Glaubens- und Gewissensfreiheit) und in der Bill of Rights (1689) anerkannt.
Die in der Antike schon geforderte Gleichheit aller Menschen und der in dem Naturrecht entwickelte Gedanke der Unveräußerlichkeit der Menschenrechte findet dann Eingang in die Verfassung von Virginia (1776) und die Federal Bill of Rights (1791). Trotz dieser Vorbilder bleibt die französische Erklärung der Menschen- und Bürgerrechte (Déclaration des droits de l'homme et du citoyen) von 1789 der entscheidende Markstein für die Entwicklung der Menschenrechte. Hier wurde zur Verfassung, was die Naturrechtslehre des 17. und 18. Jahrhunderts[12] und der französische Rationalismus des 18. Jahrhunderts[13] entwickelt hatten. Dabei wurde gleichzeitig die absolutistische Gewalt gebrochen und die Richtung für die ideelle und politische Zukunft gewiesen. Die Menschenrechte fanden Eingang in viele europäische Landesverfassungen des 19. Jahrhunderts und in den verfassungstheoretischen Diskussionen bildeten sie zunehmend den Kern der Auseinandersetzung. Die Entwicklung war jedoch nicht geradlinig. Unter dem Einfluß des Positivismus[14], der auch in den Sozialwissenschaften Sinn- und Wertfragen ablehnt, und demnach in einem scharfen Gegensatz zur Naturrechtslehre steht, gelangten die Menschenrechte wieder zur Disposition des einfachen Gesetzgebers. Kennzeichnend dafür war das Fehlen eines Grundrechtsteils in der Reichsverfassung von 1871 und der Gesetzesvorbehalt für den Grundrechtsteil in der Weimarer Verfassung. Der beherrschende Einfluß des Positivismus ging jedoch unter dem Eindruck des werteverachtenden Totalitarismus zurück und öffnete nach dem Ende des Zweiten Weltkrieges den Weg für die Kodifizierung der Allgemeinen Erklärung der Menschenrechte im Rahmen der Vereinten Nationen (1948). Durch diese internationale Anerkennung der Menschenrechte sowohl in ihrer politisch-bürgerlichen wie auch in ihrer sozialen, wirtschaftlichen und kulturellen Ausprägung wurden Richtlinien für das Verhalten aller Staaten und ihrer Regierungen aufgestellt. Die historische Stunde reichte jedoch nicht aus, auch Verbindlichkeiten für die Regierungen zu vereinbaren[15]. Um dies – in gewissem Umfang –

nachzuholen wurde in den Vereinten Nationen an einem neuen verbindlichen Weltpakt gearbeitet. Es zeigte sich jedoch, daß man, ähnlich wie im europäischen Bereich[16], eine Trennung vornehmen mußte, wenn man eine ausreichende Ratifizierung der Pakte nicht gefährden wollte. Auf diese Weise wurden die Materien wieder getrennt. Im internationalen Bereich wurden zwei Pakte von der UN verabschiedet, die abgestufte Kontrollmöglichkeiten vorsehen. Im Pakt über bürgerliche und politische Rechte[17], in welchen die traditionellen Freiheits- und Gleichheitsrechte verankert wurden, sind im IV. Teil sowohl Berichtspflichten der Mitgliedsländer an einen besonderen Ausschuß für Menschenrechte als auch Prüfungsberichte durch diesen Ausschuß vorgesehen[18]. Dagegen sind im Pakt über wirtschaftliche, soziale und kuturelle Rechte[19], der die Menschenwürde gegen wirtschaftliche und soziale Not sichern soll, nur Berichtspflichten der Vertragsstaaten über getroffene Maßnahmen und Fortschritte hinsichtlich der Beachtung der in diesem Pakt anerkannten Rechte festgelegt.

2.2. Utopien als Wegbereiter sozialer Menschenrechte

Wenn man über Utopien schreibt und diesen außer Unterhaltung etwas abgewinnen will, muß man sich des großen Mißtrauens, wenn nicht sogar einer vorgefaßten Ablehnung derjenigen bewußt sein, die man erreichen will: die Realisten, die Pragmatiker, die Positivisten oder die nüchternen Macher. Für diese sind Utopien Hirngespinste oder Schreckbilder, die überhaupt unbrauchbar und schädlich bei der Gestaltung der Gegenwart sind. Aber wenn man die utopischen Ideen der bedeutenden Staatsromane von Platon[20] über Cicero[21] bis Augustinus[22] und aus dem Beginn der Neuzeit von Morus[23], Campanella[24], Bacon[25], Harrington[26] zunächst einmal bis Bellamy[27] überblickt, dann erkennt man, daß viele soziale Errungenschaften der Gegenwart und eine Reihe z. Zt. als wünschenswert diskutierte Einrichtungen und politische Forderungen in diesen Utopien schon vorgedacht waren.

Zunächst muß jedoch darauf verwiesen werden, daß die Zielrichtung der Utopien, trotz ihrer gemeinsamen Elemente, unterschiedlich sein kann. Man wird von der Grundthese ausgehen können, daß bestimmte Aktivitäten – hier die der utopischen Schriftsteller – Antworten auf bestimmte gesellschaftliche, staatliche oder überstaatliche Zustände sind, die als Mißstände, Störungen oder Gefahren empfunden werden. Das Gemeinsame ist, daß ein Gesamtentwurf eines idealen Staates versucht wird. Es wird nicht, wie es in der Entwicklung der Wissenschaft üblich geworden ist, ein Teilaspekt des menschlichen Denkens und Handelns herausgenommen, untersucht, kritisiert und eine Verbesserung vorgeschlagen, ohne das Gesamtsystem zu berücksichtigen und die Auswirkungen auf andere Teile zu bedenken, sondern charakteristisch ist gerade, daß die Verbesserungsvorschläge im Gesamtsystem abgesichert werden. So wird einerseits immer versucht, das Bild eines Idealstaates zu entwerfen. Notwendigerweise kommt es dabei darauf an, daß die Gemeinschaft als Organisation erhalten bleibt. Der Staat soll weder von innen noch von außen zerstört werden können. Die grundlegenden Fragen sind deshalb, wie der Staat sein Verhältnis sowohl nach innen wie nach außen am besten ordnet. Die Überlegungen um die ideale Staatsorganisation sind damit untrennbar gekoppelt an die Vorstellungen von der Stellung des einzelnen und der Gruppe im Staat und den Vorstellungen des Miteinanders zwischen den Staaten. Die Mitglieder des Staates müssen so gestellt werden, daß sie den Staat von innen heraus tragen, während die Beziehungen zu den anderen Staaten so gestaltet sein müssen, daß – unter Einschluß der Möglichkeit kriegerischer Auseinandersetzungen – keine Schäden für den eigenen Staat entstehen können. Letzteres kann prinzipiell am besten dadurch verwirklicht werden, daß die anderen Staaten sich in gleicher Weise wirtschaftlich und sozial entwickeln, so daß keine Unterschiede und somit Spannungen entstehen können. Damit ist dann zugleich ein Beitrag zu einer friedlichen Entwicklung geleistet. Auf der anderen Seite haben sich historisch Schwerpunkte gebildet, die das im Vordergrund stehende Übel zu beheben versuchen. Während Platon den idealen Staat unter dem Blickwinkel der Beständigkeit der Organisation sah, die von außen und innen gefährdet war, und deshalb verschiedene Gruppen (Philosophen, Krieger, Kaufleute und Sklaven) mit bestimmten festgelegten Funktionen als Grundlage des idealen Staates vorgesehen waren, betrachtete Augustinus in seinem Gottesstaat die Ausrichtung des Menschen durch den Staat in der Vorbereitung auf Gott als Hauptaufgabe. Seit Morus aber schob sich der Gesichtspunkt der besseren Versorgung und Berechtigung der unteren Klassen in den Vordergrund. Diese sozialen Utopien sollen hier im Mittelpunkt des Interesses stehen. Die späteren Utopien von Huxley[28], Samjatin[29] oder Orwell[30] haben die totale Versklavung als Schreckgespenst technologischer Zukunftsträume an die Wand gemalt. Der materiell gesicherte Mensch geht in der Masse auf und individuelle Wertvorstellungen wie die Handlungsfreiheit zur Entfaltung der Persönlichkeit, wie sie heute als Errungenschaft angesehen werden, gehen verloren, ja werden vom Staat aus unterdrückt und verfolgt. Während die sozialen wie totalitären Utopien doch gemeinsam haben, daß sich die Menschen, und damit der Staat, verändern können, sind die Utopien eines E. Jünger[31] konservativer Art. Zwar ändert sich die Welt in vielen Beziehungen, die Menschen und ihre Probleme sozialer Organisation bleiben aber immer dieselben.

Das wesentliche Merkmal der sozialen Utopien ist jedoch, daß ein großes gesellschaftliches Problem gelöst, indem die *materielle Not* für alle Mitglieder der Gemeinschaft aufgehoben wird. Als Grundtendenz dieser utopischen Gemeinschaften ist deshalb festzustellen, daß ein großer innerer Friede unter den Mitgliedern der Gemeinschaft herrscht, daß Mitmenschlichkeit und Gleichheit in weitem Maß verwirklicht sind, daß an die Stelle der wirtschaftlichen Ausbeutung die soziale Verantwortung getreten ist. In den sozialen Utopien tritt an die Stelle des Eigennutzes die Solidarität. Die Handelnden werden in erster Linie durch Gedanken an die Gemeinschaft und die Mitmenschen bestimmt. Hier setzt jedoch die vehemente Kritik ein, die die Utopien deshalb in das Reich der Träume verweisen: eine Gemeinschaft von realen Menschen kann solchen Prinzipien der Solidarität nicht freiwillig folgen, und: wenn die Solidarität erzwungen werden muß, dann ist der Endzustand eine Diktatur, die — weil sie politische und ökonomische Macht in der Hand hat — schlimmer als jede vorhergehende sein wird[32]. Den ersten Einwand, der in der Tat eine Wesensänderung vieler Menschen bedingen würde, haben die Utopisten natürlich auch gesehen und versuchten ihn auf vielfältige Weise aus dem Weg zu räumen. Eine große Rolle spielt dabei die Berufung auf die Vernunft und die Möglichkeiten der Erziehung. Die Kritiker können diesen Argumenten allzuoft aber die Realität als Gegenbeweis vorhalten. Auch für Morus, auf dessen Utopia[33] hier stellvertretend näher eingegangen werden soll, spielen für die Begründung dieser Haltung die eben genannten Argumente eine große Rolle. Entscheidend ist aber der Gedanke von Morus, daß in dem Bewußtsein der Menschen von Utopia die tiefe Gewißheit verankert ist, daß ihnen *niemals* etwas fehlen wird, daß Not und Elend ihnen fremd ist. Damit kann begründet werden, daß die Menschen die Regeln von Utopia freiwillig einhalten. Eine solche Einstellung könnte auch eine Wesensänderung erklären. Diese Gewißheit aber fehlt der menschlichen Art bisher und Morus geht davon aus, daß dieser Bewußtseinsmangel die Ursache mancher von ihm negativ beurteilten Eigenschaft des Menschen ist. «Begierig und räuberisch macht ja alle Lebewesen nur die Furcht vor Entbehrung oder aber den Menschen nur allein noch die Hochmut, der es für rühmlich hält, andere durch das Prunken mit überflüssigem zu übertrumpfen»[34]. Nun wird man vielfach auch diese Möglichkeit der Wesensänderung verneinen, da es doch Allgemeingut scheint, daß die Bedürfnisse unbegrenzt und nur die Mittel zu ihrer Befriedigung begrenzt sind. Aber es ist inzwischen auch anerkannt, daß zwischen Bedarf und Bedürfnissen zu unterscheiden ist und daß nicht Bedürfnisse das Angebot schaffen, sondern das Angebot Bedürfnisse. Genau dort setzt auch Morus den Hebel an. In Utopia wird das Angebot gesteuert. Luxus und Vergnügungen sind weitgehend verboten, Einheitskleidung, wie in China unter Mao, ist vorgeschrieben. Die Mahlzeiten werden gemeinsam in Speisehäusern eingenommen. Reisen ist nur mit besonderer Erlaubnis gestattet. Alle diese Vorschriften werden sorgfältig begründet, als Voraussetzung für die sonstige soziale Sicherheit notwendig erachtet und für leicht ertragbar dargestellt. Doch objektiv sind die Freiheitseinschränkungen nicht wegzudiskutieren. Kann dies ausgeglichen werden?

Festzuhalten ist, daß es Morus in erster Linie um die Beseitigung des Übels wirtschaftlicher und sozialer Not geht. Dies wird auch durch den Aufbau der Schrift deutlich, deren erster Teil einen Rahmen bildet um die Geschichte glaubhaft zu gestalten, deren zweiter Teil, überschrieben mit «Gespräch über die Schwierigkeiten einer gerechten Politik», die damalige Gesellschaft und den Staat unter Heinrich dem VIII. scharf und radikal kritisiert. Hier wird durch die Schilderung der verfehlten Wirtschafts- und Finanz-, Sozial- und Gesellschafts- und auch Verteidigungspolitik der Boden für die Notwendigkeit eines gerechten Staates bereitet. Darauf folgt dann die Schilderung des Staates Utopia, in welchem alle Menschen wirtschaftlich, sozial und kulturell gesichert sind. Das Grundübel aber der damaligen Zeit, welches in allen Ländern der Welt in unterschiedlicher Zahl und Stärke auch heute noch besteht, war durch die neugedachte Organisation beseitigt.

Der zweite Vorwurf, die Freiheitseinschränkungen, wird von den Gegnern mit den in Utopien herrschenden Regeln begründet. Und in der Tat, hier läßt sich einiges anführen. Zunächst ist das Privateigentum abgeschafft, es herrscht Arbeitspflicht, die Berufsfreiheit, die Freizügigkeit und manch andere Handlungsfreiheiten sind beschränkt. Es fehlen damit die tragenden Elemente unserer Wirtschafts- und Gesellschaftsordnung und diejenigen, die das Bild eines autoritären Sozialismus vor Augen haben, können triftige Gründe anführen, einen solchen Staat als mögliche Hölle zu charakterisieren[35].

Bei dieser Kritik wird jedoch zweierlei nicht berücksichtigt, daß – jedenfalls in Utopien – die Regeln aus tieferer Einsicht freiwillig befolgt werden (Rechtsbrüche werden als äußerst selten behauptet[36]) und daß den Freiheitseinschränkungen auf der einen Seite doch auf der anderen die sozialen Vorteile gegenüberstehen: es wird nur sechs Stunden gearbeitet, Nahrung, Kleidung, Wohnung ist für jeden ausreichend und in solider Qualität vorhanden. Der jeweilige Bedarf wird vom Familienältesten von den Speichern ohne Gegenleistung verlangt. Morus meint hier, daß niemand Überflüssiges verlangen werde, da doch jeder die Gewißheit habe, daß ihm niemals etwas fehlen werde[37]. Bildung und Wissenschaft werden gepflegt und stehen jedem offen. Die Versorgung bei Krankheit[38] und im Alter ist gesichert. Eine Abwägung dieser Vor- und Nachteile findet man in der Literatur selten. Morus fordert heraus und erntet entschiedene Zustimmung oder Ablehnung. Widersprüchliches wird dann übersehen oder mühsam weginterpretiert[39]. Auch hier soll nicht die ganze Utopia mit allen ihren Aussagen gewürdigt werden. Es soll nicht darüber geurteilt werden, ob sich dieser Staat mit seinen Einrichtungen und Menschen nach unserer heutigen Sicht verwirklichen ließe, oder verwirklicht werden sollte, sondern es soll noch einmal auf das Anliegen verwiesen werden, das auch das Anliegen derjenigen ist, die heute Sozialpolitik – national und international – betreiben. Das ist die Beseitigung der wirtschaftlichen und sozialen Not und die Versorgung aller mit jenen Dingen, die zum Menschsein notwendig sind. Schließlich soll die Frage gestellt werden: wie können Menschenrechte schwerer verletzt werden? Dadurch, daß in einem Staat oder in allen Staaten der Erde eine große Anzahl Menschen hungert und ohne Wohnung und Arbeit in wirtschaftlicher Not und sozialem Elend «lebt», oder dadurch, daß einer weniger großen Anzahl von Menschen bestimmte politische Freiheiten eingeschränkt oder genommen werden? Die Frage soll nicht alternativ beantwortet werden, obwohl das Argument bekannt ist, daß politische Freiheiten erst auf dem Boden sozialer Rechte und Sicherheiten einen Sinn bekommen. Welche Bedeutung hat z. B. die Eigentumsfreiheit für einen Besitzlosen, welchen Nutzen hat die Berufsfreiheit für den Arbeitslosen, was bedeutet die Unverletzlichkeit der Wohnung dem, der keine Wohnung hat? Die Frage muß aber so nicht beantwortet werden, denn der Freiheitsverlust der einen verursacht nicht unbedingt den sozialen Gewinn der anderen. Eine Beschränkung der politischen Freiheiten in den Staaten, die diese garantieren, würde nicht automatisch zur Folge haben, daß die Not in anderen oder dem eigenen Staat gelindert würde. Die Überlegungen führen eher zur Notwendigkeit, alles erdenklich Mögliche zu unternehmen, daß die sozialen Rechte überall und für jeden verwirklicht werden.

Dabei trennen sich dann wieder die Wege. Der utopischen Denkart muß weiterhin die Aufgabe zufallen, Sozialpolitik nicht als Tagespolitik zu betreiben, sondern in ferne Zukünfte zu schweifen. Die sozialen Bedürfnisse können dann vorweg gestaltet werden, ehe Anpassungen über Katastrophen sie erzwingen. Wie muß z. B. eine Gesellschaft organisiert sein, in der es keine Arbeit (im heutigen Sinne) mehr gibt? In der gegenwärtigen Sozialpolitik geht es jedoch zunächst noch darum, daß sich die vielfach gewonnene Überzeugung von der Notwendigkeit sozialer Gerechtigkeit auch in Taten umsetzt.

Warum werden diejenigen, die mehr Gleichheit und soziale Gerechtigkeit fordern, sofort von denen, die eventuell eine gewisse Einschränkung ihrer Freiheitspositionen befürchten, der Gleichmacherei bezichtigt? Selbstverständlich: Gleichmacherei, eine mathematische Gleichheit aller, würde selbst wieder ungerecht sein, denn durch das jeweils singuläre Wesen jedes Menschen in Raum und Zeit entstehen unterschiedliche Bedürfnisse, die durch eine mathematische Gleichheit nicht befriedigt werden könnten. Ist es aber Gleichmacherei, wenn man darauf hinwirken will, daß nicht auf der einen Seite Menschen Lebensmittel aus Überfluß vernichten und auf der anderen Seite zur gleichen Zeit Menschen millionenweise aus Mangel an Lebensmittel verhungern? Oder: Ist es Gleichmacherei, wenn man darauf hinwirkt, daß nicht auf der einen Seite Menschen Überstunden arbeiten können, während andere zur selben Zeit am gleichen Ort arbeitslos sind? Freiheit und Gleichheit müssen immer zu einem Ausgleich gebracht werden, aber sie stehen sich nicht in einem unversöhnlichen Gegensatz gegenüber, das können nur die jeweils einseitig überzogenen Forderungen. Geht man aber von den jedem Menschen zustehenden unveräußerlichen Menschenrechten aus, die zunächst einmal ein Mindestmaß an Freiheit vor Furcht und Not für jeden fordern, so stellt dieser Ausgleich ein Stück Gerechtigkeit dar.

3. Die Verankerung sozialer Menschenrechte in der Verfassung

Mit der Verankerung sozialer Rechte in der Verfassung und deren Anerkennung als Menschenrechte wurde gleichzeitig eine verbesserte Grundlage für die nationale und internationale Sozialpolitik geschaffen. Nach dem Verständnis der Grundrechte in der Bundesrepublik sind diese unmittelbar geltendes Recht, das alle Staatsgewalt bindet. Deshalb wurden in den Kanon der Grundrechte nur die bürgerlich-politischen Menschenrechte aufgenommen. Wenn sich die Überzeugung durchgesetzt hat, daß die sozialen Menschenrechte vom Staat jedem garantiert werden müssen, sind die idealen Voraussetzungen für internationale Vereinbarungen auf sozialem Gebiet geschaffen. Allerdings ist man in den westlichen Industriestaaten überwiegend der Meinung, daß soziale Grundrechte nicht in die Verfassung gehören. Einmal wird das damit begründet, daß soziale Grundrechte nicht sanktionierbar seien[40]. Zum anderen wird die damit verbundene Möglichkeit der Freiheitseinschränkung nicht hingenommen. Den Ostblockländern wird z. B. vorgeworfen, daß sie zu großzügig mit ihren sozialen Gewährleistungen in den Verfassungen umgingen, ja daß es ein Zeichen diktatorischer und kommunistischer Verfassungen sei, soziale Grundrechte, ohne sie einlösen zu können, in die Verfassung zu schreiben[41]. Deshalb sollen die sozialen Rechte dem einfachen Gesetzgeber überlassen bleiben, der sie variabel handhaben kann.
Eine Überwindung dieser restriktiven Meinung kann dort festgestellt werden, wo ein Wandel der Bedeutung der politischen Menschenrechte unter der Herrschaft des Sozialstaatsprinzips erkannt wird. So kann teilweise eine Umdeutung der klassischen Freiheitsrechte in soziale Rechte festgestellt werden[42].
Es gibt aber auch Stimmen, die es für notwendig halten die sozialen Rechte endlich zu verfassungsfesten unveräußerlichen Menschenrechten zu erheben[43]. Entschieden ist daran zu erinnern, daß die Menschenrechte in der Verfassung neben der individuellen Wirkung, die bei sozialen Grundrechten wie bei politischen Grundrechten unter einem Gesetzesvorbehalt stehen können, eine objektiv wertsetzende Bedeutung entfalten. Auf diese Wirkung darf man in Zukunft nicht verzichten, denn von sozialen Grundrechten ließen sich Prioritäten staatlichen Handelns ableiten, die für die Verwirklichung sozialer Rechte auf nationaler und internationaler Ebene von großer Bedeutung werden können.

Anmerkungen

[1] Vgl. Lampert, H., Sozialpolitik, Berlin u. a. 1980, S. 7 f, 474; vgl. auch die Auseinandersetzung mit dem Begriff bei v. Hauff in diesem Band.
[2] Zur Geschichte vgl. Oesterreich, G., Geschichte der Menschenrechte und Grundfreiheiten im Umriß, 2. Auflage, Berlin 1978, mit einer Bibliographie.
[3] Als Beispiele seien genannt: Freiheit der Person (Handlungsfreiheit, Unverletzlichkeit des Körpers, Freiheit vor willkürlicher Verhaftung), Religions- und Gewissensfreiheit, Meinungsäußerungsfreiheit, Berufsfreiheit, Freizügigkeit, Unverletzlichkeit der Wohnung, Eigentumsfreiheit.
[4] Als Beispiele seien genannt: Recht auf Arbeit, Recht auf gerechte Arbeitsbedingungen (gerechter Lohn, Urlaub, Sicherheit am Arbeitsplatz), Recht auf Mitbestimmung, Recht auf gerechte (Vermögens-) Verteilung, Recht auf soziale Fürsorge (Sicherung eines vernünftigen Lebensstandards), Recht auf Rechtsschutz, Recht auf Bildung, Recht auf kulturelle Teilhabe, Recht auf gesunde Umwelt.
[5] Vgl. Hartung, F., Die Entwicklung der Menschen- und Bürgerrechte, 4. Auflage, Göttingen 1972, S. 32 ff (mit franz. Text).

6 Vom 10. Dezember 1948; United Nations General Assembly Official Records (GAOR); 3rd Sess. Resolutions part I, S. 71.

7 Aristoteles, Politik, Buch II, 5, hrsg. v. Gohlke, P., Paderborn 1959; über die wissenschaftliche Beschäftigung mit Utopien gibt die Bibliographie von K. Heinisch, in: Der utopische Staat, Leck/Schleswig 1964, S. 266 ff einen ersten Überblick.

8 v. Mohl, R., Ein Beitrag zur Literaturgeschichte der Staatswissenschaften, in: Zeitschrift für die gesamte Staatswissenschaft, Bd. 2, Tübingen 1845.

9 Engels, F., Die Entwicklung des Sozialismus von der Utopie zur Wissenschaft, Zürich 1882.

10 Bloch, E., hat in seinem Werk: Das Prinzip Hoffnung, Gesamtausgabe Bd. 5 bis 7, Frankfurt 1977, um die Utopien eine Philosophie entwickelt; vgl. insbes. den vierten Teil, Grundrisse einer besseren Welt, S. 523 ff.

11 Bloch, a.a.O., S. 225: «Das Wirkliche ist Prozeß; dieser ist die weitverzweigte Vermittlung zwischen Gegenwart, unerledigter Vergangenheit und vor allem: möglicher Zukunft. Ja, alles Wirkliche geht an seiner prozessualen Front über ins Mögliche, und möglich ist alles erst Partial-Bedingte, als das noch nicht vollzählig oder abgeschlossen Determinierte.»

12 Z. B. Althusius, Grotius, Pufendorf, Thomaisus, Wolff.

13 Z. B. Voltaire, Montesquieu, Rousseau.

14 Als Begründer und Vertreter: Comte, A., Spencer, H., Taine, H.; zur Wiener Schule: Kelsen, H.; im Neopositivismus wird eine Verbindung zwischen mathematischer Logik und empiristischer Erkenntnistheorie hergestellt.

15 Die Resolution wurde ohne Gegenstimme aber bei Stimmenthaltung der kommunistischen Staaten, Saudi-Arabien und Südafrika angenommen, vgl. Simma, B., U. Fastenrath, Menschenrechte, München 1979, Einführung S. XX.

16 Vgl. die Europäische Menschenrechtskonvention vom 4. November 1950 (BGBl. 1952 II S. 686) und die Europäische Sozialcharta vom 18. Oktober 1961 (BGBl. 1964 II S. 1262).

17 Vom 19. Dezember 1966, GAOR 21st Sess., Resolutions, S. 52 (BGBl. 1973 II S. 1534).

18 Vgl. auch die Regelungen nach Art. 41 und 42 des Paktes.

19 Vom 19. Dezember 1966, GAOR 21st Sess., Resolutions, S. 49 (BGBl. 1973 II S. 1570).

20 Platon, Der Staat, Artemisausgabe, München 1974.

21 Cicero, Über den Staat, Reclam, Stuttgart 1977.

22 Augustinus, Der Gottesstaat, (Hrsg.) O. Spann, Jena 1923.

23 Morus, Th., De Optimo reip. statu deque neova insula Utopia (1517), in: Der Utopische Staat, (Hrsg.) E. Grassi, Leck/Schleswig 1964.

24 Campanella, T., Der Sonnenstaat (1612), in: Der utopische Staat, a.a.O.

25 Bacon, F., Neu-Atlantis (1638), in: Der utopische Staat, a.a.O.

26 Harrington, J., The Oceana (London 1700).

27 Bellamy, E., Ein Rückblick aus dem Jahre 2000 (Looking Backward 1887), (Hrsg.) G. v. Gizycki, Magdeburg 1880.

28 Huxley, A., Brave new World (1932).

29 Samjatin, J., Wir (1927).

30 Orwell, G., Animal Farm (1945); ders., 1984 (1949).

31 Jünger, E., Heliopolis, Tübingen 1949; ders., Eumeswil, Stuttgart 1977.

32 Hayek, F. A., Der Weg zur Knechtschaft, Neuausgabe München 1971, S. 119 ff, 135 ff, 173 ff und passim.

33 Morus, vgl. Anm. 23.

34 A.a.O., S. 59 f, 106.

35 Popper, K. R., Die offene Gesellschaft und ihre Feinde I, Der Zauber Platons, München 1957, S. 227: Sogar mit der besten Absicht, den Himmel auf Erden einzurichten, vermag er (der Ästhetizismus, Romantizismus, Utopismus) diese Welt nur in eine Hölle zu verwandeln – einer jener Höllen, die Menschen für ihre Mitmenschen bereiten. Vgl. auch II, Falsche Propheten, S. 292.

36 Morus, a.a.O., S. 83 ff.

37 Ebenda, S. 59 ff.

38 Ebenda, S. 81.

39 Bloch, a.a.O., S. 598 ff.

[40] Benz, Ch. E., Die Kodifikation der Sozialrechte – Die Positivierung von sozialen Grundrechten in Verfassungsrang, Zürich 1973, argumentiert von der Basis einer positivistischen Rechtstheorie aus, welche die Justitiabilität als wichtigstes Element der Effektivität im Sinne von Normqualität ansieht, und hält deshalb sanktionsloses Recht für Nicht-Recht. – Böckenförde, E.-W., Grundrechtstheorie und Grundrechtsinterpretation, in: NJW 1974, S. 1529 ff (1536); Brunner, G., Die Problematik der sozialen Grundrechte (Recht und Staat in Geschichte und Gegenwart, Bd. 404/405), Tübingen 1974.

[41] Brunner, a.a.O., S. 20 ff.

[42] Scheuner, U., Die Funktion der Grundrechte im Sozialstaat – Die Grundrechte als Richtlinie und Rahmen der Staatstätigkeit, in: DÖV 1971, S. 505 ff.

[43] Horner, F., Die sozialen Grundrechte, Salzburg/München 1974, 212 ff und passim; Wildhaber, L., Soziale Grundrechte, in: Der Staat als Aufgabe, Gedenkschrift für Max Imboden, (Hrsg.) P. Saladin, L. Wildhaber, Basel/Stuttgart 1973, S. 371 ff.

M. v. Hauff/B. Pfister-Gaspary (Hrsg.): Internationale Sozialpolitik · Gustav Fischer Verlag · Stuttgart · 1982

Die sozialpolitisch relevanten Sonderorganisationen der Vereinten Nationen

Udo Gaspary

1. Der Problemkreis

«Wenn man Allianzen zwischen den Staaten zum Zwecke des Krieges und des Tötens schaffen kann, so sind ebenso Allianzen möglich, die sich die Erhaltung des Lebens und die Schaffung von (sozialer) Sicherheit für die Menschen zum Ziel setzen»[1].

Ausgangspunkt der Tätigkeit von Trägern internationaler sozialpolitischer Aufgaben ist eine bestehende soziale Ungleichheit. Daraus ergibt sich das Streben nach internationaler Gleichbehandlung. Erst wenn eine größere Gleichheit erreicht ist, kann man eine Differenzierung entsprechend den nationalen Voraussetzungen vornehmen[2]. Hiervon ausgehend, formuliert Myrdal das Ziel der internationalen Vereinheitlichung und Harmonisierung der nationalen Strukturen der Sozialpolitik. Die Aufgabenerfüllung kann sowohl durch nationale als auch durch internationale Institutionen bewirkt werden. Die von der Bedeutung her wichtigsten Träger internationaler sozialpolitischer Aufgaben sind die Vereinten Nationen mit ihren Organen und Sonderorganisationen. In der Präambel der UN-Charta wird die Entschlossenheit der UN-Mitglieder bekundet, «den sozialen Fortschritt und einen besseren Lebensstandard in größerer Freiheit zu fördern» und hierzu «internationale Einrichtungen in Anspruch zu nehmen». Demgemäß haben sich die Vereinten Nationen unter anderem zum Ziel gesetzt, «eine internationale Zusammenarbeit herbeizuführen, um internationale Probleme wirtschaftlicher und sozialer Art zu lösen und die Achtung vor den Menschenrechten und Grundfreiheiten zu fördern und zu festigen» und «ein Mittelpunkt zu sein, in dem die Bemühungen der Nationen zur Verwirklichung dieser gemeinsamen Ziele aufeinander abgestimmt werden»[3]. An anderer Stelle wird dies dahingehend konkretisiert, daß die Vereinten Nationen die Verbesserung des Lebensstandards, die Vollbeschäftigung und die Voraussetzungen für wirtschaftlichen und sozialen Fortschritt und Aufstieg fördern[4]. Die Vereinten Nationen wurden am 26. Juni 1945 mit Sitz in New York als völkerrechtlicher, universaler Zusammenschluß souveräner Staaten geschaffen. Ihnen gehören Ende 1980 154 Staaten an. Ihre Aufgaben nehmen die UN durch eine Vielzahl von Gremien wahr, und zwar

– sechs Hauptorgane: Generalversammlung, Sicherheitsrat, Wirtschafts- und Sozialrat (ECOSOC), Rat für Treuhandverwaltung, Internationaler Gerichtshof und Generalsekretariat;

– zehn Spezialorgane der Generalversammlung;

– vierzehn Sonderorganisationen wie Weltbank, IDA, WHO und
– fünf regionale Kommissionen.

Die Sozialpolitik beschäftigt fast alle Institutionen der Vereinten Nationen, wenngleich sie von einigen Organisationen besonders konzentriert vorangetrieben wird. Die Organisationen lassen sich unterscheiden in solche, die primär sozialpolitische Ziele verfolgen und solche, die andere Zielsetzungen haben, jedoch indirekt auf die sozialpolitischen Ziele einwirken. Dies geschieht vor allem durch eine Erhöhung der Produktivität, die den verstärkten Einsatz sozialpolitischer Instrumente erlaubt[5]. Das zeigt sich besonders bei Organisationen, die Unterschiede in der wirtschaftlichen Entwicklung ausgleichen

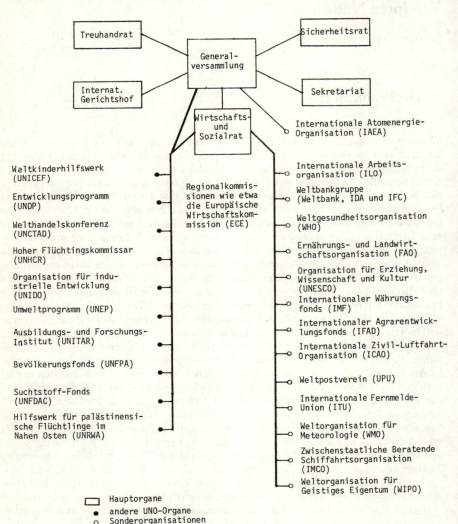

Abbildung 1: Das System der Vereinten Nationen

wollen: «Die internationalen sozialpolitischen Anliegen werden von ihnen direkt gefördert»[6]. Nicht umsonst hat der frühere Bundespräsident Walter Scheel, als er noch Minister für wirtschaftliche Zusammenarbeit war, die Entwicklungshilfe als «weltweite Sozialpolitik»[7] gekennzeichnet.

Die meisten Organisationen im Sozial- oder Entwicklungshilfebereich arbeiten zweigleisig: erstens und hauptsächlich sind sie mit der langfristigen Beeinflussung der nationalen und internationalen Gesetzgebung befaßt und zweitens mit der kurzfristigen Hilfe bei aktuellen Problemen. Die Organe und Sonderorganisationen der Vereinten Nationen arbeiten relativ selbständig und sind auf ein bestimmtes Ziel ausgerichtet. Ihre Einzelziele sind, wie in dem Beitrag von W. Bohling[8] aufgezeigt, der Proklamation der Menschenrechte der Vereinten Nationen untergeordnet und beinhalten die Skala sozialer Rechte der Menschen: Recht auf Arbeit, Nahrung, Wohnen und Gesundheit, ausreichender Lohn, Schutz für Mutter und Kind und der große Bereich der sozialen Sicherheit. In der Abb. 1 sind die wichtigsten Organe und Organisationen dargestellt. Der vorliegende Beitrag befaßt sich im folgenden mit denjenigen UN-Organisationen, die primär sozial- und entwicklungspolitische Ziele verfolgen. Nicht dargestellt werden Organisationen, die aufgrund ihrer Zielsetzung, wenn überhaupt, nur marginalen Einfluß auf das internationale Sozialgefüge ausüben, wie z. B. die Internationale Fernmeldeunion. Die Internationale Arbeitsorganisation wird wegen ihrer besonders großen Bedeutung im Rahmen eines eigenen Beitrags behandelt[9].

2. Das Weltkinderhilfswerk (United Nations Children's Fund – UNICEF)

UNICEF leistet Hilfe für notleidende Kinder und Jugendliche. UNICEF hat eine eigene Verwaltung in New York und Genf, und beschäftigt rund 400 internationale Mitarbeiter, davon sind ein Drittel in der Verwaltung und zwei Drittel in Entwicklungsländern tätig. Dazu kommen etwa 1400 lokale Mitarbeiter (Stand 1980).

2.1. Entstehung

Die Organisation wurde 1946 auf Anregung von Herbert Hoover gegründet, um der Not von 20–30 Millionen Kindern im Nachkriegs-Europa und dem Elend weiterer Millionen Kinder in Asien zu begegnen. Hoover schlug vor, eine Kinderhilfe auf internationaler Basis zu organisieren. Erste Aufgabe sollte die Soforthilfe für die Kinder in den vom Krieg verwüsteten Ländern sein. Große Mengen an Milchpulver, Zucker, Medikamenten und Rohmaterialien für die Herstellung von Kleidern und Schuhen wurden von UNICEF nach Europa geschickt und mit Hilfe von nationalen Organisationen und dem Roten Kreuz verteilt. Mehr als acht Millionen Kinder wurden gegen Tuberkulose geimpft und einige der zerstörten Milchbearbeitungsbetriebe mit Hilfe von UNICEF wieder aufgebaut. Im Dezember 1950 gingen die Notstandsaktionen in Europa zu Ende. Damit schien die Aufgabe von UNICEF abgeschlossen zu sein. Doch langsam nahm die Weltöffentlichkeit auch Notiz vom Kinderelend in den wirtschaftlich unterentwickelten Ländern. Die Generalversammlung der Vereinten Nationen beschloß daher 1953 den Fortbestand von UNICEF mit einem neuen Auftrag: Abbau der Notstandshilfe und Übergang zu langfristigen Hilfsprogrammen für Kinder in den Entwicklungsländern.

2.2. Finanzierung

Die Regierungsbeiträge sind die wichtigsten Einnahmequellen. 1979 zahlten 125 Regierungen freiwillige Beiträge in Höhe von 134 Mio. US-Dollar. An der Spitze der Beitragszahler lagen die USA mit 30 Mio. US-Dollar, die Bundesrepublik Deutschland lag 1979 mit 5,4 Mio. US-Dollar an achter Stelle. UNICEF wird zu einem nicht unwesentlichen Teil auch durch Beiträge verschiedenster Organisationen und durch private Spenden finanziert. Mit Hilfe ehrenamtlicher Mitarbeiter konnten z. B. Grußkarten verkauft werden, deren Erlös sich 1979 auf 16,3 Mio. US-Dollar belief.

2.3. Kriterien für Hilfe

In welchem Umfang der UNICEF-Verwaltungsapparat einem Land Hilfe bewilligt, hängt von folgendem ab:
– Anteil der Kinder an der Gesamtbevölkerung
– Größe und geographische Struktur eines Landes
– Wert und Wirkungsgrad des geplanten Projektes für das Land.
Um eine möglichst breite Wirkung zu erzielen, ermutigt UNICEF die Regierungen, im Rahmen ihrer nationalen Entwicklungspläne den Bedürfnissen der Kinder und Jugendlichen in besonderem Maße Rechnung zu tragen. UNICEF unterstützt Programme, die möglichst viele Kinder erfassen und über die augenblickliche Hilfe hinaus langfristig der Entwicklung des Kindes, dem Lebensstandard seiner Familie und des gesamten Landes zugute kommt. UNICEF rät den Regierungen zu besonderen Maßnahmen für Kleinkinder und für Kinder benachteiligter Gruppen (Elendsviertel, weit entfernt liegende Ansiedlungen, Nomaden). Auch fördert die Organisation viele Aktionen, die Eltern und Dorfgemeinden zur gemeinsamen Entwicklungsarbeit auf freiwilliger Basis anregen sollen.
UNICEF wird jedoch erst dann in einem Land tätig, wenn die betreffende Regierung es ausdrücklich wünscht. Jedes unterstützte Land übernimmt normalerweise einen erheblichen Teil der Programmkosten. So zahlt es z. B. die Gehälter für einheimische Mitarbeiter, stellt Gebäude für Schulen und Verwaltung zur Verfügung und übernimmt den Transport innerhalb des Landes. In Katastrophenfällen und in den Ländern, die zu der Gruppe der «least developed countries» gehören, übernimmt UNICEF auch diese Kosten.

2.4. Aufgabengebiete

– Gesundheit

Der Schutz des Kindes beginnt mit der Sorge für die Mutter. UNICEF fördert daher alle Entwicklungspläne eines Landes, die folgende Dienstleistungen für Mutter und Kind gebündelt enthalten:
– Schutzimpfungen

- Bekämpfung von Massenkrankheiten
- Medizinische Versorgung durch vorbeugende und behandelnde Maßnahmen
- Gesundheits- und Ernährungsberatung
- Versorgung der Dörfer mit sauberem Wasser und sanitären Anlagen
- Mütter- und Kinderfürsorge, Familienplanung.

Ein Netz von Gesundheitszentren, die verantwortlich für den Ablauf dieser Art Programme sind, zieht sich über das unterstützte Land. Den Hauptzentren, die ein Arzt leitet, sind eine Reihe Neben- und Dorfzentren untergeordnet. Sie werden vom Arzt regelmäßig besucht. In Hauptzentren mit Bettstationen werden Hebammen und Pflegepersonal ausgebildet. Nebenzentren dienen in erster Linie der Mütterberatung. Wenn nötig, werden hier auch Milchpulver und Vitamine verteilt. Die Nebenzentren werden im allgemeinen von einer Hebamme oder Gemeindeschwester geleitet.

UNICEF liefert für die Gesundheitsstationen Einrichtungen, Ausrüstungen für Kinderärzte, Hebammen und Gemeindeschwestern, Medikamente, Impfstoffe, Milchpulver, Vitamine sowie Fahrzeuge für Hebammen, Schwestern und Kontrollpersonal. Für die Ausbildung von Pflegepersonal werden Lehrmittel zur Verfügung gestellt und Stipendien gewährt.

– Hygiene und Wasserversorgung

Darminfektionen und Parasiten, verursacht durch den Gebrauch von unsauberem Wasser und Mangel an Hygiene sind neben Hunger und falscher Ernährung die häufigste Todesursache bei Kleinkindern in Entwicklungsländern. In enger Zusammenarbeit mit den Gesundheitszentren, aber auch in zunehmenden Maße in den Schulen, werden Kinder und Erwachsene über Hygiene aufgeklärt und Maßnahmen für die Versorgung mit sauberem Wasser getroffen. Mit gesundem Wasser gehen Krankheiten und Kindersterblichkeit erheblich zurück. Ebenso wichtig ist der Bau von Latrinen. Es gibt ein sehr einfaches, billiges System, das die Dorfbewohner nach kurzer Schulung selbst errichten und installieren können. UNICEF liefert hierfür Pumpen und vergibt Aufträge an einheimische Gießereien zur Herstellung von Pumpen, importiert Gußeisenersatzteile, Zement, Koks sowie Zuleitungsrohre für unterirdische Wasserleitungen und finanziert die Ausbildung einheimischer Mitarbeiter.

– Ernährung

Viele Kinder kommen schwach und mit Untergewicht auf die Welt, weil schon ihre Mütter Hunger litten und nicht wußten, wie man sich richtig ernährt. Auch aus diesem Grunde ist die Kindersterblichkeit groß. Im Kampf gegen die Unterernährung von Kindern und Müttern bedient sich UNICEF verschiedener Methoden:
- Beratung der Regierungen bei der Entwicklung nationaler Ernährungsprogramme, die die besonderen Bedürfnisse der Säuglinge und Kleinkinder, aber auch der schwangeren und stillenden Frauen berücksichtigen;
- Unterstützung von Ernährungskursen für Eltern und Mitarbeiter, die mit der Nahrungsproduktion befaßt sind;
- Hilfe bei Maßnahmen, die es Familien und Dorfgemeinden möglich machen, Vorratslager anzulegen;
- Lieferung großer Mengen Vitamine gegen Blindheit, Jodsalze und jodhaltige Seren gegen Kropf und Eisenpräparate sowie Phosphate gegen Anämie – als Folgen der Fehlernährung;

– Verteilung von Milchpulver und anderer eiweißhaltiger Zusatznahrung, vor allem an Kleinkinder benachteiligter Gruppen und in Katastrophenfällen;
– Erforschung neuer eiweißhaltiger Nahrungsmittel, die in großen Mengen zu niedrigen Preisen auf den Markt gebracht werden können, z. B. die Verwertung von Ölkuchen, Baumwollsamen, Sojabohnen u. a. m.

– Bildung und Ausbildung

Seit 1961 arbeiten UNICEF und UNESCO auf dem Gebiet der Bildung und Ausbildung zusammen. Die UNESCO arbeitet u. a. Schulprogramme aus (über richtige Ernährung und den Anbau neuer und besserer Gemüse- und Getreidesorten, über Gesundheit, Hygiene, Säuglingspflege, Krankenpflege, Familienplanung, Berufsvorbereitung), stellt Fachleute zur Verfügung und wertet Studien aus verschiedenen Ländern aus. UNICEF hilft durch finanzielle Beiträge zur Lehrerausbildung und liefert Lehrmittel.

– Familien- und Kinderfürsorge

Soziale Umwälzungen großen Ausmaßes vollziehen sich in den Entwicklungsländern. Der Zug in die Städte und die Lockerung der traditionellen Familienbande bringen zahlreiche Probleme mit sich. Viele Kinder werden vernachlässigt oder sind sich selbst überlassen. Als dringendste Aufgabe auf diesem Gebiet wird die Förderung der Frauen betrachtet und ihre soziale Besserstellung[10]. In Asien und Afrika entwickeln sich Frauenorganisationen, sie schaffen Kindergärten, veranstalten Kurse für Kinderpflege, Hauswirtschaft oder allgemeinbildende Kurse. UNICEF hilft solchen Organisationen bei der Ausbildung von Leiterinnen, stellt Lehrmittel, Demonstrationsmaterial und Fahrzeuge zur Verfügung.

– Produktive Arbeit

Nach vier bis sechs Jahren hört die Schule für die meisten Kinder in Entwicklungsländern auf – wenn sie überhaupt zu den wenigen gehören, die eine Schule besuchen konnten. Dann suchen sie Arbeit. Seit 1962 hilft UNICEF, unterstützt von der Internationalen Arbeitsorganisation, auch den Jugendlichen auf dem Land durch die Bereitstellung von Lehrmitteln und Werkzeugen für die landwirtschaftliche Ausbildung, in den Städten durch die Lieferung von Werkzeugen für die Lehrwerkstätten. In den Slums von Santiago de Chile lernen Jugendliche z. B. Bauarbeiten auszuführen, um die eigenen Unterkünfte zu verbessern.

– Notstandshilfe

Die Mittel von UNICEF werden in erster Linie für langfristige Programme eingesetzt, die eine dauernde Verbesserung der Lebensbedingungen der Kinder garantieren. Bei Naturkatastrophen und in Kriegen wird Notstandshilfe geleistet, wenn:
– die Rettungsaktionen anderer Organisationen den besonderen Bedürfnissen der Kinder nicht zureichend Rechnung tragen,
– geeignete Vorräte nicht verfügbar sind,
– die Zeit bis zum Einsatz umfassender Hilfsmaßnahmen anderer auf Notfälle spezialisierter Organisationen überbrückt werden muß.
Dabei hilft die UNICEF ungeachtet der Gesellschaftsordnung, unabhängig davon, ob

sozialistisch oder marktwirtschaftlich. So ist UNICEF z. B. gleichzeitig in Somalia und Äthiopien tätig. 1979 leistete UNICEF in folgenden Ländern Notstandshilfe mit darauf folgenden Wiederaufbaumaßnahmen. Trockenheit: Zaire; Erdbeben: Iran und Jugoslawien; Epidemien: Kongo, Mali, Obervolta; Überschwemmungen: Benin, Bolivien, Kolumbien, Ägypten, Jamaika, Mosambik, Portugal; Flüchtlinge: Burma, Libanon, Nicaragua, Pakistan, Thailand[11] [12].

3. Die Weltbankgruppe

3.1. Entstehung und Organisation

Die Weltbankgruppe umfaßt drei Organisationen: die Weltbank (International Bank for Reconstruction and Development – IBRD), die Internationale Entwicklungsorganisation (International Development Association – IDA) und die Internationale Finanz-Corporation (International Finance Corporation – IFC). Diese Organisationen verfolgen das gemeinsame Ziel, die sozialen und wirtschaftlichen Lebensbedingungen in den weniger entwickelten Mitgliedsländern durch finanzielle und andere Hilfen anzuheben. Im Rahmen dieser Aufgabenstellung erfüllen sie verschiedene Funktionen, und sie haben auch jeweils eine eigene Rechtspersönlichkeit. Praktisch sind sie hingegen durch eine gemeinsame Geschäftsführung weitgehend integriert. Die Weltbank wurde 1945 gegründet, die Zahl der Mitglieder beläuft sich mittlerweile auf 139 Staaten (Stand Ende 1980). Die Bundesrepublik Deutschland trat der Weltbank im Jahre 1952 bei. Der Hauptsitz der Bank befindet sich in Washington, 33 weitere Geschäftsstellen sind in der ganzen Welt verteilt. Die Zahl der Mitarbeiter beläuft sich auf mehr als 5000 (Stand 1980).

3.2. Die Weltbank-Finanzierungsquellen und Konditionen

Die Bank refinanziert ihre Kreditvergaben in erster Linie aus eigenen Mittelaufnahmen an den internationalen Kapitalmärkten. Ein wesentlicher Teil der Weltbankmittel stammt auch aus nicht entnommenen Gewinnen und Rückzahlungen auf die von ihr gewährten Darlehen. Im Geschäftsjahr 1979/80 beliefen sich die Kredite und Investitionszusagen der Weltbank und ihrer Tochtergesellschaften auf insgesamt 12,16 Mrd. US–Dollar. Die Laufzeit der Weltbank-Darlehen richtet sich nach der Art des zu finanzierenden Projekts. Sie beträgt im allgemeinen 15 bis 20 Jahre bei fünf Freijahren. Die Darlehen sind im allgemeinen für Entwicklungsländer in einem eher fortgeschrittenen Stadium des wirtschaftlichen und sozialen Wachstums bestimmt. Die Bank gewährte jedoch 34% der Kredite des Geschäftsjahres 1979/80 Ländern mit einem jährlichen Bruttosozialprodukt pro Kopf der Bevölkerung von nur 625 Dollar oder weniger. Der Zinssatz der Darlehen richtet sich weitgehend nach den Kosten der Mittelbeschaffung. Mitte 1980 betrug der Ausleihezins der Bank 9,25%. Die Bank ist aufgrund ihrer Satzung gehalten, Darlehen nur an eine Regierung zu vergeben und das soziale und wirtschaftliche Wachstum in dem Nehmerland zu fördern[13]. Seit Jahren haben die meisten Entwicklungsländer in scharfer Form neben der Höhe der einzelnen Darlehen die Laufzeit und Zinskonditionen der Bank kritisiert. Da die Ertragslage der Bank sich infolge weltweiter

Zins- und Wechselkursänderungen im Jahr 1981 verschlechtert hat, mußte sie allerdings sogar seit Anfang 1982 eine vorab zu zahlende Gebühr von 1,5% der Kreditsumme auf alle neu zu vergebenden Kredite einführen. In Einzelfällen kann die Gebühr allerdings auf die Gesamtkreditsumme aufgeschlagen werden, wodurch die Tilgungszeit gestreckt werden kann[14].

3.3. Kriterien der Darlehensvergabe der Weltbank

Darlehen werden nur für produktive Zwecke und im allgemeinen nur für konkrete Projekte gegeben, die meist aufgrund einer besonderen Engpaß-Situation aus einem gemeinsam mit der Weltbank erarbeiteten Entwicklungsplan entnommen sind. Die Projekte werden vorher intensiv von Weltbank-Experten geprüft. Der Begriff Projekt wird ausgelegt entweder als homogene Investition (z. B. ein Staudamm mit Elektrizitätswerk und Überlandleitung) oder als eine Reihe von verwandten oder gleichartigen Investitionen in einem besonderen Sektor (verstreute Schulen oder Straßenabschnitte oder ein Zeitabschnitt eines langfristigen Investitionsprogrammes einer Eisenbahn- oder Fernmeldebehörde) oder in verschiedenen Sektoren (z. B. städtische Projekte, darunter Wohnungsbau, Verkehrsanlagen und Wasserversorgungselemente in bestimmten städtischen Gebieten). Einige Projekte sehen nur technische Hilfe für die Vorbereitung bestimmter Investitionen oder für allgemeine Untersuchungen oder Studien vor. Ein Projekt besteht gelegentlich auch aus einem Darlehen an eine nationale Entwicklungsbank zur Finanzierung von Entwicklungsarbeiten in einem Subsektor. Alle Projekte bestehen im allgemeinen aus konkreten (z. B. Bau von Anlagen oder Belieferung mit Ausrüstungen) und abstrakten Elementen (z. B. institutionelle Verbesserungen, Änderungen der Grundsatzpolitik, auch Ausbildung von Führungskräften und Beschäftigten)[15].

3.4. Aufgabengebiete der Weltbank

Während der 50er Jahre konzentrierte sich die Weltbank auf Kredite für wesentliche Infrastrukturvorhaben: Verkehrswesen, Kraftwerke, Fernmeldeeinrichtungen, Bewässerung und Hochwasserschutz. Mitte der 60er Jahre, als neue, unabhängige Staaten der Weltbank beitraten und das rasche Anwachsen der Bevölkerung auf die entscheidenden Rohstoffe der Welt immer stärkeren Druck ausübte, wurde die Bedeutung von Sektoren wie Landwirtschaft, Bildungswesen und Industrialisierung von der Weltbank als ausschlaggebend für den sozialen und wirtschaftlichen Fortschritt erkannt. Die überwiegende Mehrheit der Bevölkerung in Entwicklungsländern ist in der Landwirtschaft tätig. Bildungsmangel ist auf allen Gebieten ein Haupthindernis. Doch Ende der 60er Jahre vergab die Weltbank immer noch nahezu 60% ihrer Darlehen für die Entwicklung der Infrastruktur. In den 70er Jahren hat die Weltbank ihre Prioritäten insoweit geändert, als die Mittel zunehmend in die ärmeren Gesellschaftsgruppen gelenkt wurden. Ende der 70er Jahre machten somit Darlehen für die Infrastruktur nur noch ein Drittel des Gesamtbetrages aus und nahezu die Hälfte der Weltbank-Kredite ging an Sektoren wie Landwirtschaft und ländliche Entwicklung, Erziehung, Bevölkerungsplanung und Ernährung, Urbanisierung und Kleinindustrie. Sogar die Kreditgewährung für die Infrastruktur hat sich verändert, indem beispielsweise die Instandhaltung von Fernstraßen und der Straßenbau auf dem Lande stärkere Beachtung finden und die Kreditvergabe für die Exploration und Förderung von Erdöl und Erdgas aufgenommen wurde. Die

Kreditgewährung an den landwirtschaftlichen Sektor zielt derzeit vor allem darauf ab, einen Beitrag zur Lösung des Nahrungsmittelproblems zu leisten und die Kleinbauern und Armen auf dem Lande zu erreichen. Das bedeutet, daß sich das Gewicht verlagert hat von großen Dammbauten und Bewässerungsanlagen auf die Vermittlung von Leistungen, die dem einzelnen Landwirt zugute kommen, wie landwirtschaftliche Kredite, technische Dienstleistungen, Lagereinrichtungen, Saatgut-, Düngemittel- und Schädlingsbekämpfungsmittel. Die Projekte setzen sich verstärkt dafür ein, die Lebensbedingungen der Bewohner eines ganzen Gebietes durch die Bereitstellung von Bildungseinrichtungen, häuslicher Wasserversorgung, Gesundheitsstationen und anderen sozialen Leistungen zu verbessern. Im Bereich des Bildungswesens galt früher die Hilfe zumeist für den Bau und die Ausstattung von Schulen, während nunmehr das Gewicht mehr auf die Verbesserung von Lehrplänen und Lehrmaterialien gelegt wird. Ferner wird die außerschulische Bildung für Erwachsene und Kinder erweitert sowie die Schulung der Lehrer und Ausbilder in Verwaltung und Betriebsführung intensiviert. Zunehmend an Bedeutung gewonnen hat in letzter Zeit auch die Förderung arbeitsintensiver industrieller Kleinbetriebe sowie sonstige, vorwiegend exportorientierte Betriebe. Die Unterstützung von Entwicklungsbanken hat ebenfalls stark zugenommen. In dem letztgenannten Trend spiegelt sich die Tatsache wider, daß die Tätigkeit dieser Institute einen Multiplikatoreffekt hat. Sie erfassen Kleinbetriebe, die für Weltbank-Darlehen sonst nicht in Betracht kämen. Im Bereich der städtischen Entwicklung waren die üblichen Weltbank-Darlehen z. B. für Verkehrswesen, Kraftwerke, Fernmeldeeinrichtungen zumeist unmittelbar stadtorientiert. Der nie versiegende Strom heimat- und arbeitsloser Zuwanderer vom Land in die Städte zwang jedoch zur Suche nach neuen Wegen, zur Behandlung von Städtebauproblemen und zur Unterstützung der Armen in den Stadtbezirken mit niedrigem Einkommen. Einer der vielversprechendsten neuen Aspekte ist das «sites- and services-project» zur Behebung des akuten Wohnungsmangels. Das Projekt bezweckt, den ärmeren Stadtbewohnern zu helfen, ihr Heim selbst zu bauen oder zu verbessern. Die Bauplätze sind mit einem Minimum an öffentlichen Versorgungsdiensten ausgestattet, darunter Wasserversorgung und Kanalisation. Weiterhin gehört zu den neueren Tendenzen bei den Weltbank-Projekten, daß die Zusagen im Energiebereich erheblich zugenommen haben. Dazu gehört auch die Bereitstellung von finanziellen Mitteln für Explorationen. Neben der finanziellen Unterstützung bietet die Bank eine umfangreiche technische Hilfe, die zu einem wesentlichen Teil über die Beratungswirkung bei der Projektplanung unmittelbar mit der Darlehensgewährung verbunden ist. Darüber hinaus berät die Bank in steigendem Maße zahlreiche Mitgliedsstaaten bei den verschiedensten Aufgaben, von allgemeiner Entwicklungsplanung bis zur Bewertung einzelner Vorhaben. Schließlich ist vor allem noch die Ausbildung von Fach- und Führungskräften aus Entwicklungsländern als Tätigkeitsbereich der Bank zu nennen. Die Weltbank sieht sich bei der Erfüllung ihrer Aufgaben einem großen Problem gegenübergestellt, das aus den Interessengegensätzen ihrer Mitglieder resümiert. Die Industrienationen als Kapitalgeber erwarten von der Bank tendenziell die Geschäftsmethodik einer Geschäftsbank, hingegen erwarten die Entwicklungsländer als traditionelle Nehmer der Bank eine Geschäftspolitik im Sinne einer Entwicklungsbank. Die Jahrestagungen der Weltbank lassen das permanente Spannungsfeld der unterschiedlichen Ansprüche und Erwartungen an die Geschäftstätigkeit der Weltbank sehr deutlich werden.

3.5. IDA

Die IDA wurde 1960 mit dem Ziel gegründet, für dieselben Aufgaben, die der Weltbank gestellt sind, Hilfe zu gewähren. Diese sollte jedoch vor allem für die ärmeren Entwicklungsländer geleistet werden und zu Bedingungen erfolgen, die die Zahlungsbilanz dieser Länder weniger belasten als die Weltbank-Darlehen. Entsprechend konzentriert sich die Hilfe der IDA auf die sehr armen Länder, d. h. im wesentlichen auf solche, deren jährliches Bruttosozialprodukt pro Kopf der Bevölkerung weniger als 625 US-Dollar beträgt. In diese Kategorie fallen noch über 50 Länder. Im Geschäftsjahr 1979/80 gingen 87% der IDA-Zusagen sogar an Länder, deren jährliches Bruttosozialprodukt pro Kopf 360 Dollar oder weniger beträgt. Die Mitgliedschaft in der IDA steht allen Mitgliedern der Weltbank offen und bislang sind ihr 121 Länder beigetreten. Im Gegensatz zur Weltbank stammen die Mittel der IDA fast ausschließlich aus Beiträgen der Mitgliedstaaten. IDA-Kredite werden ausschließlich Regierungen gewährt, und zwar zu folgenden Konditionen: Tilgungsfreier Zeitraum zehn Jahre, Laufzeit 50 Jahre, keine Verzinsung, aber eine jährliche Bearbeitungsgebühr von 1,25% auf den ausgezahlten Teil eines jeden Kredits (Stand: Januar 1982).

3.6. IFC

Die IFC wurde 1956 gegründet. Sie hat die Aufgabe, private Unternehmen der Mitgliedstaaten zu fördern, vor allem in den Entwicklungsländern. Die IFC gibt im Gegensatz zu der Weltbank ihre Darlehen an Unternehmen ohne staatliche Garantie und kann sich auch direkt an solchen Unternehmen beteiligen. Voraussetzung für die Mitgliedschaft bei der IFC, die z. Zt. 114 Mitglieder zählt (1980), ist die Mitgliedschaft bei der Weltbank. Die IFC finanziert ihre Tätigkeit hauptsächlich durch Einzahlungen der Mitgliedsregierungen auf das Grundkapital, durch Kreditaufnahmen bei der Weltbank, über Kreditbeteiligungen und Kreditgarantien seitens der Weltbank sowie aus ihren laufenden Gewinnen. Die IFC sieht ihre Aufgabe in erster Linie in der Ergänzung der von privaten Investoren aufgebrachten Mittel. Die Eigen- und Fremdkapitalbeteiligungen beliefen sich im Geschäftsjahr 1979/80 auf 681 Mio. Dollar, die Zahl der geförderten Projekte stieg auf 55. Die Gesamtkosten dieser Projekte betragen 2,3 Mrd. Dollar, d. h. mehr als das dreifache der IFC-Finanzierungszusagen. Damit ist zwar die IFC die kleinste Organisation der Weltbank-Gruppe, ihre Bedeutung für die Entwicklung eines Landes ist jedoch nicht zu unterschätzen, wenn man den stimulierenden Charakter ihrer Unterstützung auf die private Kapitalbildung berücksichtigt.

3.7. Resümee

Zusammenfassend kann festgestellt werden, daß die Weltbank-Gruppe die bei weitem größte multilaterale Entwicklungsfinanzierungsinstitution ist. Dennoch finanziert sie heute nur etwa 1% der Gesamtinvestitionen in den Entwicklungsländern. Die Bank versteht sich entsprechend in erster Linie als Katalysator, indem sie durch ihre Tätigkeit, vor allem auch im Bereich der technischen Hilfe, die Voraussetzungen für den Ressourcentransfer aus anderen Quellen verbessert[16].

4. Die Weltgesundheitsorganisation (World Health Organization – WHO)

4.1. Entstehung und Organisation

Die WHO wurde 1948 gegründet. Ihre Hauptaufgabe ist die Bekämpfung von Krankheiten und Seuchen auf globaler Basis und die Leistung eines Beitrags zur Verbesserung sowohl der physischen als auch der seelisch-geistigen Gesundheit der Menschen. Durch weltweite Gesundheitsprogramme hat die Organisation das Auftreten von Malaria, Tuberkulose, Gelbfieber, Pocken, Frambösie und anderen Krankheiten wesentlich vermindern können. Die Weltgesundheitsorganisation arbeitet auch auf solchen Gebieten wie Ernährung, Unterernährung, Fürsorge, Schulspeisung und Lebensmittelgesetzgebung. Die Satzung von 1948 legt die jeweiligen Aufgaben der einzelnen Organe fest. Dies sind: Die Weltgesundheitsversammlung als Legislativorgan, dem Delegierte aus 151 Mitgliedsländern angehören, der Exekutivrat als Ausführungsorgan und das Sekretariat, das die Beschlüsse dieser Organe verwaltungsmäßig und technisch durchführt. Im Sekretariat arbeiten rund 5000 Mitarbeiter aus 100 Ländern. Es handelt sich überwiegend um Ärzte und medizinisches Personal, die am Sitz des Hauptbüros in Genf oder in einem der sechs Regionalbüros arbeiten. Die Regionalbüros sind die Verwaltungsorgane der Regionalkomitees, denen alle Mitgliedstaaten der betreffenden Region angehören. Der Sitz des europäischen Regionalbüros ist Kopenhagen.

4.2. Finanzierung

Die Finanzierung der WHO erfolgt im wesentlichen über Beiträge der Mitgliedsländer. Die Mitgliedsländer der europäischen Region haben im Laufe der letzten Jahre etwa die Hälfte des Gesamthaushalts der Organisation aufgebracht. Der größte Teil dieser Beiträge kommt anderen Regionen zugute, die die Mehrzahl der Entwicklungsländer umfassen. Nur etwa 6% des Gesamthaushalts der WHO stehen dem Regionalbüro in Kopenhagen für Arbeiten in Europa zur Verfügung.

4.3. Aufgabengebiete

Die WHO arbeitet mit den Mitgliedsländern bei der Bekämpfung von Krankheiten und Seuchen zusammen und beim Aufbau eines effizienten Gesundheitsdienstes, um sicherzustellen, daß die medizinischen Dienste die größtmögliche Anzahl von Menschen, insbesondere auch solche in entfernten ländlichen Regionen, erreichen. Die WHO hilft bei der Identifizierung prioritärer Krankheitsprobleme, langfristiger und kurzfristiger Gesundheitspläne und entwickelt Programme, um diese Ziele mit den Ressourcen des jeweiligen Landes erreichen zu können. Die Haupttätigkeitsgebiete, auf denen die WHO mit den Mitgliedsländern zusammenarbeitet, sind Planung, Organisation und Entwicklung von Gesundheitsdiensten, Schutz der Gesundheit von Mutter und Kind, Familienplanung, Ernährung, Gesundheitserziehung, Förderung von Arbeitskräften im Gesundheitswesen, Krankenpflege, Gesundheitsökonomie, Wasserverschmutzung, Arzneimittelüberwachung und Förderung der biomedizinischen Forschung. Die WHO kooperiert auch auf solchen Gebieten wie Sammlung und Auswertung gesundheitsstatistischer Daten, Krebsforschung, Herz- und Kreislaufkrankheiten, Geisteskrankheiten und Zahngesundheit. Sehr vielfältig sind auch die Programme zur Bekämpfung von solchen Krankheiten wie Malaria, Tuberkulose, Lepra, Gelbfieber, Cholera und Pest. Einer der bemerkenswertesten Erfolge der WHO war das Pocken-Bekämpfungsprogramm, das weltweit durchgeführt wurde und das dazu geführt hat, daß in den letzten drei Jahren praktisch keine Fälle von Pockenerkrankungen mehr aufgetreten sind. Weitere gute Beispiele internationaler Zusammenarbeit bei der Krankheitsbekämpfung sind erstens die Sonderprogramme für Forschung und Ausbildung in Tropenkrankheiten und zweitens das Volta-Flußbett-Programm zur Bekämpfung der Onchocerciasis. Das erste Programm zielt darauf ab, neue effiziente Bekämpfungsmittel auf weltweiter Basis zu finden, um Krankheiten wie Malaria, Bilharziose, Filariasis, Trypanosomiasis (Schlafkrankheit), Lepra und Leishmaniasis, die gegenwärtig etwa mindestens 600 Millionen Menschen betreffen, zu bekämpfen. Das Programm ist ein Langzeitprogramm, das gemeinsam von WHO, UNDP und Weltbank getragen wird und das auch Ausbildungsmaßnahmen beinhaltet sowie eine Stärkung der Gesundheitsinstitutionen der entsprechenden Länder anstrebt, damit sie in der Lage sind, die notwendigen Forschungsarbeiten durchzuführen. Das zweite Programm versucht, die Onchocerciasis zu bekämpfen, eine der Hauptursachen von Blindheit. Das ist ein gemeinsames Programm von sieben Ländern, in welchen viele der Bewohner unter dieser Krankheit leiden. Die Länder führen das Programm ihrerseits zusammen mit der WHO, der Weltbank, der FAO und der UNDP durch.

4.4. Dienstleistungen im einzelnen

– Informationen: Eines der Arbeitsziele, das sich die WHO gesetzt hat, betrifft die Förderung des Erfahrungs- und Wissensaustausches unter den Ländern. Dokumente und Veröffentlichungen sind ein geeigneter Weg, um den Mitgliedsländern über neue Entwicklungen im öffentlichen Gesundheitsbereich Vorschläge machen zu können, wie man gemeinsame Gesundheitsprobleme lösen kann. Die WHO dient auch als Datenbank, von der man Antworten in gesundheitswissenschaftlichen und -technischen Fragen erhalten kann.
– Reisedienst: Internationale Konventionen und Regelungen im Gesundheitsbereich werden entworfen und in periodischen Abständen überarbeitet, um die Verbreitung von Krankheiten über nationale Grenzen hinweg zu verhindern, um internationale Reisende zu schützen und einen reibungslosen Ablauf von Handel und Verkehr zu gewährleisten.
– Standards: Die WHO legt Standards für solche Erzeugnisse wie Antibiotika, Impfstoffe und diagnostische Substanzen fest. Muster der Standarderzeugnisse werden allen Herstellern und Forschern zugänglich gemacht.
– Umweltschutz: Die WHO veröffentlicht Informationen im Hinblick darauf, inwieweit Luftverschmutzung, Wasser- oder Bodenverschmutzung kritische Auswirkungen auf die menschliche Gesundheit haben können.
– Gesundheitsstatistiken: Es werden solche wesentlichen Daten wie Sterbe- und Krankheitsraten, Mutter- und Kindersterblichkeit, Lebenserwartung etc. veröffentlicht, und die internationale Klassifikation von Krankheiten wird auf dem laufenden gehalten.
– Koordinierung von Forschung: Die WHO verarbeitet und verbreitet Informationen

über Forschungsergebnisse, um den Mitgliedsstaaten dadurch bei der Einleitung entsprechender Maßnahmen ihrer Gesundheitsdienste behilflich zu sein.
- Publikationen: Die Organisation gibt Veröffentlichungen heraus, die es medizinischem Personal ermöglichen, sich hinsichtlich der Entwicklung in ihrem Bereich international auf dem laufenden zu halten[17–20].

5. Das Entwicklungsprogramm (The United Nations Development Programme-UNDP)

5.1. Entstehung und Organisation

Das Entwicklungsprogramm der Vereinten Nationen ging hervor aus einem Zusammenschluß von EPTA (Erweitertes Programm für Technische Hilfe) und dem Sonderfonds der Vereinten Nationen.

Die Neuorganisation UNDP begann im Jahre 1965 mit einem Jahresbudget von rund 200 Mio. US-Dollar. Ihre Aufgabe ist die Förderung der Entwicklungsländer. 1968 startete UNDP sein erstes weltweites Programm: Die Züchtung neuer, schnellwachsender, widerstandsfähiger Getreidesorten mit hohem Eiweißgehalt. Ein weiteres Programm beschäftigte sich mit der Aufnahme der Fischbestände in allen großen Meeren und der Nutzung sowie dem Schutz dieser Vorräte. 1969 beginnt der Fonds für Bevölkerungsfragen seine Tätigkeit. Er ist dem Verwaltungsrat des UNDP direkt verantwortlich und soll breit gefächerte Hilfen in Fragen der Bevölkerungsstatistik vermitteln, bei der freiwilligen Familienplanung, der biomedizinischen Forschung und auf verwandten Gebieten. 1979 unterstützte der Fonds solche Maßnahmen mit rund 105 Mio. US-Dollar. 1970 wird die Genehmigung von Projekten nach dem Prinzip «wer zuerst kommt, mahlt zuerst» eingestellt. Von nun an gibt es koordinierte Länderprogramme mit Planungszahlen (Indicative Planning Figures – IPF's), die die Höhe der UNDP-Hilfe im Laufe einer Fünfjahresperiode bestimmen. 1972 beschleunigt UNDP seinen Dezentralisierungsprozeß und überträgt große Teile der Verantwortung und Vollmachten vom Sitz der Organisation in New York auf mehr als 100 Landesbüros in Entwicklungsländern. 1975 wird die Verteilung der UNDP-Hilfe auf eine neue Basis gestellt. Die Planungszahlen (IPF's) werden nun aufgrund von Bevölkerungszahl und Pro-Kopf-Einkommen berechnet. Die ärmsten und am wenigsten entwickelten Länder sollen einen größeren Anteil erhalten. Die Gesamtsumme der Entwicklungshilfe erreicht die Milliarden-Dollar-Grenze.

5.2. Finanzierung

Die Mittel des UNDP stammen aus freiwilligen Beiträgen fast aller Länder der Welt. 1979 verfügt das Programm über 703 Mio. US-Dollar eigene Mittel. Die Entwicklungsländer tragen ihrerseits etwa 60% der Programmkosten. Dazu gehören die Gehälter der im eigenen Land angeworbenen Arbeitskräfte, Ausgaben für die Errichtung von Gebäuden und Installationen und den Ankauf inländischer Güter.

5.3. Arbeitsweise des UNDP

Nach der Billigung der Länderprogramme durch den Verwaltungsrat werden detaillierte Pläne für konkrete Projekte ausgearbeitet; sie enthalten die Zielsetzung, die verschiedenen Arbeitsabschnitte, Kostendauer und die Arbeitsteilung zwischen der jeweiligen Regierung und UNDP.

Die Verantwortung für die Durchführung der Projekte tragen zumeist eine oder mehrere Organisationen der Vereinten Nationen. Manche Projekte werden aber auch von der UNDP selbst oder von der Regierung des Empfängerlandes ausgeführt. Bilaterale Hilfsprogramme und nicht-staatliche Organisationen helfen ebenfalls oft mit.

Auf der Basis von Fünfjahresplänen bestimmt der Verwaltungsrat des UNDP, der aus 48 Ländern der verschiedensten Entwicklungsstufen besteht, die Planungszahlen (IPF's) für die Zuteilung der Projektfinanzierungen. Auch für weltweite und regionale Programme werden Planungszahlen festgelegt.

Nach diesen Planungszahlen erstellen die Regierungen der Empfängerländer ihre Länderprogramme und die Projektdringlichkeit für die vom UNDP erwünschten Hilfeleistungen. Diese Länderprogramme werden mit dem Ständigen UNDP-Vertreter und den Leitern anderer Hilfsorganisationen der Vereinten Nationen in dem betreffenden Entwicklungsland abgestimmt. Der Beitrag des UNDP für Projekte bestand in den letzten Jahren durchschnittlich aus 43 000 Mann/Monaten Beratungsdienst, die sich von Akkerbau bis Zoologie erstreckten, aus 7200 Stipendien für höhere Studien im Ausland sowie aus technischer Ausrüstung und Technischer Hilfe im Wert von mehr als 80 Mio. US-Dollar. Diese Leistungen machen etwa 40% der Gesamtausgaben aus.

Um sicherzustellen, daß die Projektabwicklung plangemäß erfolgt, wird jedes Projekt alle sechs Monate überprüft. Alle zwölf Monate erfolgt dann eine gründlichere Prüfung durch die Regierung, die ausführende UN-Organisation und den Ständigen UNDP-Vertreter.

Bei Auslaufen der UNDP-Hilfe sollen die Projekte so weit sein, daß sie selbständig fortgesetzt werden können. Sie sollen dann von Fachkräften des Empfängerlandes geleitet werden und zu einem integrierenden Bestandteil der Wirtschaftsentwicklung dieses Landes geworden sein.

5.4. Aufgabengebiete

Traditionell die meisten Mittel erhält der Sektor Landwirtschaft. An zweiter Stelle folgt der Sozialbereich. In den 70er Jahren wurden im Sozialbereich rund 1500 Projekte durchgeführt. Die damit verbundenen Investitionen beliefen sich auf 3,5 Mrd. US-Dollar. Zwei Projektbeispiele mögen für andere dienen: 1979 arbeitete UNDP mit der Regierung von Honduras zusammen, um ein außerschulisches Ausbildungsprogramm durchzuführen. Die 50%ige Analphabetenrate sollte gesenkt werden. Bis Mitte 1979 wurden mehr als 200 Dorfgruppen eingerichtet und 2100 Dorfmitglieder als Lehrer ausgebildet. Bis Mitte 1979 hatten etwa 15 000 Personen an Grundkursen teilgenommen, die über die Medien, Rundfunk, Plakate, Tonbandgeräte etc. durchgeführt wurden.

Als zweites Beispiel dient die Unterstützung für Ruanda. Hier geht es um die Bekämpfung der Unterernährung. 40% der Kinder unter fünf Jahren leiden unter schweren Protein/Kalorien-Mangelerscheinungen, und zwar weitgehend deshalb, weil es den Eltern an Grundkenntnissen über richtige Ernährung fehlt. Bis Mitte 1979 waren in 76 Gemeinden insgesamt 87 Ernährungszentren eingerichtet worden, etwa 60 professionelle Ernährungsfachleute und 135 angelernte Ernährungskundlerinnen berieten Mütter mit Kindern in den Zentren. Außerdem wurde eine Befragung durchgeführt, um genauere Daten über die Ernährungsgewohnheiten der Bevölkerung zu erhalten. Zudem wurden Versuche mit der Produktion und dem Verbrauch von Sojabohnen und Getreidemischungen durchgeführt, da diese kostengünstig sind und schnell hohe Proteinmengen zur Verfügung stellen.

Dem Verwaltungsapparat des UNDP unterstehen mehrere weitere Programme. Dazu zählen: Der Kapitalentwicklungsfonds, der verhältnismäßig kleine Summen als Startkapital für Projekte an der Basis beschafft, die wegen mangelnder Sicherheiten sonst nicht durchgeführt werden könnten. Der Fonds zur Erschließung von Bodenschätzen unterstützt die Erforschung wirtschaftlich nutzbarer Vorkommen – solche Untersuchungen können wegen der hohen Kosten und der Ungewißheit des Erfolges von den Entwicklungsländern allein nicht finanziert werden. Das Freiwillige Programm gibt Personen mit abgeschlossener Berufsausbildung die Möglichkeit, ihr Können individuell in den Dienst der Entwicklungshilfe zu stellen. Das SAHEL-Büro der Vereinten Nationen koordiniert die Bemühungen der Sahel-Zone, wo nach der Dürrekatastrophe der letzten Jahre eine grundlegende Verbesserung der Landwirtschaft, des Transportwesens, der Nachrichtenübermittlung, der beruflichen Ausbildung und des Gesundheitswesens erreicht werden muß. In sehr enger Zusammenarbeit mit dem UNDP stehen ebenfalls der Fonds für koloniale Länder sowie der Fonds für Entwicklungsländer in Binnenlage[21-24].

6. Die Welthandelskonferenz (The United Nations Conference on Trade and Development – UNCTAD)

6.1. Entstehung und Organisation

Die Vereinten Nationen beschlossen im Januar 1965, die Welthandelskonferenz als ein ständiges Organ der UN-Vollversammlung zu errichten. Mitglieder sind 163 Länder, die in vier regionalen Gruppen organisiert sind, und zwar die afro-asiatischen Entwicklungsländer in der Gruppe A, die westlichen Industrieländer in der Gruppe B, die lateinamerikanischen Entwicklungsländer in der Gruppe C und die sozialistischen Länder in der Gruppe D. Die Entwicklungsländer der Gruppen A und C hatten sich schon vor der ersten UNCTAD-Tagung in der «Gruppe der 77» zusammengeschlossen, die inzwischen durch neue Mitgliedschaften auf 122 Staaten der Dritten Welt angewachsen ist.

Die Vollversammlung ist das oberste Gremium der UNCTAD und tritt in der Regel alle vier Jahre zusammen. Zwischen ihren Sitzungsperioden nimmt der Welthandels- und Entwicklungsrat (WHR), der normalerweise einmal jährlich tagt, die Aufgaben der Organisation wahr. Dem Rat unterstehen verschiedene Ausschüsse. Sekretariatsarbeiten obliegen einem Generalsekretariat in Genf.

6.2. Aufgabengebiete

Die der UNCTAD übertragenen Aufgaben bestehen darin, den internationalen Handel, vor allem in Hinblick auf die Beschleunigung der wirtschaftlichen Entwicklung zu fördern;

Grundsätze und Richtlinien für den internationalen Handel und die damit verbundenen Fragen der Wirtschaftsentwicklung zu formulieren und Vorschläge für deren Anwendung auszuarbeiten;

die Tätigkeit anderer UN-Institutionen auf dem Gebiet des internationalen Handels und der wirtschaftlichen Entwicklung zu koordinieren und als Zentrum für die Harmonisierung des Handels und der damit verbundenen Entwicklungspolitik von Regierungen und regionalen Wirtschaftsgruppierungen zur Verfügung zu stehen.

Seit ihrem Bestehen hat die UNCTAD auf verschiedenen wichtigen Sektoren des internationalen Handels bedeutsame Maßnahmen durchgeführt. Sie verabschiedete z. B. das allgemeine Zollpräferenzsystem. Mit Hilfe dieses Systems sollte den jungen Staaten die Möglichkeit gegeben werden, ihre Deviseneinnahmen durch zunehmende Exporte zu steigern, um auf diese Weise ihre Importkapazität erhöhen und ihre Schulden tilgen zu können. Dazu ist vor allem eine Beseitigung von Einfuhrhemmnissen in Industrieländern erforderlich, was mit dem Zollpräferenzsystem gewährleistet wurde. Es war die UNCTAD, die das Ziel von 0,7% des Bruttosozialproduktes als Anteil der Entwicklungshilfe für die Industrieländer gesetzt hat. Die UNCTAD verfaßte auch eine Charta ökonomischer Rechte und Pflichten der Staaten. Seit der UNCTAD-Konferenz 1976 in Nairobi ist einer der Schwerpunkte der Bemühungen die Implementierung eines integrierten Programmes für Rohstoffe, das dazu dienen soll, die Konditionen auf den Weltmärkten zu stabilisieren und die Einnahmen der Entwicklungsländer zu verbessern. Zu diesem Programm gehört ein gemeinsamer Fonds, der dazu dient, Zwischenlager durch internationale Abkommen zu finanzieren. Die Konferenz UNCTAD IV befaßte sich nicht zuletzt mit der Förderung des Exports von Halb- und Fertigerzeugnissen der Entwicklungsländer. Die Konferenz beschloß neue Formen industrieller und handelspolitischer Zusammenarbeit und die Kontrolle von restriktiven Geschäftspraktiken. UNCTAD V trat zu einer Zeit wachsender protektionistischer Erscheinungen im Welthandel zusammen. Sie unterstrich daher die Bedeutung struktureller Änderungen, um der Gefahr des Protektionismus zu begegnen. Im April 1980 wurde aufgrund dieser Konferenz eine Serie von multilateral anwendbaren Prinzipien und Regeln verabschiedet, um protektionistischen Geschäftspraktiken entgegenzutreten. UNCTAD befaßt sich jedoch nicht nur mit Handel. Da eine enge Interrelation zwischen den Problemen von Handel und Entwicklung, Geld und Finanzen besteht, hat sich UNCTAD als internationales Forum auch dieser verwandten Bereiche angenommen. Dies bezieht sich insbesondere auf das Problem der wachsenden Verschuldung der Entwicklungsländer. Im Bereich der Schiffahrt hat sich die UNCTAD bemüht, die Registrierung von Schiffen unter «flags of convenience» zu vermindern, um auch Entwicklungsländern einen größeren Anteil bei der Verschiffung von bulk-cargo zu sichern. Die UNCTAD verabschiedete einen «code of conduct» für die Seeschiffahrts-Konferenzen, der Prinzipien definiert, die bei der Festlegung von Frachtraten einzuhalten sind. Zum UNCTAD-Tätigkeitsbereich gehört auch der Sektor der Versicherungen. Das Langfristziel der Versicherungspolitik ist, die Einzel- und Kollektiv-«self-reliance» der Entwicklungsländer auf dem Versicherungssektor zu ermöglichen, um damit den Abfluß von Devisen aus den devisenarmen Entwicklungsländern für Versicherungszwecke zu vermindern. Ein weiterer Bereich, auf dem UNCTAD tätig ist, ist die Entwicklung und der Transfer von Technologien für

Entwicklungsländer. Es bemüht sich, einen «code of conduct» für den Transfer von Technologien zu erstellen. Insbesondere ist UNCTAD tätig durch die Förderung von Forschungsgutachten über das Gebiet der Technologieentwicklung in einzelnen Sektoren, die Sammlung von Technologieerfahrung in speziellen Ländern, den umgekehrten Transfer von Technologie (brain drain) sowie die Umweltschutzaspekte bei Technologietransfer und Technologieplanung. UNCTAD hilft in diesem Bereich auch durch beratende Missionen und Ausbildungsstipendien.

Eine der Tätigkeiten der UNCTAD, die in der Öffentlichkeit den größten publizistischen Widerhall gefunden hat, sind die Programme für die ökonomische Zusammenarbeit unter den Entwicklungsländern, die in der «Gruppe der 77» zusammengefaßt sind. Die Gruppe tagte zuletzt in Manila und Mexiko City 1976 und in Arusha 1979. Die UNCTAD war dieser Gruppe insofern behilflich, als sie sie stark unterstützt hat, um Hilfe von den Industrieländern und von internationalen Organisationen zu erhalten, wobei sie in ihren Forderungen z. T. recht resolut vorgegangen ist. UNCTAD hat auch eine besondere Rolle bei den Bemühungen gespielt, zu Gunsten der Gruppe der am wenigsten entwickelten Länder (least developed countries) besondere Maßnahmen zu konzipieren. Dabei wurden Kriterien für diese Länder aufgrund des niedrigen Pro-Kopf-Einkommens, Analphabetenraten und Umfang industrieller Aktivitäten erstellt. 31 Entwicklungsländer mit einer Bevölkerung von etwa 250 Millionen wurden als die «least developed countries» identifiziert. Die UNCTAD hat für diese am wenigsten entwickelten Länder ein substantielles und umfassendes Programm in zwei Phasen beschlossen, ein «immediate action programme» für die Jahre 1979 bis 1981 und ein «substantial new programme of action» für die gesamten 80er Jahre. Das UNCTAD-Sekretariat unterstützt auch alle Regierungen von Entwicklungsländern individuell und kollektiv bei der Teilnahme an internationalen Verhandlungen durch den technischen Kooperationsdienst (TCF). Dieser Dienst unterstützt mehr als 100 Länder und subregionale Organisationen durch die Zurverfügungstellung von Fachleuten, die Organisation von Seminaren und Workshops, Studienreisen und einzelnen Stipendien[25][26].

7. Die Ernährungs- und Landwirtschaftsorganisation (Food and Agriculture Organization – FAO)

7.1. Entstehung und Organisation

Die FAO ist innerhalb des Systems der Vereinten Nationen diejenige Organisation, die besondere Verantwortung im Bereich Nahrungsmittelsicherung in Entwicklungsländern trägt. Sie wurde in Quebec City/Kanada gegründet; Verwaltungssitz ist seit 1951 Rom. Mitglieder waren Ende 1979 147 Nationen. Die Zahl der Mitarbeiter beläuft sich auf fast 7000. Ein Drittel der Mitarbeiter sind Angehörige von Entwicklungsländern. Das oberste Beschlußgremium der Organisation ist die FAO-Konferenz, die Delegierte von allen Mitgliedsländern umfaßt. In diesem Gremium hat jedes Land dieselbe Stimmenzahl – im Gegensatz zur Weltbank, bei der die Stimmenzahl der Mitglieder nach den Kapitalanteilen gewichtet ist[27][28].

7.2. Aufgabengebiete

– Die Sammlung, Analyse und Verbreitung von Informationen auf ihrem Arbeitsgebiet;
– die Ausarbeitung von Empfehlungen auf den Gebieten Landwirtschaft und Ernährung für Regierungen von Mitgliedsländern;
– die Funktion als internationales Forum für Beratungen der Mitgliedsnationen und
– die Durchführung von Feldprogrammen für Entwicklungsländer.

Die Feldprogramme erreichten bisher 128 Länder. Im Jahre 1979 wurden z. B. 222 Mio. US-Dollar für diese Feldprogramme ausgegeben. Die Finanzierung erfolgte zum größten Teil aus dem UNDP-Budget, zu einem kleineren Teil aus verschiedenen Fonds von Regierungen und anderen Organisationen. Die FAO bemüht sich des weiteren, Kapital für landwirtschaftliche Entwicklung durch ihre «co-operative programmes» zu mobilisieren. Beispielsweise entsandte das FAO-Investment-Centre im Jahre 1978 214 Missionen, um 72 Entwicklungsländern zu helfen, landwirtschaftliche Investitionsprojekte zu entwickeln. 42 Projekte, die mit Hilfe des Centres gefördert wurden, erreichen eine Investitionssumme von insgesamt 3,8 Mrd. US-Dollar. Bis zum Jahre 1980 hatte die FAO insgesamt 13 Mrd. US-Dollar für Projekte an Fördermitteln ausgegeben, die vom Investment-Centre sowie den entsprechenden Finanzierungsinstitutionen seit 1965 genehmigt wurden[29].

Die FAO sah sich in der Vergangenheit immer wieder starker internationaler Kritik, vor allem der Industrieländer, ausgesetzt. Beispielsweise hat die Bundesregierung dem Arbeitsprogramm und Haushalt 1982–83 der FAO nicht zugestimmt[30]. Der FAO wird zum Vorwurf gemacht, sie sei zu bürokratisch und damit ihre Hilfe zu wenig effizient. Des weiteren wird hervorgehoben, daß der große administrative Aufwand die multilaterale Entwicklungshilfe wesentlich teurer als die bilaterale Hilfe mache. Untersuchungen, die sich auf den administrativen Aufwand der Entwicklungshilfe konzentrieren, bringen methodisch große Probleme mit sich. Deshalb sind solche Vergleiche nie ganz befriedigend. Mit gewissen Vorbehalten kann man in sehr vereinfachter Form sagen, daß die Verwaltungskosten der Entwicklungshilfe der Bundesrepublik Deutschland etwa 5 Pf. pro Projekt-DM kosten. Im Gegensatz hierzu errechnen sich die Verwaltungskosten der FAO auf rund 40 Pf. pro Projekt-DM[31]. Nur 60 Pf. gelangen also in ein Projekt. Dieser Vergleich stützt sich vornehmlich auf die öffentliche Entwicklungshilfe der Bundesrepublik. Dies ist sicherlich eine interessante Relation. Das überraschende Ergebnis der vorgenannten Analyse zeigt, daß die multilaterale Vergabepolitik wesentlich teurer als die bilaterale Hilfe ist. Damit ist aber noch nicht gesagt, daß die multilaterale Hilfe gegenüber der bilateralen in Zukunft eingeschränkt werden sollte. Monetäre Kosten sind ein zwar notwendiges, aber keineswegs ausschließliches Kriterium für die Beurteilung der Vergabepolitik. Was die wissenschaftliche Forschung anbelangt, so steht bisher noch aus, die Frage nach den Erträgen der Projekte – ob bilateral oder multilateral – in einem solchen Vergleich zu beantworten. Hierzu fehlt es bisher an systematischen Arbeiten.

8. Der Hochkommissar der Vereinten Nationen für Flüchtlinge (The United Nations High Commissioner for Refugees-UNHCR)

UNHCR ist die neunte in einer Reihe von Organisationen, die nach dem Ersten Weltkrieg gegründet wurden, um Flüchtlingsprobleme zu lösen. UNHCR leistet Hilfe für Flüchtlinge, die wegen ihrer Rasse, Religion oder politischer Überzeugung verfolgt oder vertrieben wurden. Die Ausgaben beliefen sich 1979 auf 177 Mio. US-Dollar.
1981 war UNHCR 30 Jahre alt und beschäftigte 1000 Mitarbeiter, davon ein Drittel am Sitz der Verwaltung in Genf. In den 70er Jahren gab es mehr Flüchtlingskatastrophen als in den ersten zwanzig Jahren des Bestehens von UNHCR zusammengenommen. Einer der größten Flüchtlingsströme moderner Zeiten war der Exodus von neun Millionen Bewohnern Ost-Pakistans, heute Bangladesh, als Folge des indisch-pakistanischen Krieges in den Jahren 1971/72. Ende der 70er Jahre begann der Flüchtlingsstrom aus Indochina erneut stark anzuschwellen. Hunderttausende von Chinesen flüchteten, meist über das Meer, in die Nachbarländer Thailand, Malaysia, Indonesien, Philippinen, Hongkong etc. Diese Länder konnten nicht alle Flüchtlinge dauerhaft aufnehmen. Thailand z. B. war gleichzeitig Asylland für rd. 300 000 hungernde Kambodschaner geworden, die der Tötung durch die Roten Khmer entkommen konnten. So errichtete UNHCR eine Luftbrücke zwischen Südostasien und Amerika, Europa und Australien. Bis Anfang 1980 hatten 300 000 Flüchtlinge eine neue Heimat gefunden, die meisten in den USA, Frankreich, Kanada und Australien. Einige weitere Ereignisse der 70er Jahre, bei denen UNHCR helfend tätig war, sollen – ohne Anspruch auf Vollständigkeit – kurz genannt werden: Vertreibung der Asiaten aus Uganda, Flucht der Eriträer aus Äthiopien, 500 000 Flüchtlinge aus dem Südsudan und den Nachbarländern, Flüchtlinge aus Chile, Repatriierung bzw. Evakuierung der Bürgerkriegsflüchtlinge aus Angola, Mosambik, Guinea-Bissau, Evakuierung von 130 000 Flüchtlingen aus Saigon bei Kriegsende, 200 000 Flüchtlinge von Burma nach Bangladesh, 2,5 Millionen Flüchtlinge aus Afghanistan in den grenznahen Gebieten Pakistans. UNHCR sucht somit Aufnahmeländer, errichtet provisorische Camps und erfüllt, soweit möglich, die Grundbedürfnisse der Flüchtlinge nach Speisung, Wasser und medizinischer Versorgung. 1981 erhielt UNHCR den Friedensnobelpreis[32].

9. Die Organisation der Vereinten Nationen für Erziehung, Wissenschaft und Kultur (United Nations Educational, Scientific and Cultural Organization – UNESCO)

Die UNESCO hat eine eigene Verwaltung in Paris und wurde 1946 gegründet. Ihre Hauptaufgabe ist Bildung und Erziehung. Die UNESCO sammelt und verbreitet wissenschaftliche Erkenntnisse, um damit zu helfen, den Lebensstandard zu heben. Die UNESCO arbeitet auch auf den Gebieten der beruflichen und außerschulischen Ausbildung. In der UNESCO sind 147 Mitgliedsländer und zwei assoziierte Mitgliedsländer zusammengeschlossen.

10. Der Internationale Währungsfonds (International Monetary Fund – IMF)

Der IMF hat seine Verwaltung in Washington und wurde 1945 gegründet. Er fördert die währungspolitische Zusammenarbeit und Währungsstabilität der Mitgliedsländer, erleichtert die Ausweitung des Handels und hilft Mitgliedern bei der Finanzierung von Zahlungsbilanzdefiziten. IMF hilft ferner Regierungen durch Beratung bei finanziellen Problemen und ergänzt die Devisenreserven der Mitgliedsländer durch Sonderziehungsrechte. Mitglieder sind 141 Länder (Ende 1980)[33][34].

11. Organisation für industrielle Entwicklung (United Nations Industrial Development Organization – UNIDO)

Die UNIDO mit ihrer Verwaltung in Wien wurde als UNO-Organ von der Generalversammlung im Jahr 1965 gegründet. Sie unterstützt die Mitgliedsländer in dem Bemühen, die industrielle Entwicklung zu fördern und ist verantwortlich für eine effiziente Koordination der industriellen Entwicklungsaktivitäten aller UNO-Organe und Sonderorganisationen[35][36].

12. Der Internationale Agrarentwicklungsfonds (International Fund for Agricultural Development – IFAD)

IFAD hat seine Verwaltung in Rom und wurde im Dezember 1977 gegründet. IFAD vergibt Zuschüsse und Kredite an Regierungen, um unterschiedliche landwirtschaftliche Entwicklungsprojekte zu finanzieren. Der Fonds nahm seine Tätigkeit erst Ende 1977 auf und hatte bis Dezember 1978 bereits 125 Mitglieder. IFAD vergab Projektkredite in Höhe von 391 Mio. US-Dollar[37].

13. Das Umweltprogramm (United Nations Environment Programme – UNEP)

UNEP hat seinen Sitz in Nairobi und wurde 1972 gegründet. Es dient als Katalysator, Stimulator und Koordinator von Umweltprogrammen, insbesondere im Hinblick auf die internationale Zusammenarbeit. UNEP verfolgt eine Reihe von Umwelt-Initiativen, z. B. den Schutz tropischer Regenwälder oder Maßnahmen gegen die weitere Ausbreitung der Wüsten. 1981 hat es insbesondere auf die Bedeutung der Sumpfgebiete für das ökologische und klimatische Gleichgewicht hingewiesen und vor weiteren Trockenlegungen gewarnt. In Zusammenarbeit mit anderen Organisationen hat UNEP ein weltweites Netz von Umwelt-Beobachtungsstationen aufgebaut (Global Environmental Monitoring System - GEMS). Die Stationen zur Registrierung klimatischer Veränderungen werden von der Weltorganisation für Meteorologie unterhalten, die zur Beobachtung der Wasserverschmutzung von der Weltgesundheitsorganisation und jene zur Überwachung der tropischen Wälder von der FAO. Ein besonderes Programm, das inzwischen von 16 Anliegerstaaten – außer Albanien und der Türkei – ratifiziert wurde, dient dem Schutz des Mittelmeeres[38].

14. Das Ausbildungs- und Forschungsinstitut (United Nations Institute for Training and Research – UNITAR)

UNITAR wurde 1965 gegründet. Das Institut mit eigener Verwaltung in New York sucht die Effizienz der UNO zu verbessern durch Forschungs- und Trainingskurse für Mitglieder der ständigen Vertretungen bei der UNO sowie für Regierungsbeamte, die bei der UNO arbeiten und durch Lehrgänge für Mitarbeiter internationaler Organisationen.

15. Bevölkerungsfonds (United Nations Fund for Population Activities – UNFPA)

Aufgabe der UNFPA ist die Finanzierung von Maßnahmen auf dem Gebiet der Bevölkerungs- und Familienplanung. Es werden nur Länder unterstützt, die den Fonds ausdrücklich um Maßnahmen ersuchen[39].

16. Suchtstoff-Fonds (United Nations Fund for Drug Abuse Control – UNFDAC)

UNFDAC fördert Maßnahmen zur Analyse, Erfassung und Mißbrauchsbekämpfung bei Rauschgiften und psychotropen Substanzen. Zunehmende Bedeutung kommt der Förderung von Entwicklungsprogrammen zur Erschließung alternativer Einkommensquellen in Rauschgiftanbaugebieten der Entwicklungsländer zu.

17. Hilfswerk für palästinensische Flüchtlinge im Nahen Osten (United Nations Reliefs and Works Agency for Palestine Refugees in the Near East – UNRWA)

UNRWA unterstützt die Palästina-Flüchtlinge, die bei Gründung des Staates Israel und den beiden Nahost-Kriegen heimatlos wurden.

18. Die Bedeutung der UN-Organisationen

Die dargestellten Organisationen sind alle auf den guten Willen der Mitgliedsländer angewiesen. Eine zwangsweise Durchsetzung sozialpolitischer Ziele ist ihnen nicht möglich.
Dennoch ist festzustellen, daß die Vielzahl der Organisationen, die auf die Sozialpolitik Einfluß nehmen, ein Konzert von Stimmen ertönen läßt, das weder bei den Nationalstaaten, noch in der Weltöffentlichkeit überhört werden kann. «Hier ist ein Potential an sozialpolitischer Sachkunde am Werk, auf das die Internationale Sozialpolitik nicht verzichten kann – das um so weniger, als dadurch die öffentliche Meinung immer wieder mobilisiert wird»[40].

Anmerkungen

[1] Brück, G. W., Allgemeine Sozialpolitik, Grundlagen – Zusammenhänge – Leistungen, 2. Aufl., Köln 1981 (1. Aufl. 1976), S. 343.

[2] Vgl. Myrdal, G., The International Economy, New York 1956, S. 128.

[3] Charta der UN, Art. 1, Nr. 3 , 4.

[4] Charta, Art. 55.

[5] Vgl. Fröhlich, P., Die sozialpolitischen Ziele internationaler Organisationen, in: Sozialer Fortschritt, 1974, S. 199 ff.

[6] Liefmann-Keil, E., Ökonomische Theorie der Sozialpolitik, Berlin/Göttingen/Heidelberg 1961, S. 384.

[7] Echterhelter, R., Sozialpolitische Zusammenarbeit in den Vereinten Nationen, in: Bundesarbeitsblatt 11/1974, S. 621.

[8] Vgl. hierzu Bohling, W., Die Entwicklung der sozialen Menschenrechte und ihre Bedeutung für die internationale Sozialpolitik, in diesem Buch.

[9] Vgl. hierzu Haase, W., Die Internationale Arbeitsorganisation – Struktur und Wirkungsweise, in diesem Buch.

[10] Vgl. hierzu Pfister-Gaspary, B., Frauen als Zielgruppe in der Entwicklungshilfe, in diesem Buch.

[11] Vgl. hierzu Deutsches Komitee für UNICEF, Was ist und was tut UNICEF, Köln 1980.

[12] Vgl. hierzu UNICEF, Facts about UNICEF, New York 1981.

[13] Vgl. Weltbank, Jahresbericht 1980, Washington 1981, S. 3 ff.

[14] Stuttgarter Zeitung, 8. 1. 1982, S. 12.

[15] Vgl. hierzu Weltbank, die Weltbankgruppe, Zielsetzung und Arbeitsweise, Washington 1975, S. 53 ff.

[16] Ebenda, S. 8–11.

[17] Vgl. hierzu WHO, die Weltgesundheitsorganisation in Europa, Kopenhagen 1980.

110

[18] Vgl. hierzu WHO, Serving Humanity, Genf 1980.
[19] Vgl. hierzu WHO, Introducing WHO, Genf 1976.
[20] Vgl. hierzu WHO, Formulating Strategies for Health for all by the Year 2000, Genf 1979.
[21] Vgl. hierzu UNDP, Wir und die Welt von morgen, Genf 1980.
[22] Vgl. hierzu UNDP, UN-Capital Development Fund, Genf 1980.
[23] Vgl. hierzu UNDP, No Boundaries, New York 1980.
[24] Vgl. hierzu UNDP, The UNDP in 1979 – Report and Review, New York 1980.
[25] Vgl. hierzu UNCTAD, UNCTAD at a Glance, Genf 1980.
[26] Vgl. hierzu Deutsche Bundesbank, Sonderdruck Nr. 3, Internationale Organisationen und Abkommen im Bereich von Währung und Wirtschaft, 2. Aufl., Frankfurt 1981 (1. Aufl. 1978), S. 85 ff.
[27] Vgl. hierzu FAO, Fighting World Hunger, Rom 1979.
[28] Vgl. hierzu FAO, FAO in 1979, Rom 1980.
[29] FAO, Some Essential Facts, Rom 1980.
[30] Vgl. Entwicklung und Zusammenarbeit, P 1/1/82, 23. Jg., Jan. 1982, S. 26.
[31] Vgl. Kirchhoff, K.; Popp, U., Der administrative Aufwand der Entwicklungshilfe, Berlin 1973.
[32] Vgl. hierzu UNHCR, The Last Ten Years, Genf 1980.
[33] Vgl. hierzu Ferber, M.; Winkelmann, G., Internationaler Währungsfonds, Weltbank, IFC, IOA, Frankfurt 1972.
[34] Vgl. hierzu Deutsche Bundesbank, a.a.O., S. 1 ff.
[35] Vgl. hierzu UNIDO, An Experiment in International Industrial Cooperation, New York 1975.
[36] Vgl. hierzu UNIDO, Annual Report 1979, Wien 1980.
[37] Vgl. hierzu IFAD, Annual Report 1979, Rom 1980.
[38] Vgl. Bundesministerium für wirtschaftliche Zusammenarbeit (Hrsg.), Journalisten-Handbuch Entwicklungspolitik, Bonn 1981, S. 101 ff.
[39] Vgl. UNFPA, What it is. What it does. o. O., o. J.
[40] Brück, G. W., a.a.O., S. 352.

M. v. Hauff/B. Pfister-Gaspary (Hrsg.): Internationale Sozialpolitik · Gustav Fischer Verlag · Stuttgart · 1982

Die Internationale Arbeitsorganisation

Struktur und Wirkungsweise

Winfrid Haase

1. Einführung

Einige Ereignisse haben in den letzten Jahren den an sich geringen Bekanntheitsgrad der Internationalen Arbeitsorganisation (IAO) in der Bundesrepublik Deutschland ein wenig verbessert. Einmal war es der spektakuläre Austritt der Vereinigten Staaten im November 1977[1]. Er verschaffte der Organisation zwar Publizität, brachte sie allerdings in ein falsches Licht. Als Grund für den Austritt der Vereinigten Staaten hörte man vielfach sehr pauschaliert, die USA seien wegen der kommunistischen Tendenzen aus der Organisation ausgetreten. Diese Charakterisierung entspricht jedoch in keiner Weise den tatsächlichen Verhältnissen. Vielmehr muß die IAO auch heute noch als eine Weltorganisation angesehen werden, die überwiegend westlich geprägt ist.
Ein weiteres Ereignis, das der IAO überraschend Publizität einbrachte, waren die Forderungen der Arbeitnehmer nach Gewerkschaftsfreiheit in Polen. Sie beriefen sich hierbei nämlich in erster Linie auf zwei von Polen ratifizierte Übereinkommen der IAO, die ihnen das Recht einräumen, Gewerkschaften zu bilden und Kollektivverhandlungen zu führen[2]. Dieses Ereignis erhöhte nicht nur den Bekanntheitsgrad der IAO auch in unserem Lande, sondern zeigte sehr eindrucksvoll die Bedeutung internationaler Arbeitsnormen.
Der beabsichtigte Besuch des Papstes während der 67. Internationalen Arbeitskonferenz sollte die IAO ebenfalls in den Blickpunkt des allgemeinen Interesses rücken. Es wäre nicht der erste Besuch eines Papstes gewesen[3]. Die christliche Soziallehre hat ja viele Berührungspunkte mit der Arbeit der Organisation. So war es anstelle des Papstes der polnische Gewerkschaftsführer Walesa, dessen Teilnahme und Rede Aufsehen und Aufmerksamkeit in der Weltöffentlichkeit hervorriefen. Der Papstbesuch wurde 1982 nachgeholt[4].

2. Zur Geschichte der IAO

Die Vorfahren und Anfänge der IAO lassen sich bis in das 19. Jahrhundert zurückverfolgen[5]. Als mit der Industrialisierung die Zahl der Arbeiter sprunghaft wuchs und soziale Fragen die Öffentlichkeit zu beschäftigen begannen, kam es auch zu ersten internationalen Kontakten zwischen den Sozialpolitikern jener Tage. Dabei ging es zunächst fast ausschließlich um Probleme des Arbeitsschutzes. Sie bildeten die Hauptthemen der ersten Arbeiterschutzkonferenz, die bereits 1890 in Berlin stattfand. Zehn Jahre später wurde dann in Paris eine internationale Vereinigung für gesetzlichen Arbeitsschutz gegründet, die ihrerseits ein internationales Amt in Basel eröffnete. Der nächste Schritt war das erste internationale Arbeitsschutzabkommen im Jahr 1906. Es enthielt ein Übereinkommen zum Verbot der Nachtarbeit von Industriearbeiterinnen sowie ein Übereinkommen, das die Verwendung von weißem Phosphor in der Zündholzindustrie verbot[6].

Noch während des ersten Weltkrieges wurden dann Pläne zur Gründung einer Internationalen Arbeitsorganisation entwickelt, die den ganzen Umfang sozialpolitischer Fragen behandeln sollte. Sie wurden zusammen mit der Gründung des Völkerbundes im Rahmen des Versailler Vertrages verwirklicht. Teil XIII dieses Vertrages enthält die Verfassung der Internationalen Arbeitsorganisation, die eine Verbindung zwischen den Mitgliedstaaten im Völkerbund und in der Internationalen Arbeitsorganisation schuf. Trotzdem blieb die Internationale Arbeitsorganisation weitgehend selbständig. Das Internationale Arbeitsamt erhielt in Genf seinen Sitz.

Nach dem zweiten Weltkrieg wurde die IAO die erste Sonderorganisation der Vereinten Nationen (VN). Ihre Verfassung blieb nahezu unverändert[7]. Der Sitz ist nach wie vor Genf. Diese Distanz von New York, dem Sitz der VN, hat sicher mancherlei Vorteile; sie wirft aber auch Probleme auf. So dominiert im Internationalen Arbeitsamt (IAA) naturgemäß Personal aus westeuropäischen Ländern. Delegierte aus europäischen Ländern haben in den Gremien der Organisation «Heimvorteil». Während ihre für die IAO zuständigen Arbeitsministerien wegen der Nähe zu Genf ihre Vertreter entsenden können, lassen sich die weiter entfernten Länder wegen der hohen Reisekosten häufig durch in Genf akkreditierte Diplomaten vertreten. Dies ist für die Arbeit der IAO nicht ohne Belang. Das wohl größte Problem bereitet der Sitz Genf durch seine relativ hohen Personalkosten und den in letzten Jahren schwankenden Dollarkurs. Da die Beiträge zur IAO in Dollar erbracht werden, während die meisten Ausgaben in Schweizer Franken anfallen, ist die Budgetierung recht kompliziert.

3. Die IAO als Träger internationaler Sozialpolitik

Begrifflich wird man die IAO den Trägern internationaler Sozialpolitik zuordnen müssen[8]. In erster Linie sind Träger internationaler Sozialpolitik, also verantwortlich Handelnde, die Staaten. Aber nicht nur die einzelnen Staaten selbst, sondern vor allem auch die offiziellen und inoffiziellen Staatenverbindungen betreiben internationale Sozialpolitik. Träger internationaler Sozialpolitik sind aber ebenso die Sozialpartner und deren internationale Zusammenschlüsse, andere Verbände und Organisationen, die sozialpolitisch tätig sind. Eine große Bedeutung kommt dem Wirken der Stiftungen zu. Aber auch die Kirchen wird man nicht unerwähnt lassen dürfen. Träger internationaler Sozialpolitik sind aber vor allem internationale Organisationen und Vereinigungen. Die bedeutsamste Weltorganisation ist unzweifelhaft die IAO. Man kann sie als «federführend» für internationale Sozialpolitik bezeichnen.

Ihre maßgeblichen Charakteristika sind die *Universalität* und ihre *Dreigliedrigkeit*. Mit 150 Mitgliedern (Stand Juli 1982) ist ihre Universalität fast vollkommen[9], mit der Beteiligung von Regierungsvertretern, Arbeitnehmern und Arbeitgebern ist sie die einzige Weltorganisation, die diesen dreigliedrigen Charakter aufweist. Sie ähnelt insoweit unserer nationalen Arbeitsverwaltung, die ebenfalls dreigliedrige Organe hat. Mit ihr wird der Aufgabenbereich der IAO auch häufig des ähnlichen Namens wegen verwechselt. Die IAO ist jedoch für den gesamten Bereich der Sozialpolitik zuständig und nicht wie die Arbeitsverwaltung lediglich für den der Beschäftigungspolitik.

4. Die Organe

Die IAO hat drei Organe[10]. Das höchste Organ ist die *Internationale Arbeitskonferenz* (IAK), die jährlich tagt und in der alle Mitglieder der Organisation vertreten sind. Die Delegationen der Mitgliedsländer bestehen jeweils aus zwei Regierungsvertretern, einem Arbeitgeber- und einem Arbeitnehmervertreter[11]. Die Delegierten können sich von Beratern begleiten lassen. In den Ausschüssen der Konferenz ist das Verhältnis in der Regel nicht 1:2:1, sondern 1:1:1, was bei Bewertung der Abstimmungsergebnisse berücksichtigt werden muß[12].

Die IAK ist ein ideales Forum zur Diskussion sozialpolitischer Fragen. Sie beschließt Übereinkommen und Empfehlungen und bestimmt die allgemeine Politik der Organisation. Alle zwei Jahre entscheidet sie über das Tätigkeitsprogramm und über den durch die Beiträge der Mitgliedstaaten finanzierten Haushalt der IAO[13]. Ungefähr alle zehn Jahre findet zusätzlich zur jährlichen Konferenz eine Seeschiffahrtskonferenz statt. Diese besondere Behandlung von sozialpolitischen Problemen der Seeschiffahrt, die auch im Bereich der sogenannten Industrieausschüsse[14] festzustellen ist, hat lediglich historische Motive. Sie macht deutlich, daß hier internationale Sozialpolitik frühzeitig erforderlich wurde.

Das zweite Organ der Internationalen Arbeitsorganisation ist der *Verwaltungsrat,* der das Internationale Arbeitsamt zu leiten hat. Es ist eine müßige, aber offene Streitfrage, ob er als Verwaltungsrat der Organisation oder des Internationalen Arbeitsamtes zu bezeichnen ist. Seine Bedeutung ist groß, in der Meinung vieler Mitglieder so groß, daß es ihr ständiges Streben ist, ihn zahlenmäßig auszuweiten, um die Chance der Zugehörigkeit zu vergrößern[15]. Er besteht z. Z. aus 56 Mitgliedern, von denen 28 die Regierungen und je 14 die Arbeitnehmer und die Arbeitgeber der Mitgliedstaaten vertreten. Zehn Länder, denen wirtschaftlich die größte Bedeutung zukommt, haben einen festen Sitz[16]. Auch dies ist ein Stein des Anstoßes und sei mit einer demokratischen Organisationsstruktur nicht vereinbar. Mindestens fünf dieser Länder müssen zudem jeder Satzungsänderung zustimmen, um sie wirksam werden zu lassen[17]. Die wählbaren Verwaltungsratsmitglieder werden alle drei Jahre von ihren Gruppen gewählt. Die Regierungen mit einem festen Sitz haben kein Wahlrecht. Wenn auch nicht in der Verfassung festgelegt, so gibt es doch Usancen für die einer Region zustehenden Sitze der wählbaren Regierungsvertreter und die Aufteilung der Sitze innerhalb einer Region.

Viele, aber durchaus nicht alle wichtigen Fragen der Organisation werden vom Verwaltungsrat entschieden oder vorentschieden. Wegen ihrer anderen Zusammensetzung hat die Konferenz vornehmlich in anderen als sozialpolitischen Fragen in den letzten Jahren die Entscheidungen des Verwaltungsrats mehrfach korrigiert.

Das dritte Organ ist das *Internationale Arbeitsamt,* das irreführender Weise immer als Generalsekretariat bezeichnet wird. Es ist praktisch die alle Entscheidungen des Verwaltungsrats und der IAK vorbereitende und dann meist auch ausführende Behörde der Internationalen Arbeitsorganisation und mit einem Personalkörper von ca. 1300 Mitarbeitern in der Genfer Zentrale und insgesamt 3000 in der ganzen Welt kaum noch als Sekretariat zu bezeichnen. Seine Leitung und Zusammensetzung beeinflussen die Arbeit der IAO sehr entscheidend[18].

Eine große Rolle spielen wie auch in anderen Organisationen und Parlamenten die Ausschüsse. So wird bei der IAK die Arbeit in den Fachausschüssen geleistet. Von einer besonderen Bedeutung ist der sogenannte Entschließungsausschuß, in dem die sich nicht auf die fachlichen Tagesordnungspunkte der Konferenz beziehenden Entschließungsentwürfe behandelt werden. Sie betrafen in den letzten Jahren häufig politische Themen, die nicht unmittelbar zum Arbeitsbereich der IAO gehörten. Vor allem hier konzentriert sich die Politisierung der Organisation. Manche sehen diesen Ausschuß positiv, gleichsam als Ventil, um die Politisierung in anderen Ausschüssen zu vermeiden. Für andere, insbesondere die USA, war und ist die Arbeit dieses Konferenzausschusses mehr als ein Stein des Anstoßes[19]. Im Verwaltungsrat wird die für die Organisation wichtigste Arbeit im Programm- und Finanzausschuß geleistet. Seine Arbeitsergebnisse werden im allgemeinen vom Verwaltungsrat und auch von der Konferenz übernommen. Er ist der einzige, der in der Geschäftsordnung des Verwaltungsrats vorgesehen ist, und soll seiner Bedeutung wegen vom Verwaltungsratsvorsitzenden selbst geleitet werden.

Zwei Gremien, denen für die Arbeit der Konferenz bzw. des Verwaltungsrats ein beachtliches Gewicht zukommt, sind die Vorstände dieser Organe[20]. Um die Zusammensetzung des Vorstands der Konferenz, der sich aus dem jährlich einer anderen Region zustehenden Präsidenten der Konferenz und den drei Vizepräsidenten zusammensetzt, wird daher vor einer Konferenz hinter den Kulissen hart gerungen. Der Konferenzvorstand kann viel für eine geordnete Konferenz und gegen ihre Politisierung tun. Der Vorstand des Verwaltungsrats, der sich aus dem jährlich wechselnden Präsidenten, der in aller Regel Regierungsvertreter ist, und den Vorsitzenden der beiden anderen Gruppen zusammensetzt, ist für viele Entscheidungen zwischen den drei Verwaltungsratssitzungen zuständig. Er ist faktisch zusammen mit dem Generaldirektor, der sehr autokratisch sein Amt führt, das wichtigste Gremium der Organisation. Da die Vorsitzenden der Arbeitnehmer- und Arbeitgebergruppe nicht jährlich wechseln, ist der Generaldirektor auf ihre Mitwirkung häufig stärker angewiesen als auf die des Verwaltungsratsvorsitzenden selbst.

5. Die Dreigliedrigkeit

Die im Grunde genommen einzigartige Struktur der Internationalen Arbeitsorganisation ist Gegenstand langjähriger Kritik, die vor allem von den Entwicklungsländern, aber auch von den Staaten des Ostblocks geübt wird. Die einen halten die Organisation – wie schon ausgeführt – nicht für demokratisch. Die anderen – also die Ostblockländer –

beklagen, daß sie in der Gruppe der Arbeitgeber und Arbeitnehmer nicht ausreichend repräsentiert sind.

Die politische Priorität der USA galt bei ihrem Austritt der Bewahrung der *dreigliedrigen* Struktur der IAO. In dieser Frage spielte sicher der Einfluß der amerikanischen Gewerkschaften AFL/CIO und des 1980 verstorbenen Gewerkschaftsführers Meany eine entscheidende Rolle[21]. Außer den prinzipiellen Erwägungen bestimmten und bestimmen aber auch andere politische Motive die Haltung der USA. Der Brief Kissingers[22], der den Austritt der USA begründete, ging davon aus, daß die Satzung der IAO die Existenz «relativ unabhängiger und einigermaßen selbständiger Arbeitnehmer- und Arbeitgebergruppen» in den Mitgliedstaaten voraussetzt und sie innerhalb der Organisation Regelungen erfordert, die es verhindern, daß die Arbeitnehmer- und Arbeitgebergruppen in der IAO von den Regierungen dominiert werden. Die Sorge der USA – aber auch anderer – vor einer Aushöhlung der Dreigliedrigkeit erscheint insofern verständlich, als durch den Beitritt kommunistischer Staaten und von Entwicklungsländern zur Organisation deren ursprünglich homogene Struktur und Mitgliedschaft stark verändert wurde. Diese Länder, in denen es mit wenigen Ausnahmen keine echte, auch der Staatsführung gegenüber bestehende Autonomie der Interessenverbände gibt, üben einen zunehmenden Einfluß in der Organisation aus, wodurch mancher in letzter Zeit gefaßte Beschluß zu erklären ist. Auch der Kissinger-Brief erkannte aber an, daß «eine Neugestaltung der Übungen und Funktionsweise der IAO die Weltordnung von 1919 oder 1944 nicht wiederherstellen könne». Er meinte allerdings, daß irgendeine Regelung gefunden werden muß und sich gewiß auch finden lasse. Wie eine solche Regelung aussehen kann, sagte der Brief jedoch nicht.

Der Ostblock hat das Prinzip der Dreigliedrigkeit in der IAO bislang formal akzeptiert. Daß seine «Arbeitgebervertreter» nach dem Verständnis der marktwirtschaftlich orientierten Länder keine echten Arbeitgeber sind, liegt an der Struktur dieser Länder. Mit ihrer Aufnahme in die IAO wurden sie jedoch als Mitgliedstaaten akzeptiert. Vielleicht liegt hier der eigentliche Widerspruch im System der IAO, die Quadratur des Kreises. Mitglieder aufzunehmen, deren Satzungen und Prinzipien vom östlichen Demokratieverständnis geprägt sind, muß in einer westlich geprägten Organisation zu Schwierigkeiten führen. Diesen Mitgliedern geringere Rechte zuzubilligen, ist aber genausowenig befriedigend, wie es andere auch nicht als Lösung des Problems ansehen, die Verfassung den Systemen jener Länder anzupassen. Bislang hat die Mehrheitsbildung in der Arbeitnehmer- und in der Arbeitgebergruppe bei Wahlen zum Verwaltungsrat, zu Ausschüssen usw. den Einfluß der kommunistischen Länder zurückgedrängt. Wie lange dies noch möglich sein wird, ist die Frage. Solange es möglich ist, wird allerdings die Kritik an der gegenwärtigen Struktur der IAO nicht verstummen. Die langjährige Strukturdebatte hat hierfür noch keine alle befriedigende Lösung aufgezeigt[23].

In diesem Zusammenhang könnte man natürlich darauf hinweisen, daß die Dreigliedrigkeit keinen Wert an sich darstellt. Sie ist nur Mittel zum Zweck, allerdings in der Regel ein sehr geeignetes Mittel, um unsere Arbeitswelt zu ordnen, d. h. zu einer sozialen Ordnung zu kommen. Wer aber das Prinzip der Dreigliedrigkeit allein auf die Frage der Autonomie und Unabhängigkeit der drei Gruppen – Regierungsvertreter, Arbeitgeber- und Arbeitnehmervertreter – zu reduzieren versucht, verengt das Problem und wird den tatsächlichen Verhältnissen, selbst in westlichen Ländern, nicht gerecht.

Nicht von ungefähr ist schon vor 40 Jahren hierzu vom Internationalen Arbeitsamt geschrieben worden: «Die Probleme der Arbeit werden sich ohne Rücksicht auf die soziale Verfassung der Staaten stets unter drei Gesichtspunkten darbieten, unter dem Gesichtspunkt der Interessen der Arbeiterschaft, unter dem Gesichtspunkt der Leitung, mag diese von einem Arbeitgeber oder in einer anderen Form ausgeübt werden, sowie endlich unter dem Gesichtspunkt der Volkswirtschaft, vertreten durch die Regierung des Staates. Man kann also sagen, daß die Dreigliedrigkeit der Organisation, vorbehaltlich gewisser Angleichungen an die Bedürfnisse des Augenblicks, fortbestehen wird, mag im übrigen kommen was will, da in ihr die drei bleibenden Gesichtspunkte zum Ausdruck kommen, welche jedes Problem der Produktion, der Wirtschaftätigkeit und der Sozialpolitik aufweisen»[24].

Eine ganz andere Art der Dreigliedrigkeit, die zwar nicht in der Verfassung der IAO geregelt und sicher für sie allein nicht typisch ist, gewinnt zunehmend an Bedeutung. Es sind die drei politischen Gruppierungen, die Gruppe der «77», die sozialistischen Länder und die «IMEC»[25], die sich als letzte notwendigerweise bildete und während der Abwesenheit der USA zu einer Art Notgemeinschaft wurde. Regionale Gruppierungen, insbesondere die afrikanische Gruppe, die asiatische, die latein-amerikanische, die nordischen Länder und nicht zuletzt die EG erhöhen die Vielfalt der Absprachen und Koordinierungsversuche.

6. Die Universalität

Noch ein Wort zur *Universalität,* die eingangs bereits als fast vollkommen bezeichnet wurde. Dies bezog sich auf die Zahl der Mitglieder, die der Organisation angehören. Eine andere Entwicklung scheint demgegenüber die Universalität in Gefahr zu bringen. Dies ist die Forderung, die Organisation immer mehr zu regionalisieren. Für eine Aufteilung der Organisation in Regionen gibt es jedoch keinerlei sozialpolitische Argumente. Was verbindet schon Kanada in der Region Amerika sozialpolitisch mit Kuba, was Japan in der Region Asien mit Bangladesh und was z. B. unser Land in Europa mit Malta. Gleichwohl kennt die IAO regionale Konferenzen, Regionalbüros und es hat bereits Vorschläge gegeben, auch regionale Verwaltungsräte zu schaffen. Die Wahlen für den Verwaltungsrat werden – wie schon angedeutet – nach regionalen Gesichtspunkten durchgeführt. Der Vorsitz in der Konferenz und im Verwaltungsrat wechselt jährlich von einer Region zur anderen und aufgrund der Strukturüberlegungen sollen die regionalen Kriterien noch verbindlicher festgelegt werden.

Auch im Bereich der normensetzenden Tätigkeit der Organisation sind schon Gedanken aufgetaucht, für einzelne Regionen gesonderte Normen zu beschließen. Nur die Regionalisierung des Beitragsaufkommens ist noch nicht gefordert worden. Dies ginge auch offenkundig zu Lasten derer, die die Regionalisierung betreiben. Wie weit diese Regionalisierungstendenzen gehen, zeigen auch die Forderungen nach Bildung von Unterregionen und deren weitere geographische Aufspaltung, so z. B. bei Europa. Die Berücksichtigung einer gewissen geographischen Ausgewogenheit bei Zusammensetzung mancher Tagungen, Gremien usw. steht der ablehnenden Auffassung einer übertriebenen Regionalisierung nicht entgegen.

Mit der Universalität durchaus vereinbar ist eine vertikale Aufspaltung von Arbeiten; gemeint ist die Tätigkeit der sogenannten Industrieausschüsse[26]. Von ihnen, die in aller Regel ebenfalls dreigliedrig besetzt sind, werden sozialpolitische Themen bestimmter Wirtschaftsbereiche behandelt. In gewisser Beziehung gelten diese Ausschüsse als Domäne der Industriestaaten, somit als Ausgleich für die sonst mehr auf die Entwicklungsländer gezielten Aktivitäten der IAO. Andererseits wird gerade in jüngster Zeit versucht, das Interesse der Entwicklungsländer an diesen Arbeiten zu wecken, was sicher richtig und sinnvoll ist. Die Problematik der Industrieausschüsse besteht darin, ihre Arbeiten auf die besonderen Fragen ihrer Wirtschaftsbereiche zu beschränken. Verbandspolitisch geben diese Ausschüsse den Arbeitgeber- und Gewerkschaftsverbänden die Möglichkeit, ihre speziellen Wirtschaftsverbände bzw. Industriegewerkschaften an den Arbeiten der IAO zu beteiligen.

Mit der hier kritisierten Regionalisierung nicht zu verwechseln ist eine sinnvolle Dezentralisierung von Arbeiten der IAO. Sie sollte sich jedoch nach Gründen der Zweckmäßigkeit und nicht lediglich nach regionalen Gesichtspunkten richten. Dieser Zwiespalt der Überlegungen spielt auch bei dem *Turiner Zentrum* eine Rolle, das internationale Studiengänge für die Leiter von Berufsbildungsstätten, Betriebsführungskräfte, Gewerkschafter und Ausbildungsleiter der IAO-Mitglieder durchführt. Die Lehrgänge sind vorwiegend auf die Bedürfnisse der Entwicklungsländer abgestellt. Würde es dezentralisiert wirkungsvoller und ökonomischer arbeiten können oder würde dadurch der universelle Charakter der sozialpolitischen Hilfe durch die IAO gefährdet? Dies sind ständig diskutierte Fragen. Ein weiteres, der IAO verbundenes Institut, das Internationale *Institut für Arbeitsfragen,* unterliegt diesen Regionalisierungsforderungen nicht. Dies ist verständlich, denn seine Lehr- und Forschungstätigkeit kann vernünftigerweise auch nur am besten am Sitz der Organisation durchgeführt werden[27].

7. Aufgaben

Wenn man über die Wirkungsweise einer internationalen Organisation etwas aussagen soll, muß man zunächst einmal klären, was sie eigentlich bewirken will: Zu Beginn ihrer Tätigkeit bestand die Hauptaufgabe der IAO darin, die Arbeits- und Lebensbedingungen der Arbeitnehmer durch die Ausarbeitung einer umfassenden Sammlung von Gesetzen und praktischen Richtlinien zu verbessern. Die Gründer der Organisation waren der Ansicht, daß durch gemeinsame Bemühungen von Regierungen, Arbeitgebern und Arbeitnehmern festgesetzte Normen realistisch fundiert und allgemein anwendbar sein müßten. Die Aufgabe der *Normensetzung* wird von der IAO auch weiterhin erfüllt. Seit 1919 hat die Internationale Arbeitskonferenz 321 internationale Arbeitsurkunden angenommen (158 Übereinkommen und 166 Empfehlungen – Stand Juli 1982).

Die Übereinkommen der IAO erfassen einen weiten Bereich sozialer Probleme, darunter menschliche Grundrechte (wie Vereinigungsfreiheit, Abschaffung der Zwangsarbeit und Beseitigung der Diskriminierung in Beschäftigung und Beruf), Mindestlöhne, Arbeitsverwaltung, Arbeitsbeziehungen, Beschäftigungspolitik, Arbeitsbedingungen, soziale Sicherheit, Arbeitsschutz und Beschäftigung zur See. Die Sammlung der Übereinkommen und Empfehlungen wird als «Internationales Arbeitsgesetzbuch» bezeichnet. Die Bedeutung der darin niedergelegten Normen geht weit über die betreffenden Gegenstände hinaus. Sie stellen einen Erfahrungsschatz dar, der Ländern aller Entwicklungsstufen zur Verfügung steht. Die Sammlung will ein internationaler Leitfaden für soziale Gerechtigkeit sein. Sie beeinflußt in hohem Maße die Entwicklung der Arbeits- u. Sozialgesetzgebung in der ganzen Welt[28].

Entsprechend ihrer universellen Zielsetzung, sich mit allen Kräften am Kampf gegen die Not zu beteiligen, bemüht sich die IAO gemeinsam mit den anderen Organisationen im Verband der Vereinten Nationen, die wirtschaftlichen und sozialen Verhältnisse in der

Welt zu verbessern. Zahlreiche Vorhaben der *technischen Zusammenarbeit* der IAO helfen den Ländern, Arbeitskräfte für die eigene wirtschaftliche Entwicklung auszubilden und einzusetzen. Dabei sind Berufsausbildung und die Fortbildung von Betriebsführungskräften besonders wichtig, weil das Mißverhältnis zwischen dem großen Angebot an Arbeitskräften und dem akuten Mangel an modernen Fachkenntnissen in den zahlreichen Entwicklungsländern das Hauptproblem darstellt. Die IAO unterstützt die einzelnen Länder auch auf anderen Gebieten, wie Genossenschaften, Kleinindustrie, soziale Sicherheit, Arbeiterbildung, Arbeitsverwaltung, Arbeitsstatistik und Arbeitsschutz. Ein Programm zur Entwicklung ländlicher Gebiete soll darüber hinaus dazu beitragen, das Einkommen der Landbevölkerung zu steigern und den Lebensstandard in Entwicklungsländern zu verbessern. Das «Weltbeschäftigungsprogramm» der IAO und ein Internationales Programm zur Verbesserung der Arbeitsbedingungen und der Arbeitsumwelt (PIACT) werden gern besonders hervorgehoben. Diese und andere praktische Hilfen der IAO können auch unter dem Aspekt gesehen werden, daß sie den Ländern die Möglichkeit geben sollen, die in den Übereinkommen und Empfehlungen beschlossenen Ziele zu erreichen[29].

8. Wirkungsmöglichkeiten

Die Aktivitäten der IAO im Bereich internationaler Sozialpolitik machen deutlich, daß die von Burghardt in seinem «Kompendium der Sozialpolitik» vertretene Auffassung, internationale Sozialpolitik sei zu einem beachtlichen Teil eine verbale Angelegenheit, eine Summe von Deklamationen und nicht unmittelbar verpflichtender Proklamationen, nur begrenzt richtig ist[30]. Zutreffend ist sicher, daß die Diskussion und der Erfahrungsaustausch in der internationalen Sozialpolitik, also auch bei der IAO eine große Rolle spielen, vor allem auf Konferenzen, Ausschüssen, Seminaren und anderen multilateralen Begegnungen. Andererseits sollte man nicht übersehen, daß eine Vielzahl von sogenannten Instrumenten Ausfluß solcher internationaler Zusammenkünfte ist. Drei große Gruppen kann man hier unterscheiden:

Resolutionen können das Ergebnis von Beratungen sein, die entweder die IAO oder aber ihre Mitgliedsländer oder aber auch beide auffordern, diesen oder jenen sozialpolitischen Schritt zu vollziehen oder aber dieser oder jener sozialen Frage Aufmerksamkeit zu schenken. Solche Resolutionen haben natürlich keinen verbindlichen Charakter. Andererseits kann man ihnen auch nicht jede Wirkung absprechen. So muß, um nur ein Beispiel zu erwähnen, der Generaldirektor des IAA regelmäßig über die Durchführung von Resolutionen dem Verwaltungsrat und der Konferenz Bericht erstatten[31]. Verständlicherweise ist es hierbei sein Bemühen, Tätigkeiten des Amtes nachzuweisen. So werden vielfach Themen, die in den Resolutionen benannt sind, als Themen späterer Konferenzen auf die Tagesordnung gesetzt oder entsprechende Untersuchungen eingeleitet.

Die Bedeutung von Resolutionen wird dadurch verstärkt, daß die darin zum Ausdruck kommenden Grundsätze und Forderungen von interessierten Gruppen, insbesondere den Sozialpartnern, aufgegriffen werden mit dem Ziel, sie innerstaatlich durchzusetzen. Diese Wirkung solcher internationaler Willensbekundungen sollte nicht unterschätzt werden. Nur so erklärt es sich auch, weshalb um gewisse Formulierungen, selbst in Präambeln, häufig leidenschaftlich gerungen wird. Käme solchen Entschließungen keine Bedeutung zu, wäre dies kaum verständlich. In diesem Zusammenhang sollte nochmals auf die Entschließungen der Konferenz aufmerksam gemacht werden, die sozial-politische Themen nur als Aufhänger benutzen, um allgemeine weltpolitische Fragen anzusprechen. So waren z. B. Entschließungen gegen Israel mit ein Motiv für die USA, wegen Politisierung aus der IAO auszutreten[32].

Empfehlungen haben nach Burghardt ebenfalls nur verbale Bedeutung[33]. Richtig ist, daß sie völkerrechtlich unverbindliche Vorschläge an die Regierungen der Mitgliedstaaten sind. Allerdings führt schon die Berichtspflicht der Mitgliedstaaten dazu, diesen Empfehlungen Aufmerksamkeit zu schenken. Auch die Vorlage an die gesetzgebenden Körperschaften erzwingt eine gewisse Beachtung solcher Empfehlungen[34].

Das wirkungsvollste Instrument der IAO ist naturgemäß – wie auch im nationalen Bereich – die verbindliche Norm. Es ist das *Übereinkommen,* das nach Ratifizierung einen Mitgliedstaat völkerrechtlich verpflichtet, die Bestimmungen des Übereinkommens einzuhalten. Bei Vergleich mit anderen Sonderorganisationen der UNO ist festzustellen, daß die IAO das umfassendste Netz internationaler Übereinkommen hat. Von den jetzt 158 Übereinkommen hat die Bundesrepublik Deutschland 65 ratifiziert (Stand: Juli 1982).

9. Überwachung und Durchsetzung

Die Wirksamkeit solcher internationaler Übereinkommen hängt naturgemäß von ihrer Durchsetzung und Überwachung ab. Die IAO hat im Verhältnis zu anderen internationalen Organisationen ein recht umfangreiches Überwachungssystem. Sie hat wie andere Organisationen ein Berichtssystem, das alle Staaten verpflichtet, in regelmäßigen Abständen über ratifizierte[35] und sogar über nichtratifizierte[36] Übereinkommen zu berichten. Diese Berichte werden von einem unabhängigen Sachverständigenausschuß geprüft und beurteilt. Ein Bericht dieses Sachverständigenausschusses wird der jährlichen Konferenz der IAO vorgelegt[37] und in einem hierfür eigens eingesetzten Ausschuß ausführlich erörtert. Die schärfste Form der Kritik ist die Aufnahme der kritischen Bemerkungen in einen Sonderabsatz des Ausschlußberichtes. Früher sprach man von der Aufnahme in die sogenannte schwarze Liste. Das Verfahren dieses Konferenzausschusses ist in letzter Zeit vor allem dem Einwand ausgesetzt gewesen, es berücksichtige zu wenig die Schwierigkeiten der Entwicklungsländer; von östlicher Seite wird behauptet, es bedeute einen Eingriff in innere Angelegenheiten der Mitgliedsländer. Gewisse Änderungen sind auf der IAK 1980 beschlossen worden, die sowohl dem ersten Einwand, wie auch anderen in der letzten Zeit gemachten Erfahrungen Rechnung tragen. Auch wenn der Ausschußbericht im Plenum nicht angenommen wird, wie dies z. B. auf der IAK 1982 geschehen ist, ist er als Konferenzdruck nicht ungeschehen zu machen und hat seine Wirkung.

Die Verfassung der IAO kennt ferner in Artikel 24 die Möglichkeit von Beschwerden, die Berufsorganisationen gegen Mitgliedstaaten wegen Nichteinhaltung von Übereinkommen einbringen können. Diese Beschwerden werden von einem vom Verwaltungsrat eingesetzten dreigliedrigen Ausschuß behandelt und dann vom Verwaltungsrat abschließend beurteilt. Hält der Verwaltungsrat die von der betroffenen Regierung gegebenen Erklärungen nicht für befriedigend, so kann er gemäß Artikel 25 die Beschwerde und gegebenenfalls die Antwort veröffentlichen. Eine derartige Veröffentlichung wird in der Öffentlichkeit als «Verurteilung» bezeichnet, die es im juristischen Sinne natürlich nicht ist. Interessanteste Beispiele aus jüngster Zeit sind eine Beschwerde des Internationalen Bundes freier Gewerkschaften gegen die Regierung der Tschechoslowakei wegen Verstoßes gegen das Übereinkommen 111, in dem die Behandlung von Unterzeichnern der Charta 77 als Diskriminierung im Beruf beanstandet wurde, und eine Beschwerde des Weltgewerkschaftsbundes gegen die Bundesrepublik Deutschland wegen Verstoßes gegen dasselbe Übereinkommen. Es ging hierbei um die sogenannten Berufsverbote. In der ersten Sache beschloß der Verwaltungsrat aufgrund des Votums des von ihm eingesetzten Ausschusses die Veröffentlichung, im zweiten Fall hielt der Verwaltungsrat die Stellungnahme der Bundesregierung für befriedigend[38].

Klagen von Mitgliedern gegen andere Mitglieder wegen der nichtbefriedigenden Durchführung eines ratifizierten Übereinkommens sind nach Artikel 26 möglich. Der Verwaltungsrat oder der von ihm eingesetzte Untersuchungsausschuß bestimmt das Verfahren für jede Klage ad hoc. Allerdings sieht die Verfassung einige Regeln vor. Das Verfahren kann auch von Amts wegen oder aufgrund der Klage eines zur Konferenz entsandten Delegierten eingeleitet werden[39].

Der Untersuchungsausschuß schließt seine Prüfung mit einem Bericht ab, der die entscheidungserheblichen Tatsachen enthält und innerhalb einer bestimmten Frist durchzuführende Abhilfemaßnahmen empfiehlt. Der Generaldirektor des IAA übermittelt den Schlußbericht des Untersuchungsausschusses dem Verwaltungsrat und jeder an dem Streitfall interessierten Regierung und läßt den Bericht veröffentlichen. Die interessierten Regierungen haben dem Generaldirektor innerhalb von drei Monaten mitzuteilen, ob sie die Empfehlung des Berichts annehmen oder nicht und ob sie den Fall dem Internationalen Gerichtshof zur endgültigen Entscheidung vorzulegen wünschen[40]. Der Internationale Gerichtshof kann als letzte Instanz die Empfehlung des Untersuchungsausschusses bestätigen, abändern oder aufheben[41]. Bei Nichtbeachtung der Empfehlung des Untersuchungsausschusses bzw. des Internationalen Gerichtshofes kann der Verwaltungsrat der Konferenz Maßnahmen zur Durchsetzung der Empfehlung vorschlagen.

Ein weiteres Verfahren betrifft das Unterlassen der Vorlage von Übereinkommen oder Empfehlungen der zu ihrer Durchführung in einem Mitgliedstaat zuständigen Stelle[42]. Hier kann jeder Mitgliedstaat mit der Behauptung, ein anderer Mitgliedstaat habe die nach Artikel 19 ABs. 5–7 der Verfassung erforderlichen Maßnahmen nicht getroffen, den Verwaltungsrat anrufen. Dieser kann, wenn er den Vorwurf für gerechtfertigt hält, der Konferenz darüber berichten.

In Sachen Koalitionsfreiheit kennt die IAO noch ein ganz besonderes Verfahren. Es kann auch auf Staaten Anwendung finden, die die Übereinkommen über das Vereinigungsrecht nicht ratifiziert haben. Es bestehen zwei Organe, der Ausschuß für Vereinigungsfreiheit und der Untersuchungs- und Schlichtungsausschuß. Der Ausschuß für Vereinigungsfreiheit hat neun vom Verwaltungsrat eingesetzte Mitglieder. Die Berichte des Ausschusses werden im Verwaltungsrat ausführlich und oft leidenschaftlich diskutiert[43]. Der Untersuchungs- und Schlichtungsausschuß besteht aus unabhängigen Persönlichkeiten, die auf Vorschlag des Generaldirektors vom Verwaltungsrat eingesetzt werden.

Schließlich kommen als ergänzende Aktionsmöglichkeiten der IAO die Einsetzung von Studiengruppen aus unabhängigen Persönlichkeiten in Betracht, die in einem Land auf Ersuchen der Regierung die Lage in arbeits- und gewerkschaftsrechtlicher Hinsicht untersuchen können[44]. Auch die Einsetzung von Sonderausschüssen bei Auftreten besonderer Bedürfnisse in bestimmten Gebieten ist eine weitere Möglichkeit. Vor allem das

Verfahren direkter Kontakte zwischen Regierung und IAA, um Lösungen für Probleme im Zusammenhang mit den IAO-Normen zu finden, wird zunehmend angewandt.
Alle Verfahren kennen verständlicherweise keine Zwangsmittel. Ihre Wirksamkeit ist aufgrund des ihnen innewohnenden moralischen Drucks jedoch größer als das allgemein angenommen wird.

10. Umsetzung der Übereinkommen

Hinsichtlich seiner Wirksamkeit kommt, wie schon erwähnt, den Übereinkommen naturgemäß die größte Bedeutung zu. Wenn auch nichtratifizierte Übereinkommen einer gewissen Berichtspflicht unterliegen und damit ihre Wirkungen haben, sind die ratifizierten Übereinkommen verständlicherweise wirkungsvoller.
Die Zustimmung der gesetzgebenden Körperschaften gemäß Artikel 59 des Grundgesetzes ist bei uns gegebenenfalls die Vorbedingung für die Unterzeichnung der Ratifikationsurkunde durch den Bundespräsidenten. Hiernach bedürfen Verträge, welche die politischen Beziehungen des Bundes regeln oder sich auf Gegenstände der Bundesgesetzgebung beziehen, der Zustimmung oder der Mitwirkung der jeweils für die Bundesgesetzgebung zuständigen Körperschaften in der Form eines Bundesgesetzes (Vertragsgesetz). Handelt es sich also nicht um die politischen Beziehungen des Bundes oder bezieht sich ein Übereinkommen nicht auf Gegenstände der Bundesgesetzgebung, so ist ein Zustimmungsgesetz nicht erforderlich. Dies ist bei Übereinkommen der IAO die Ausnahme, aber z. B. bei dem Übereinkommen 144 über dreigliedrige Beratungen zwischen Regierung, Arbeitgeber- und Arbeitnehmerorganisationen zur Förderung der Durchführung internationaler Arbeitsnormen der Fall gewesen. Die gleichwohl erfolgte Vorlage an das Parlament beruhte hier nicht auf den Voraussetzungen des Grundgesetzes, sondern den Erfordernissen der Verfassung der IAO[45].
Ob jedes Zustimmungsgesetz Transformationswirkung in dem Sinne hat, daß es Rechte und Pflichten nicht nur der Staaten, sondern auch einzelner Betroffener auslöst, hängt von dem Inhalt des Übereinkommens ab. Man wird hier jeweils darauf abstellen müssen, ob das Übereinkommen Bestimmungen enthält, die unmittelbar Rechte des einzelnen betreffen (z. B. Gleichbehandlungsgrundsatz) oder ob es sich um Verpflichtungen des Staates handelt (z. B. Verpflichtung zur Anpassung der Gesetzgebung). Nur im ersten Fall kann das Zustimmungsgesetz die materielle Wirkung haben, daß innerstaatliches Recht mit unmittelbarer Geltungskraft für den einzelnen Mitbürger entsteht. Gegenüber anderem abweichendem Recht stellt es lex specialis dar.
Soweit Rechte des einzelnen in einem transformierten Übereinkommen begründet sind, kann die innerstaatliche Anwendung dieses Übereinkommens nicht davon abhängig gemacht werden, daß auch die anderen Mitgliedstaaten der IAO ihren Verpflichtungen nachkommen. Diese Frage ist im Rahmen des Übereinkommens 19 der IAO betreffend die Entschädigung von Betriebsunfällen streitig gewesen und letztinstanzlich vom Bundessozialgericht zutreffend so entschieden worden[46].
Bei der Ratifizierung eines IAO-Übereinkommens auftretende Probleme kann man im wesentlichen in drei Gruppen zusammenfassen: Zunächst stellt sich in aller Regel die Frage, ob der Bund überhaupt für den von dem Übereinkommen erfaßten Bereich zuständig ist, also das Übereinkommen ratifizieren kann, und ob er die Kompetenz für das Zustimmungsgesetz nach Artikel 59 ABs. 2 des Grundgesetzes hat. Im Bereich des Ar-

beits- und Sozialrechts ist dies im allgemeinen der Fall, da der Bund die konkurrierende Gesetzgebungskompetenz hat[47]. Es gibt aber auch Übereinkommen der IAO, die mangels Zuständigkeit des Bundes nicht ratifiziert werden konnten, so z. B. das Übereinkommen 149 über die Beschäftigung und die Arbeits- und Lebensbedingungen des Krankenpflegepersonals.

Die Frage der Bundeskompetenz für Übereinkommen der IAO spielt z. B. in den Vereinigten Staaten eine große Rolle, die von den mehr als 150 Übereinkommen der IAO bislang lediglich sieben Übereinkommen ratifiziert haben. Begründet wurde dies damit, daß in den Vereinigten Staaten allein die Länder die Gesetzgebungskompetenz für diesen Bereich hätten. Vermutlich haben hierbei jedoch auch andere Überlegungen eine Rolle gespielt. Ein völlig neues Problem ist bei dem Übereinkommen 153 der IAO entstanden, da für die in diesem Übereinkommen geregelte Materie, nämlich die Arbeits- und Ruhezeiten im Straßentransport, die EG die Gesetzgebungskompetenz hat. Wie dies ratifiziert werden soll, ist unter Fachleuten immer noch strittig.

Neben den verfassungsrechtlichen Problemen stellt sich bei jeder Ratifizierung eines Übereinkommens vor allem die rechtliche Frage, ob das Übereinkommen in der Bundesrepublik Deutschland erfüllt wird oder erfüllt werden kann. Es geht hierbei also um die Subsumtion des nationalen Rechts unter das Übereinkommen. Dies bereitet häufig erhebliche Schwierigkeiten, vor allem dann, wenn die Voraussetzungen eines Übereinkommens fast ausschließlich erfüllt sind und nur in kleinen Randgebieten Unsicherheit besteht, ob den Erfordernissen des Übereinkommens Rechnung getragen wird. Gegebenenfalls werden in dem Zustimmungsgesetz erforderliche Änderungen des nationalen Rechts vorgenommen[48].

Unabhängig von den vorgenannten rechtlichen Problemen wird häufig auch die sozialpolitische Überlegung angestellt, ob ein Übereinkommen nicht auch dann ratifiziert werden soll, wenn noch nicht alle Voraussetzungen erfüllt sind, um damit gegebenenfalls ein «sozialpolitisches Druckmittel» für die nationale Gesetzgebung zu haben. Nicht unzutreffend wird hierbei darauf hingewiesen, daß internationale Übereinkommen ja nicht dazu da sind, lediglich den Entwicklungsstand der Länder festzuschreiben, sondern die sozialpolitische Entwicklung voranzutreiben. Gelegentlich wird dies schon in den Übereinkommen selbst berücksichtigt, indem sie eine schrittweise Erfüllung der geforderten Maßnahmen zulassen[49]. Häufig wird die Frage, ob die Voraussetzungen eines Übereinkommens im nationalen Bereich erfüllt sind, erst bei der Überprüfung des Übereinkommens durch den unabhängigen Sachverständigenausschuß geklärt.

11. Versuch einer Wertung

Da die Übereinkommen – abgesehen von den praktischen Maßnahmen der technischen Hilfeleistung – das stärkste Instrument der sozialpolitischen Arbeit der IAO darstellen, erhebt sich naturgemäß hier ganz besonders die Frage, welche Bedeutung sie für die Mitgliedsländer, und hier verständlicherweise für die Bundesrepublik Deutschland haben. Nicht selten wird die Behauptung aufgestellt, die Arbeit der IAO sei nur für die Entwicklungsländer von Interesse. Dem kann nicht zugestimmt werden. Schon die generelle Notwendigkeit internationaler Sozialpolitik bedingt eine aktive Mitarbeit der Bundesrepublik. Unbestreitbar ist sicher, daß Maßnahmen der technischen oder praktischen Hilfeleistung für die Entwicklungsländer nützlicher sind als für die Industrieländer, wenngleich man die Funktion der IAO in vielen Fragen als Koordinierungs- und Clearingstelle nicht übersehen sollte[50]. Aber auch die Übereinkommen selbst haben durchaus Wirkung auf die Sozialpolitik der Bundesrepublik. Es ist nämlich gar nicht immer so, daß wir alles das bereits haben, was die Übereinkommen vorsehen. Beispiele aus jüngster Zeit belegen dies nur zu deutlich[51].

Wertet man Struktur und Wirkungsweise der IAO, so sollte man dies nicht durch einen Vergleich mit nationalen Trägern der Sozialpolitik tun, sondern allenfalls durch einen Vergleich mit anderen internationalen Organisationen. Im Verhältnis hierzu muß man sowohl Struktur als auch Wirkungsweise der IAO als durchaus gut bezeichnen. Die große Anzahl der Mitgliedsländer rechtfertigt den Begriff der Universalität. Die Dreigliedrigkeit der Organisation ermöglicht in aller Regel ausgewogene und realistische Entscheidungen für den sozialen Bereich unseres Lebens. Die in vielen Jahrzehnten eingespielten Verfahren für die Beschlußfassung von Übereinkommen und Empfehlungen sind vorbildlich, die Überwachungssysteme suchen ihresgleichen bei anderen Organisationen und werden vielfach nachgeahmt. Die Arbeiten der Organisation im Bereich der technischen Hilfe sind praxisbezogen und genießen ebenfalls einen guten Ruf. Sie sind zugleich Voraussetzung und Chance, um die theoretischen Erkenntnisse und Bedingungen der beschlossenen Instrumente für möglichst viele Mitgliedsländer erfüllbar zu machen.

Aber wo ist das Ideal – auch im nationalen Bereich – erreicht? Ob die Strukturreform Lösungen bringt, die dem Ideal näherkommen, bleibt abzuwarten. Ob die bestehenden Rechtsverfahren noch verbessert und wirkungsvoller gestaltet werden können, ist ebenfalls eine noch nicht zu beantwortende Frage. Vieles hängt von der Entwicklung der internationalen Politik insgesamt ab. Man wird auch sagen müssen, daß die zunehmende Bedeutung der Bundesrepublik in der internationalen Politik uns einfach dazu nötigt – ob wir wollen oder nicht –, diese Organisation zu unterstützen. Eine Alternative gibt es nicht. Auch dies haben die Vereinigten Staaten nach ihrem Austritt sehr schnell einsehen müssen. Frieden in der Welt ist ohne sozialen Frieden nicht erreichbar. Für diesen sozialen Frieden will und muß die Internationale Arbeitsorganisation ein Stück beitragen.

Anmerkungen

[1] Vgl. hierzu Händler, Schatten der Austrittsdrohung, Bundesarbeitsblatt 11/1977, S. 463 ff; Haase, Nach dem Austritt der USA, Bundesarbeitsblatt 9/1978, S. 423 ff, Die Internationale Arbeitsorganisation, Beiträge zur Konfliktforschung 1978, Heft 1, S. 71 ff sowie die Stellungnahme des Parlamentarischen Staatssekretärs beim Bundesministerium für Arbeit und Sozialordnung in der Fragestunde des Deutschen Bundestages (BT-Drucksache 8/2000, S. 10/11) auszugsweise abgedruckt in Bundesarbeitsblatt 1/2 1978, S. 32.

[2] Übereinkommen 87 über die Vereinigungsfreiheit und den Schutz des Vereinigungsrechts und Übereinkommen 98 über die Anwendung der Grundsätze des Vereinigungsrechts und des Rechts zu Kollektivverhandlungen. – Vgl. hierzu auch Trybuna Ludu vom 11. November 1980, S. 1–2 sowie die Rede des polnischen Arbeitnehmeredelegierten Walesa auf der 67. Internationalen Arbeitskonferenz am 5. Juni 1981. Provisional Record Nr. 10, S. 9 ff.

[3] Papst Paul VI. besuchte die Internationale Arbeitskonferenz 1969 anläßlich ihres 50jährigen Bestehens. In diesem Jahr erhielt sie auch den Friedensnobelpreis.

[4] Vgl. Provisional Record Nr. 21 der 68. IAK 1982.

[5] Vgl. hierzu Heyde, P., Internationale Sozialpolitik, Heidelberg 1960.

[6] Vgl. Die Internationale Arbeitsorganisation – Wesen und Wirken, Internationales Arbeitsamt, Genf 1937.

[7] Verfassung der Internationalen Arbeitsorganisation und Geschäftsordnung der Internationalen Arbeitskonferenz, Internationales Arbeitsamt, Genf, Juli 1980.

[8] Vgl. hierzu Haase, W., Aspekte Internationaler Sozialpolitik, Bundesarbeitsblatt 11/1974, S. 601 ff, aber auch Knolle, H., Internationale Sozialpolitik, Bundesarbeitsblatt 4/1971, S. 225 ff.

[9] Die Bundesrepublik Deutschland wurde 1951 Mitglied, das Deutsche Reich war von 1919–1933 Mitglied der IAO. China ist Mitglied, übt seine Mitgliedschaft aber nicht aus. Namibia ist Mitglied, obwohl nicht souveräner Staat.

[10] Vgl. Artikel 2 IAO-Verfassung.

[11] Art. 3 Abs. 1 IAO-Verfassung.

[12] Vgl. hierzu Art. 65 der Geschäftsordnung der Internationalen Arbeitskonferenz.

[13] Der Haushalt für 1982/83 beträgt ca. 230 Mio. Dollar bei einem angenommenen Wechselkurs US-Dollar zu Schweizer Franken von 1:1,85.

[14] Der Verwaltungsrat hat für wichtige Wirtschaftszweige sog. Industrieausschüsse gebildet, so auch für die Seeschiffahrt. Vgl. hierzu: Industrieausschüsse u. ähnliche Ausschüsse, Genf, Internationales Arbeitsamt 1967.

[15] Größe und Zusammensetzung sind die wichtigsten Probleme einer langjährigen Strukturdebatte. Vgl. hierzu den Bericht des Strukturausschusses der 67. IAK Provisional Record 38 mit weiteren Literaturangaben sowie die Berichte der 68. IAK Provisional Record 3 u. 34.

[16] Es sind dies: USA, UdSSR, Japan, Bundesrepublik Deutschland, Frankreich, Großbritannien, Italien, Indien, China, Kanada. Durch den Austritt der USA erhielt Brasilien einen der 10 festen Sitze. Nach Rückkehr der USA behielt Brasilien den Sitz, da Streit über die Kriterien zur Bestimmung der «wirtschaftlichen Bedeutung» bestand und der Sitz Chinas wegen Inaktivität frei war.

[17] Art. 36 der IAO-Verfassung.

[18] Generaldirektor ist seit 1974 der Franzose Blanchard.

[19] Die Tätigkeit dieses Konferenzausschusses war eine der Ursachen für den Austritt der USA aus der IAO und führte zu der politisch übergewichtig vertretenen Forderung, den für die Zulassung von Entschließungsentwürfen zur IAK maßgeblichen Artikel 17 der Konferenzgeschäftsordnung zu ändern. Vgl. Fußnote 15.

[20] Vgl. Art. 3 der Geschäftsordnung der Internationalen Arbeitskonferenz sowie Art. 1 der Geschäftsordnung des Verwaltungsrats.

[21] Vgl. auch Robert W. Cox – Labor and Hegemony International Organization Volume 31 Number 3, S. 385 ff.

[22] Internationales Arbeitsamt, Drucksache des Verwaltungsrats GB 198/22/11.

[23] Vgl. Fußnote 15.

[24] Vgl. die Internationale Arbeitsorganisation – Wesen und Wirken, a.a.O. S. 16.

[25] Der Gruppe der «77» gehören jetzt mehr als 100 Entwicklungsländer an. Die Abkürzung IMEC bezeichnet die marktwirtschaftlichen Industrieländer.

[26] Vgl. oben Anm. 14.

[27] Das Institut hat seinen Sitz in Genf. Sein Direktor ist Albert Tévoédjrè im Range eines stellvertretenden Generaldirektors. Bei der letzten Wahl des Generaldirektors war er der Gegenkandidat des jetzt amtierenden Blanchard.

[28] Vgl. hierzu: Der Einfluß der Übereinkommen und Empfehlungen der Internationalen Arbeitsorganisation. Internationales Arbeitsamt Genf, Erste Auflage 1977, aber auch Klotz, Der Einfluß der Übereinkommen der IAO auf die innerstaatliche Gesetzgebung, Bundesarbeitsblatt 10/1973, S. 499 ff.

[29] Über diese Aktivitäten gibt der jährliche Bericht des Generaldirektors ein anschauliches Bild. Vgl. z. B. den Bericht für die 68. IAK 1982, Internationales Arbeitsamt, Genf. Zu den Ausgaben für Tätigkeiten der Technischen Zusammenarbeit vgl. Anhang I.

[30] Burghardt, A., Kompendium der Sozialpolitik, Berlin 1979, S. 52.

[31] Vgl. z. B. Anhang II des Berichts des Generaldirektors zur 68. IAK, «Maßnahmen zur Durchführung der von der Internationalen Arbeitskonferenz von der 63.–67. Tagung angenommenen Entschließungen».

[32] Vgl. oben Anm. 1.

33 Vgl. Burghardt oben Anm. 30.
34 Vgl. Art. 19 Abs. 6 der IAO-Verfassung.
35 Art. 22 der IAO-Verfassung.
36 Art. 19 Abs. 5 der IAO-Verfassung.
37 Vgl. z. B. den Bericht des Sachverständigenausschusses für die Durchführung der Übereinkommen und Empfehlungen, Bericht III, Teil 4 A, IAK 68. Tagung 1982. Internationales Arbeitsamt Genf.
38 Vgl. hierzu den Bericht des Generaldirektors zur 67. IAK 1981, S. 62.
39 Einige Klagen aus jüngster Zeit werden in dem oben unter Anm. 37 zitierten Bericht des Sachverständigenausschusses erwähnt (Abs. 35 ff).
40 Art. 29 der IAO-Verfassung.
41 Art. 31 der IAO-Verfassung.
42 Art. 30 der IAO-Verfassung.
43 Bislang wurden über 1000 Fälle geprüft. Vgl. die mehr als 200 Berichte des Ausschusses für Vereinigungsfreiheit, die jeweils dem Verwaltungsrat des Internationalen Arbeitsamtes vorgelegt werden. Der Fall Polen hat die Nummer 1097.
44 Vgl. z. B. den Bericht über die Lage der Arbeitnehmer der besetzten arabischen Gebiete – Anhang III zum Bericht des Generaldirektors für die 68. IAK.
45 Art. 19 Abs. 5 b.
46 BSG vom 18. 12. 1969 BSGE 30, 226 ff.
47 Vgl. Art. 74 des Grundgesetzes.
48 Vgl. z. B. aus jüngster Zeit das Vertragsgesetz zum Übereinkommen 147 über Mindestnormen auf Handelsschiffen, BGBl. II 1980, S. 606 ff.
49 Vgl. z. B. das von der 67. IAK 1981 beschlossene Übereinkommen über Arbeitsschutz und Arbeitsumwelt, das nach seinem Art. 11 eine schrittweise Durchführung zuläßt.
50 Vgl. z. B. die Beratungsfunktion, die die IAO im Bereich der sozialen Sicherheit ausübt u. a. bei der EG, dem Europarat, den Vertragsstaaten des Rheinschifferabkommens und damit zur Koordinierung der komplizierten Systeme der sozialen Sicherheit beiträgt.
51 Vgl. u. a. Klotz – Fußnote 28, aber auch manche von der Bundesrepublik Deutschland noch nicht ratifizierte Übereinkommen, die in den letzten Jahren von der IAK beschlossen worden sind.

4. Entwicklungspolitik als ein Anliegen internationaler Sozialpolitik

Grundbedürfnisorientierte Entwicklungspolitik

Bernd C. Schmidt

> Why has it taken thirty years, billions of dollars and
> thousands of highly trained brains to arrive at the
> conclusion that development means that people should not
> be hungry, ill, homeless, illiterate, unemployed and poor? –
> Perhaps the answer is, that the wrong consultants have
> been employed.
> Adamson P., SSIP-Bulletin 1977

«Die größte Herausforderung für die internationale Solidarität ist die Massenarmut in den Entwicklungsländern. Ihre Bekämpfung ist vorrangige Aufgabe auch der deutschen Entwicklungspolitik»[1].

Dieses Zitat aus den entwicklungspolitischen Grundlinien der Bundesregierung vom Juli 1980 läßt erkennen, daß die Zielsetzung der deutschen Entwicklungshilfe unverändert bleibt. Es geht nach wie vor darum, einen sozialen Ausgleich zwischen den Reichen und Armen unserer Welt herzustellen. Neu sind hingegen die Mittel und Wege, mit denen dieses alte Ziel entsprechend den Grundlinien der deutschen Entwicklungspolitik erreicht werden soll. Denn dort heißt es weiter: «Dabei geht es zu allererst darum, die Grundbedürfnisse der Menschen nach Nahrung, sauberem Trinkwasser, Gesundheit, Kleidung, Wohnung und Bildung zu befriedigen. Eine bessere Befriedigung der Grundbedürfnisse steigert unmittelbar die Leistungsfähigkeit und damit die Arbeitsproduktivität und schafft so Grundlagen für ein nachhaltiges, eigenständiges Wirtschaftswachstum.»

Somit ist wieder einmal die entwicklungspolitische Praxis bei der Frage, wie das Entwicklungsproblem gelöst werden kann, um eine neue Strategie, ein neues Konzept oder vielleicht sogar um eine neue Theorie bereichert worden. Während in den vergangenen zwanzig Jahren Schlagworte wie Kapitalakkumulation, Importsubstitution, Exportdiversifizierung, Industrialisierung, Bevölkerungskontrolle und Grüne Revolution – um nur die gängigsten zu nennen – die entwicklungspolitische Diskussion bestimmten, heißt das neue Schlüsselwort «Grundbedürfnisorientierte Entwicklung». Was verbirgt sich hinter diesem Begriff? Ist es eine Strategie oder eine Theorie? Wo liegen die Wurzeln dieses neuen Konzepts? Welche Bedeutung hat es für die praktische Entwicklungspolitik? Welche Probleme sind bei der Implementierung von grundbedürfnisorientierten Entwicklungsprojekten zu erwarten? Es wird nicht möglich sein, auf alle Fragen in diesem Artikel eine erschöpfende Antwort zu geben. Vielmehr soll versucht werden, dem Leser einen ersten Überblick über Hintergründe und Elemente einer grundbedürfnisorientierten Entwicklungspolitik zu geben.

1. Warum Priorität für die Deckung von Grundbedürfnissen?

Viele Entwicklungsländer haben Fortschritte dabei erzielt, die Grundbedürfnisse ihrer Bevölkerung zu decken. So hat sich in den letzten zwanzig Jahren die durchschnittliche Pro-Kopf-Verfügbarkeit von Nahrungsmitteln leicht verbessert; es stieg die Zahl der Kinder, die eine Schule besuchen, zwischen 1960 und 1975 um 142 auf 315 Mill.; auch gab es Fortschritte bei der Wasserversorgung, Kanalisation und im Wohnungswesen[2]. Verbesserte Lebensbedingungen führten zu einem Anstieg der durchschnittlichen Lebenserwartung von Neugeborenen in Entwicklungsländern von 47 Jahren 1960 auf 54 Jahre 1977.

Trotz dieser Verbesserungen sind die Unterschiede in der Lebenserwartung von Neugeborenen in Industrie- und Entwicklungsländern erheblich geblieben. So hat heute ein Kind, das in den entwickelten Regionen geboren wird, durchschnittlich eine um 20 Jahre höhere Lebenserwartung als ein Kind aus einem Entwicklungsland. Es leben dort weiterhin ca. 850 Mill. Menschen, die keine Möglichkeit zum Schulbesuch haben. Nur ein Fünftel der Menschen in der Dritten Welt wird in akzeptabler Weise mit Wasser versorgt. Dies geht vor allem zu Lasten der Frauen, die ca. ein Zehntel ihrer Zeit für die Beschaffung von Wasser für ihren Haushalt aufwenden müssen[3]. Nach Untersuchungen der Weltbank sind fast zwei Fünftel der Bevölkerung in Entwicklungsländern ohne adäquate Wohnung.

Diese alarmierenden Kennziffern waren Anlaß genug, darüber nachzudenken, wie der anhaltenden Armut besser als bisher begegnet werden kann. Als Alternative wurde eine Strategie vorgeschlagen, die direkt auf die Deckung der Grundbedürfnisse der Armen abzielt. Die direkte Versorgung der Armen mit Gütern und Dienstleistungen des Grundbedarfs soll die Armut rascher vermindern als eine alleinige Steigerung der Einkommen und der Produktivität der Armen[4]. Natürlich taucht hierbei sofort die Frage auf, ob die Deckung des Grundbedarfs nicht die wirtschaftliche Wachstumsrate drückt. Mit anderen Worten, gibt es einen Gegensatz zwischen Wachstum und Deckung der Grundbedürfnisse? Die Gegner der Grundbedürfnisstrategie führen vor allem zwei Argumente ins Feld[5]. Aus einem direkten Transfer von Gütern und Diensten ergibt sich ein Anstieg des Verbrauchs der Armen. Diese Verbrauchssteigerung könnte zu Lasten der volkswirtschaftlichen Ersparnis und der Nettoinvestition gehen und damit die Aussichten für späteren Wohlstand der Bürger vermindern. Zweitens sind für die Armen langfristig höhere Einkommen zu erwarten, wenn höhere Investitionen im Rahmen einer mehr wachstumsorientierten Entwicklungsstrategie getätigt werden.

Die Befürworter der Grundbedürfnisstrategie halten eine Steigerung von Produktivität und Einkommen allein nicht für ausreichend, um die Armut zu beseitigen[6]. Hinzukommen muß eine direkte Versorgung mit grundlegenden Gütern und Diensten, weil

- die Armen in der Regel ihre Einkommen unter volkswirtschaftlichen Gesichtspunkten ineffizient und unter hygienischen und ernährungsphysiologischen Gesichtspunkten falsch verwenden;
- eine Anhebung der Familieneinkommen nicht die bestehende Ungleichverteilung der Einkommen innerhalb der Haushalte beseitigen kann;
- einige Grundbedürfnisse, wie z. B. die Wasserversorgung, wirksam nur durch öffentliche Institutionen gedeckt werden können;
- eine wachstumsorientierte Investitionsstrategie, die geeignet ist, die Produktivität aller Armen zu heben, schwer zu formulieren ist.

Die Realität liefert bisher keine eindeutigen Hinweise, welche Ansicht richtig ist, wie eine Weltbank-Untersuchung zeigte. Länder, die der Deckung der Grundbedürfnisse Priorität gaben, wie Burma, Kuba, Sri Lanka und Tansania, mußten dies mit Wachstumseinbußen bezahlen. Länder wie Taiwan, Korea und Singapur hingegen haben ein relativ rasches Wachstum realisiert und zugleich im sozialen Bereich, bei der Verminderung der Armut und der Verbesserung der Einkommensverteilung bemerkenswerte Fortschritte erzielt.

2. Die Quellen des Grundbedürfniskonzepts

Bevor das Grundbedürfniskonzept und seine wesentlichen Komponenten näher beschrieben werden, soll zunächst kurz erläutert werden, wie es historisch entstanden ist. Auf sozialistischer Seite gewann Ende der 60er Jahre das Bedürfniskonzept eine zentrale politökonomische Bedeutung – vor allem in den osteuropäischen Ländern[7]. Bei dem Problem, wie in der Praxis das erste ökonomische Gesetz des Sozialismus, nämlich «die maximale Erfüllung der materiellen und kulturellen Bedürfnisse der Bevölkerung» verwirklicht werden kann, geht es vor allem um die Einbeziehung von Bedürfnissen in die nationale Planung. Das Ziel ist zunächst, ein bestimmtes quantitatives und qualitatives Konsumniveau – ausgedrückt in materiellen Werten – festzulegen, um darauf aufbauend ein «rationales» Konsumbudget zu konstruieren. Dieses «rationale» Konsumbudget operationalisiert, unabhängig von der tatsächlichen Nachfrage und Kaufkraft, menschliche Bedürfnisse und ist somit geeignet als Planungsziel oder als Orientierung für eine bedürfnisorientierte Wirtschafts- und Sozialpolitik zu dienen.
In den westlichen Industrieländern hat die Diskussion um gesellschaftliche Bedürfnisse vor dem Hintergrund einer wachsenden Kritik der Gültigkeit von ökonomischen Indikatoren stattgefunden. Sozial-Indikatoren und Indikatoren für Lebensqualität wurden als komplementäre und korrektive Informationen herangezogen. Sie sollten einen besseren Eindruck vom tatsächlichen Stand der Bedürfnisbefriedigung für die Mehrzahl der Bevölkerung liefern. Das einzige Ergebnis der Diskussion im Westen war eine gründliche, umfassend fundierte Kritik der konventionellen ökonomischen Indikatoren, wie ihn z. B. das Bruttosozialprodukt darstellt.
In der Dritten Welt begann die Grundbedürfnis-Diskussion Anfang der 70er Jahre. Bedürfnisorientierte Politik bestand für Entwicklungsländer seitdem vor allem aus nationaler Nahrungs- und Ernährungspolitik. Diese Politik zielte zunächst auf die Schaffung eines Nahrungsangebotes, das ernährungsphysiologisch akzeptabel und in Einklang mit den Konsumgewohnheiten und Produktionsstrukturen des Landes war, ab. Später wurde die Politik auf die Bedürfnisse im Bereich Wohnen, Gesundheit und Bildung ausgedehnt. Die Grundbedürfnis-Diskussion machte außerdem den Zusammenhang zwischen Unterernährung, Armut und Macht deutlicher denn je, was die politischen Forderungen über den Rahmen von lediglich sozio-politischen Korrekturen weit hinausgehen ließ.
Seitdem Grundbedürfnisstrategien auch immer mehr Eingang in die bilaterale und multilaterale Entwicklungshilfe gefunden haben, reagiert die Dritte Welt eher mißtrauisch. Sie befürchtet eine verstärkte Einmischung der Geberländer in die nationalen Prioritätenlisten. Außerdem haben sie den Verdacht, daß durch die neue Strategie lediglich die revolutionäre Sprengkraft unterprivilegierter Völker entschärft werden soll oder auch, daß die Industrialisierung der Entwicklungsländer gestoppt werden soll, weil sich die

entwickelten Länder selbst weltweit in einer Rezession befinden. Die Abkehr von einer kapitalintensiven Entwicklungshilfe wird ohnehin häufig aus Prestigegründen abgelehnt. Staudämme und Atomreaktoren sind für das Nationalbewußtsein der Bevölkerung und damit innenpolitisch wirkungsvoller als viele kleine Projekte, die angepaßte Technologien einführen wollen. Hinter diesem Mißtrauen steckt wohl vor allem die Befürchtung der Dritten Welt, daß die entwickelten Länder die Grundbedürfnisse nur «entdeckt» haben, weil sie glauben, daß sich dadurch die Entwicklungshilfe reduzieren läßt. Mag die Furcht vor verringerten Zahlungen an die Dritte Welt auch generell begründet sein, so muß doch festgestellt werden, daß nur durch eine Erhöhung der realen öffenlichten Entwicklungshilfe in den kommenden Jahrzehnten signifikante Fortschritte im Grundbedürfniskonzept erzielt werden können.

3. Das Grundbedürfniskonzept

Es wird oft nach dem genauen Inhalt oder einer Definition des Grundbedürfniskonzeptes gefragt. In den vorherigen Abschnitten sind einige Elemente dieses Konzeptes angesprochen worden. Es soll nun versucht werden, seinen Inhalt spezifischer zu erläutern. Hierbei besteht allerdings das Problem, daß es bis heute in der Literatur keine allgemein akzeptierte, umfassende und theoretisch fundierte Analyse des Grundbedürfniskonzeptes, seiner Ziele und Strategie gibt. Daher soll hier auf internationale Quellen zurückgegriffen werden, die einen guten Eindruck von den wichtigsten Ideen des Grundbedürfniskonzeptes vermitteln können.

Eine erste umfassende Grundbedürfnisstrategie (basic-needs strategy) wurde auf der World Employment Conference 1976 von der Internationalen Arbeitsorganisation (IAO) vorgestellt und von der Konferenz verabschiedet. Die IAO gibt auch zur Zeit die gängigste Definition der Grundbedürfnisse[8]. Danach gehören zu Grundbedürfnissen:

- «Bestimmte Mindesterfordernisse einer Familie in bezug auf den privaten Gebrauch: ausreichende Ernährung, Wohnung und Bekleidung. Ebenso: bestimmte Haushaltsgeräte und Möbel.
- Lebenswichtige Dienstleistungen der Gemeinschaft für die Gemeinschaft: Schaffung von Gesundheits- und Bildungseinrichtungen, Versorgung mit gesundem Trinkwasser, sanitäre Anlagen, Bereitstellung öffentlicher Verkehrsmittel.
- Eine Politik, die die Voraussetzungen für eine Beteiligung der Menschen an den Entscheidungen, die sie betreffen, schafft. Es besteht eine Wechselwirkung zwischen einer solchen Beteiligung und den beiden wichtigsten Elementen einer auf die Befriedigung der Grundbedürfnisse abzielenden Strategie. Bildung und Gesundheit erleichtern eine Beteiligung, während eine Beteiligung wiederum der Forderung nach Erfüllung der materiellen Grundbedürfnisse Nachdruck verleiht.
- Die Befriedigung absoluter Grundbedürfnisse im Rahmen der vorstehenden Definition innerhalb eines größeren Rahmens, nämlich als Teil der Erfüllung der grundlegenden Menschenrechte, die nicht nur einen Selbstzweck darstellen, sondern auch zur Erreichung anderer Ziele beitragen.
- Beschäftigung; sie gehört in allen Ländern als Maßnahme und Ergebnis zu einer Grundbedürfnisstrategie. Beschäftigung führt zu Produktion und schafft Einkommen für den Beschäftigten. Außerdem gibt sie dem Menschen das Gefühl, mit etwas Lohnenswertem befaßt zu sein.»

Schon in dieser frühen Definition kommen die heute allgemein akzeptierten wichtigsten Elemente des Grundbedürfniskonzeptes zum Ausdruck – wenn auch noch etwas unklar.

Es sind dies vor allem die vier Elemente Bedürfnisorientierung, Zielgruppenorientierung, Partizipation und Produktionsorientierung. Durch einen klaren Bezug auf diesen «harten Kern» lassen sich schon eine Reihe von vermeidlichen Fehlinterpretationen des Konzeptes umgehen.

Die *Bedürfnisorientierung* des Konzeptes verlangt zunächst die Identifizierung von Grundbedürfnissen und eine Beurteilung von Maßnahmen, die geeignet sind, diese Grundbedürfnisse zu decken. Schon bei der Identifizierung von Grundbedürfnissen wird es schwierig und kontrovers, wenn es um die Festlegung von konkreten Minimalerfordernissen geht. Wann lassen sich bestimmte Bedürfnisse legitimieren, begründen und rechtfertigen? Wer ist legitimiert, Bedarfsnormen und -standards festzulegen? Können internationale Konferenzen das tun oder gar die Wissenschaft? Muß man warten auf eine rationale Diskussion freier Bürger, oder müssen nicht unterschiedliche Legitimationsquellen berücksichtigt werden? Das Grundbedürfniskonzept verweist bei der Beantwortung dieser Fragen auf die unbedingt notwendige *Partizipation* der Zielgruppe. Die Beteiligung der Betroffenen bei Planung und Durchführung von Entwicklungsmaßnahmen ist daher ein wichtiges Element des Konzeptes.

Einen Ausweg aus dem Problem bei der Konkretisierung bestimmter Mindesterfordernisse hat die Weltbank für die fünf wichtigsten Grundbedürfnisse versucht[9]:

- Ernährung: die Aufnahme einer ausreichenden und ausgewogenen Nahrung mit ca. 2350 cal pro Tag;
- Trinkwasser: nicht verseuchtes Trinkwasser in nicht mehr als 200 m Entfernung in städtischen Gebieten. In ländlichen Gebieten sollte die Entfernung nicht so groß sein, daß ein unverhältnismäßig großer Teil des Tages aufgewandt werden muß, um Wasser herbeizuschaffen;
- Gesundheit: Gesundheitsdienste, um die am weitesten verbreiteten Krankheiten zu bekämpfen. Hinzu kommen Mutter- und Kindfürsorge und Ernährungs- und Hygieneberatung;
- Unterkunft: sie muß den Menschen dauerhaften Schutz vor klimatischen und anderen Umwelteinflüssen gewähren;
- Grunderziehung: sie muß eine funktionale, flexible und kostengünstige Ausbildung für alle, d. h. für Schulkinder, Jugendliche und Erwachsene sicherstellen.

Ein weiteres Element des Grundbedürfniskonzeptes ist die *Zielgruppenorientierung*. Bei der Durchführung von Entwicklungsmaßnahmen ist der Mensch nicht mehr nur Produktionsfaktor, sondern der Mensch und seine eigentlichen Probleme stehen im Mittelpunkt der Überlegung. Darum müssen zunächst die Zielgruppen, in diesem Fall die sozial und wirtschaftlich Benachteiligten, unter der armen Mehrheit der Bevölkerung identifiziert und ihre spezifischen Grundbedürfnisse analysiert werden, bevor geeignete Entwicklungsmaßnahmen auf bestimmte Zielgruppen ausgerichtet werden.

Ein häufig außer acht gelassenes oder in seiner Bedeutung heruntergespieltes Element des Grundbedürfniskonzeptes ist seine *Produktionsorientierung*. Die Maßnahmen sollen weitgehend so ausgerichtet sein, daß die Deckung der Grundbedürfnisse zum größten Teil durch Eigenleistung und Produktivitätssteigerung erreicht wird[10]. Denn langfristig ist die Befriedigung der Grundbedürfnisse der Mehrheit der armen Bevölkerung nicht allein durch gerechtere Verteilung und effizientere Nutzung knapper Ressourcen, sondern nur durch eine zusätzliche Produktion, d. h. durch wirtschaftliches Wachstum möglich. Im Unterschied zur herkömmlichen wachstumsorientierten Entwicklungspolitik vertraut das Grundbedürfniskonzept jedoch nicht auf indirekte Wirkungen eines allgemeinen Wachstums, sondern setzt direkt mit Maßnahmen bei den Zielgruppen der Armen an. Diese direkte Orientierung auf die Zielgruppe mit der Absicht, die Grundbedürfnisse in möglichst kurzer Zeit zu decken, ist zweifellos verantwortlich für das große Interesse und Vertrauen, die dem neuen Konzept entgegengebracht wurden.

Die Produktionsorientierung des Grundbedürfniskonzeptes macht auch klar, daß es sich hierbei nicht um ein Sozialhilfekonzept handelt. Es kann im Rahmen einer Entwicklungsstrategie nicht darum gehen, Grundbedürfnisse durch Hilfsprogramme zu befriedigen. Es müssen die Armen selbst in die Lage versetzt werden, unmittelbar und nachhaltig ihre Grundbedürfnisse zu befriedigen und darüber hinaus Überschüsse zu erwirtschaften, mit denen Produktionsmittel langfristig selbst finanziert werden können[11]. Jede Maßnahme mit Dauersubventionscharakter, wie z. B. die Nahrungsmittelhilfe, kann daher nicht als grundbedürfnisorientierte Entwicklungshilfe angesehen werden.

4. Einige kritische Bemerkungen zum Grundbedürfniskonzept

Die hier vorgestellten Elemente des Grundbedürfniskonzeptes sind nicht das Ergebnis langjähriger wissenschaftlicher Untersuchungen, sondern im wesentlichen eine breit angelegte Neuformulierung von Zielen und Maßnahmenbündeln für die Entwicklungspolitik. Eine übereinstimmende präzise Definition von Zielen und Maßnahmen gibt es daher nicht. Es gibt lediglich eine generelle Übereinstimmung in einigen wenigen Punkten[12]:

- Die Deckung der Grundbedürfnisse sollte Hauptziel von Entwicklungsplanung und -politik werden.
- Grundbedürfnisse sind nicht beschränkt auf materielle Güter, sondern umfassen auch die Menschenrechte, Freiheit, Partizipation und Selbstbestimmung.
- Grundbedürfnisse einer Zielgruppe sind nicht statisch, sondern verändern sich im Verlauf des Entwicklungsprozesses.
- Die wichtigsten Grundbedürfnisse sind Ernährung, Ausbildung, Gesundheit, Wohnen und sanitäre Anlagen.
- Es gibt nicht nur einen allein richtigen Weg, um die Grundbedürfnisse zu befriedigen. Mittel und Wege müssen den unterschiedlichen Bedingungen angepaßt werden.
- Es besteht die Notwendigkeit, Besitz und Einkommen gerechter zu verteilen
- Voraussetzung für den Erfolg einer Grundbedürfnisstrategie ist die Verteilung der politischen Macht zur Beseitigung politischer Hemmfaktoren.

Da es sich bei dem Grundbedürfnisansatz nicht um ein kohärentes Gedankengebäude zur Erklärung des Ablaufs, des Musters und des Ausmaßes von ökonomischer Entwicklung handelt, haben wir es hier nicht mit einer Entwicklungstheorie zu tun. Als Entwicklungsstrategie kann der neue Ansatz wohl ebenfalls nicht angesehen werden, weil angestrebte Ziele und Maßnahmen, ein Bündel von geeigneten Instrumenten, sowie die Implementierung der Maßnahmen nicht eindeutig festgelegt, sondern lediglich skizziert sind. Vielmehr scheint der Grundbedürfnisansatz nur einen konzeptionellen Rahmen zu bilden für die Erarbeitung einer realistischen Strategie zur Implementierung von einzelnen Entwicklungsprojekten. Woran es bisher noch fehlt, ist eine detaillierte Analyse von grundbedürfnisorientierten Maßnahmen und die Rahmenbedingungen zu ihrer Implementierung. Nur so kann sich das Grundbedürfniskonzept über generelle Empfehlungen hinaus zu einer spezifischen Grundbedürfnisstrategie entwickeln, die operationale Handlungsanweisungen zur Umsetzung des Grundbedürfniskonzepts enthält. Ansätze hierzu sind schon vorhanden.

5. Die Umsetzung des Grundbedürfniskonzeptes in die Praxis

Zur Planung und Evaluierung grundbedürfnisorientierter Entwicklungsprojekte ist eine evaluierungsmethodische Umorientierung notwendig, weil die bisher entwickelten und in der Evaluierungspraxis eingesetzten Instrumente einer Prüfung auf «Grundbedürfnisorientierung» nicht standhalten[13]. Eine grundbedürfnisorientierte Projektplanung muß sich auf die Zielgruppe konzentrieren, den Output des Projektes an deren Bedürftigkeit ausrichten, die Produktivität der Zielgruppe steigern und muß die Zielgruppe an der Planung und Implementierung des Projektes partizipieren lassen. Die herkömmliche Kosten-Nutzen-Analyse (KNA) kann diese zentralen Elemente des Grundbedürfniskonzeptes nicht hinreichend berücksichtigen. Auch die bisherigen Versuche, die sozialen Auswirkungen in der Prüfungspraxis stärker zu berücksichtigen und die so entstandenen «sozialen KNA» werden diesem Anspruch nur teilweise gerecht. Sie laufen im wesentlichen auf eine Trennung von ökonomischer Effizienzanalyse und sozio-ökonomischer Wirkungsanalyse hinaus. Hierbei wird das herkömmliche Instrument der KNA durch ein sozio-ökonomisches Kriterienraster ergänzt.

Die «sozialen KNA»[14] stellen eindeutig die Berücksichtigung des Verteilungskriteriums in den Vordergrund und erfüllen somit formal den Anspruch, die Projektbewertung zielgruppenorientiert durchzuführen. Ob diese Erweiterung der KNA die Ergebnisse der Projektevaluierung wesentlich zu Gunsten der Zielgruppe verändert, wird zumindest bezweifelt[15]. Alle weiteren Kriterien der Grundbedürfnisorientierung, wie Partizipation, Bedürfnis- und Produktionsorientierung, werden in der sozialen KNA bisher kaum berücksichtigt. Eine standaridisierte Methode, wie sie die KNA für die ökonomische Effizienzanalyse darstellt, gibt es daher für die grundbedürfnisorientierte Evaluierung noch nicht. Zumindest aber von der Entwicklungshilfeadministration wird eine Standardisierung über kurz oder lang gefordert werden, weil sie dem Bedarf nach einer universell verwendbaren Methode entspricht.

Ob eine Standardisierung der grundbedürfnisorientierten Evaluierung überhaupt sinnvoll und möglich ist, wird heute noch weitgehend kontrovers diskutiert. Erste Ansätze hierzu sind vorhanden und laufen darauf hinaus, daß in Form von Kriterienrastern Leitlinien zur Strukturierung der sozio-ökonomischen Wirkungsanalyse vorgegeben werden. Die verwendeten Kriterien sollten aus einem Satz von Hypothesen über die sozio-ökonomischen Projektwirkungen abgeleitet werden. Das in der US-Agency for International Development (US-AID) gebräuchliche «Logical framework» stellt einen solchen Ansatz dar[16]. Ein weiterer Ansatz zur grundbedürfnisorientierten Projektbewertung wurde von Schwefel erarbeitet[17]. Er hat ein theoretisches Konzept für die Sammlung und Bewertung grundbedürfnisrelevanter sozio-ökonomischer Indikatoren entworfen. Die Umsetzung des Grundbedürfniskonzeptes in die Praxis steckt insgesamt gesehen noch in den Kinderschuhen. Es fehlt weiterhin eine praxisorientierte Methodik, die nicht nur die Komplexität der Untersuchungen durch Vorgabe der Hauptanalyseschritte reduziert, sondern auch vorgeben kann, wie diese Schritte im einzelnen ablaufen sollen.

Anmerkungen

[1] Bundesministerium für wirtschaftliche Zusammenarbeit (BMZ), Die entwicklungspolitischen Grundlinien der Bundesregierung, Bonn, Juli 1980, S. 7.

[2] Vgl. World Bank, Meeting Basic Needs: An Overview, Washington 1980, S. 6.

[3] Zur besonderen Problemstellung der Frau in Entwicklungsländern vgl. den Beitrag von B. Pfister-Gaspary in diesem Buch.

[4] Vgl. Streeten P., Vom Wachstum zu den Grundbedürfnissen, in: Finanzierung und Entwicklung, Washington, D. C., September 1979, 16. Jg.

[5] Vgl. Hicks, N. L., Wachstum versus Grundbedürfnisse?, in: Finanzierung und Entwicklung, Washington, D. C., Juni 1980, 17. Jg., Seiten 17–20, hier S. 18.

[6] Vgl. Hicks, N. L., a.a.O., S. 17.

[7] Vgl. im folgenden Schwefel, D., Basic Needs, Planning and Evaluation, Berlin 1978, S. 57 ff.

[8] Vgl. Internationales Arbeitsamt Genf: Beschäftigung, Wachstum und Grundbedürfnisse – ein weltweites Problem. Ein Bericht über die dreigliedrige Weltkonferenz über Beschäftigung, Einkommensverteilung und sozialen Fortschritt und die Internationale Arbeitsteilung, Genf, 1976, S. 7 f und S. 34 ff.

[9] Es handelt sich um ein internes Papier der Weltbank vom August 1977, zitiert in: Oldenbruch, G., Zur Strategie der Erfüllung von Grundbedürfnissen, Bad Honnef 1978, S. 22.

[10] Vgl. auch Waller, P. P., Das Grundbedürfniskonzept und seine Umsetzung in der entwicklungspolitischen Praxis, in: DIE, Grundbedürfnisorientierte ländliche Entwicklung, Berlin 1981, Seite 1–10, hier: S. 1 f.

[11] Vgl. Waller, P. P., a.a.O., S. 2.

[12] Vgl. ILO, The Basic-Needs Approach to Development, Genf 1978, S. 14 ff.

[13] Lembke, H. H., Die Grundbedürfnisrelevanz ländlicher Elektrifizierungsprogramme in Thailand – Ein Beitrag zur Methodik der grundbedürfnisorientierten Evaluierung, in: DIE, Grundbedürfnisorientierte ländliche Entwicklung, a.a.O., S. 155.

[14] Ein kritischer Vergleich dreier Ansätze findet sich in Weiss, D., Economic Evaluation of Projects – A Critical Comparison of a New World Bank Methodology with the UNIDO and the Revised OECD Approach, Berlin 1976 (GDI).

[15] Vgl. Haas-Hurni, B., Methods of Project Appraisal and their Application in World Bank Projects, in: Schweizerische Zeitschrift für Volkswirtschaft und Statistik, 1978, Heft 1, S. 69–78.

[16] Vgl. Turner, H. D., Program Evaluation in AID: Some Lessons Learned, in: Development Digest, Vol. 17, No. 3, S. 71–88.

[17] Vgl. Schwefel, D., a.a.O., S. 223–290.

Frauen als Zielgruppe in der Entwicklungshilfe

Brigitte Pfister-Gaspary

1. Problemstellung

Die internationale Sozialpolitik sieht als eine wesentliche Aufgabe die relative Verbesserung der ökonomischen und sozialen Lage unterprivilegierter Gruppen an. In diesem Zusammenhang sind gerade die Frauen und hier besonders die Frauen in Entwicklungsländern, deren Lage sich mit fortschreitender Entwicklung relativ verschlechtert hat, eine zentrale Zielgruppe.

Die Welternährungskonferenz und die Weltbevölkerungskonferenz 1974 sowie die Weltfrauenkonferenz in Mexiko 1975 haben das Bewußtsein für die sozialen und ökonomischen Probleme der Frau geweckt. Dies galt und gilt noch in besonderem Maße für die entwicklungspolitische Zusammenarbeit. Hier wurde in den letzten Jahren die sogenannte Grundbedürfnisstrategie immer deutlicher in den Vordergrund gestellt[1]. Eine verbesserte Befriedigung gerade der menschlichen Grundbedürfnisse (basic needs) ist aber nicht ohne aktive Beteiligung der Frau am Entwicklungsprozeß möglich, denn sie nimmt eine zentrale Stellung in bezug auf die Grundbedürfnisse ein.

Die Grundbedürfnisstrategie innerhalb derer auch die Orientierung zu den Frauenfragen zu sehen ist, wurde 1976 auf der Weltarbeitskonferenz der Internationalen Arbeitsorganisation (IAO) geprägt und in einem Grundsatzpapier des Bundesministeriums für wirtschaftliche Zusammenarbeit (BMZ) für die Bundesrepublik noch weiter konkretisiert[2]. Diese Wendung zu einer direkteren Förderung von Zielgruppen innerhalb der basic needs Strategie erfolgte aufgrund folgender Tatbestände:

- Die seither verfolgte Entwicklungsstrategie des wirtschaftlichen Wachstums brachte keine wesentliche Verbesserung des Entwicklungsstandes und baute wirtschaftliche und soziale Unterschiede nicht ab.
- Trotz Produktionssteigerungen hat sich die Lage der ärmsten Bevölkerungsschichten kaum gebessert.
- Es hat sich gezeigt, daß das Ausmaß der Armut zu einem entwicklungspolitischen Hemmfaktor werden kann, weil der Leistungswille gehemmt wird und oft auch die Kraft fehlt, bestehende Ressourcen zu nutzen oder auf Förderungsprogramme überhaupt zu reagieren.
- Es wird daher heute nicht mehr allgemein akzeptiert, daß über allgemeine Maßnahmen zur Steigerung des Bruttosozialprodukts automatisch indirekt bessere Lebensbedingungen für die ärmsten Bevölkerungsschichten geschaffen werden können. Daraus wurde die Lehre gezogen, daß Hilfe direkt und unmittelbar zur Beseitigung der Armut eingesetzt werden muß. Damit sollen Maßnahmen der entwicklungspolitischen Zusammenarbeit jetzt mehr zur Verbesserung der Lebensbedingungen der ärmsten Bevölkerungsschichten eingesetzt werden[3].

Die Grundbedürfnisstrategie erfüllt diese Forderung. Bei ihr geht es also um Mobilisierung von Menschen, die über ein entwicklungsfähiges Potential verfügen und damit über die Hilfe von außen zur Selbsthilfe angeregt werden sollen. Diese selbsthilfefähigen Gruppen sollen stärker in die Förderungsmaßnahmen einbezogen werden. Die größte Gruppe unter diesen sind die Frauen.

Die Grundbedürfnisstrategie eröffnet zwei Ansätze, unter denen Aktivitäten möglich sind. Zum einen konkrete technische Ansätze auf der Dorfebene zum anderen Maßnahmen zur Verbesserung der Rahmenbedingungen für solche Ansätze. Dieses Vorgehen trifft sowohl für die Strategie der Grundbedürfnisbefriedigung generell als auch für die Förderung der Frau in Entwicklungsländern speziell zu.

Entscheidend ist in jedem Fall, daß für die Zielgruppe als unmittelbarer Nutznießer der Maßnahme, das Ziel – die Verbesserung ihrer Lebensbedingungen – deutlich vor Augen liegt. Die sozial Schwachen sollen im Rahmen der Grundbedürfnisstrategie zu ökonomisch sinnvollen Aktivitäten angeleitet werden. Dabei müssen folgende Punkte beachtet werden[4]:

– Möglichst direkte Unterstützung der bedürftigen Bevölkerungsgruppe;
– Maßnahmen zur Aktivierung des Selbsthilfe- und Produktionspotentials der Zielgruppe;
– Maßnahmen sollen im technologischen Standard den sozialen und wirtschaftlichen Verhältnissen der Zielgruppe angepaßt sein;
– Förderungsmaßnahmen sollen zu Gruppenaktivitäten und Eigeninitiative anregen.

Hierbei ergeben sich für die Zielgruppe Frauen in Entwicklungsländern Probleme der Erfassung der Bedürfnisse, Fragen nach der Notwendigkeit und dem möglichen Einsatz flankierender sozialer Maßnahmen und Probleme bei der Einbeziehung anderer Dienstleistungseinrichtungen und Institutionen in die jeweiligen Förderungsprogramme. Ohne eine aktive Beteiligung der Frau am Entscheidungsprozeß ist eine Verbesserung der sozialen und wirtschaftlichen Lebensbedingungen in Entwicklungsländern nicht möglich. Insbesondere bei den gravierendsten Problemen Ernährung, Gesundheit, Erziehung und Bevölkerungswachstum kommt den Frauen eine Schlüsselrolle zu. Dabei blieb ihr jedoch im Rahmen der Industrialisierung und Modernisierung der Landwirtschaft eine Mitwirkung am sozialen, wirtschaftlichen und kulturellen Leben weitgehend versagt.

2. Die Problematik der Frau

Die Lage der Frau wird durch folgende Faktoren weitgehend bestimmt, deren Gewicht je nach Region und Land unterschiedlich stark ist:
– Religion
– Rechtliche Stellung der Frau
– Sozioökonomischer und technologischer Entwicklungsstand des Landes
– Ausbildung der Frau, Ausbildung des Mannes
– Werte, Sitten und Gebräuche der Gesellschaft
– Umstände, die sich aus biologischen Eigenschaften der Frau ergeben.

Einige Haupteinflußfaktoren auf die Lage der Frau werden im folgenden näher erläutert.

2.1. Gesundheit, Ernährung und Familie

Die Welt der Frau in Entwicklungsländern ist weitgehend durch unzureichende Lebensbedingungen, hohe Geburtenraten, übermäßige familiäre und außerfamiliäre Arbeitsbelastungen geprägt. Frauen sind von unzulänglichen Wohnverhältnissen, sanitären Anlagen, einer unzureichenden Wasserversorgung und kaum vorhandenen sozialen Diensten ebenso wie unzureichender gesundheitlicher Versorgung am stärksten betroffen und durch mangelnde Grundkenntnisse im Bereich Ernährung, Familienplanung, Hygiene und Gesundheit geprägt. Die sich mancherorts zeigenden Tendenzen zur Auflösung traditioneller gewachsener Familienstrukturen – mit bedingt durch die Abwanderung der Männer in Industriegebiete und andere Länder – haben gravierende Auswirkungen auf die Belastung der Frau. Hier obliegt es den auf dem Lande verbleibenden Frauen neben der Familienversorgung, die Felder zu bewirtschaften, das Vieh zu versorgen und eventuelle Überschüsse bei der Nahrungsmittelproduktion auf den Markt zu bringen[7].

2.2. Erziehung, Bildung und Ausbildung

Die Analphabetenrate ist bei Frauen besonders hoch. Dies behindert ihre Partizipationsmöglichkeit am Entwicklungsprozeß. Bei der Berufsausbildung sind Frauen drastisch unterrepräsentiert. Dies läßt sich insbesondere darauf zurückführen, daß[8]
– Frauen durch infrastrukturelle Mängel in der Ausbildung behindert werden;
– traditionelle Einstellungen in der Erziehung der Eltern und Schulen eine Ausbildung der Mädchen verhindern;
– Armut herrscht, die die Mädchen zur Mitarbeit im Haushalt und auf dem Feld zwingt.
Die Auswirkungen einer möglichen Verschiebung des Alters der Eheschließung bei Mädchen wurde anhand mehrerer Fallstudien von Winifred Weekers-Vagliani für Malaysia, Fidschi und Sri-Lanka untersucht[9]. Als nachteilige Auswirkungen früher Eheschließungen wurde zunächst
– eine zu frühe und abrupte Beendigung der Ausbildung bei Mädchen,
– eine höhere Sterblichkeit von Kindern und Müttern,
– eine hohe Geburtenrate
vermutet.
Wie sich herausstellte, hatte eine Verschiebung des Heiratsalters eine positive Auswirkung auf den Ausbildungsgrad der Mädchen. Eine hierdurch ermöglichte größere Beteiligung am Arbeitsprozeß hängt jedoch auch von der ethnischen Umgebung, der Eingliederung in einen bestimmten Lebenszyklus und von der Struktur des Arbeitsmarktes ab. Eine spätere Verehelichung hatte auch direkt Auswirkungen auf die Geburtenrate. Die Sterblichkeitsrate von Müttern und Kindern zeigte dagegen keine eindeutige Veränderung.

2.3. Erwerbsleben

In Entwicklungsländern liegt der ökonomische Beitrag der Frau primär im traditionellen und informellen Sektor (Landwirtschaft, Heimarbeit und Handel). Im modernen Sektor sind Frauen weit mehr benachteiligt als Frauen in Industrieländern. «Der gesamte

141

ökonomisch bedeutsame Tätigkeitsbereich der Frau in Entwicklungsländern ist allerdings mehr noch als der der Männer durch unzureichende Grundkenntnisse und Grundfertigkeiten, mangelnde soziale und ökonomische Organisation, Fehlen angepaßter Technologie und somit durch extrem niedrige Produktivität gekennzeichnet»[10].

Die Haupteinflußfaktoren für eine geringere Beteiligung von Frauen am Arbeitsprozeß sowie für den sogenannten «sexual dualism» wurden anhand einer Untersuchung der Internationalen Arbeitsorganisation analysiert. Unter sexual dualism versteht Guy Standing «a segmented labour force in which men assume the role of ‹primary›-workers fully committed to regular labour force participation and having access to a broad range of skilled, career-oriented jobs, while women become ‹secondary›-workers, largely relegated to a narrow range of semi-skilled low-status, low-wage jobs and at most semi-committed to intermitted labour force participation»[11].

In einer extremen Deutung kann sexual dualism auch bedeuten, daß Männer in den Arbeitsprozeß einbezogen sind, während Frauen gänzlich im Haushalt arbeiten. Daraus kann sich dann ein sich verselbständigender Prozeß entwickeln, in dem Männer mehr Zugang zu Aus- und Fortbildungseinrichtungen erhalten, hierdurch höhere Löhne beziehen können und aus diesem Grund auch ihre Söhne bessere Ausbildung erhalten als die Töchter.

Als Haupteinflußfaktoren, die diesen Prozeß bedingen und verstärken, werden Unterernährung, Armut, Gesundheit, der Grad der Arbeitslosigkeit in dem betreffenden Land, Ausbildung und Kinderzahl genannt.

Unterernährung und Krankheit reduzieren die Intensität und Ausdauer bei der Arbeit. Unterernährung senkt die Produktivität und das Niveau des Subsistenzeinkommens und verursacht Verschuldung. Dies alles zusammen erhöht die Unterentwicklung als ganzes und somit die Abhängigkeit von der Lohnarbeit. Ein anderer Effekt entsteht dann, wenn die Arbeitgeber an den Kosten der Gesundheitsfürsorge beteiligt werden. Dies muß – bei gleichem Lohn für beiderlei Geschlecht – zu einer sinkenden Bereitschaft der Arbeitgeber führen, Frauen einzustellen, da diese durch Geburten mehrmals ausfallen.

Jedoch wird die Bereitschaft der Frauen, am Arbeitsprozeß teilzunehmen, mit steigenden Gesundheitsfürsorgemaßnahmen zunehmen. Es ist nicht eindeutig, welcher der oben genannten Effekte überwiegt. Die Forschung über den Einfluß von Gesundheit, Armut und Ernährung auf Frauen und ihre Beteiligung am Arbeitsprozeß ist noch nicht weit gediehen.

Der Grad der Arbeitslosigkeit in einem Land ist ein weiterer Faktor zur Diskriminierung von Frauen bei der Beteiligung am Arbeitsprozeß. Dies wird oft noch unterstützt durch Gewerkschaften, die von Männern dominiert werden und daher primär die Interessen der männlichen Arbeitnehmer vertreten.

Ausbildung kann sowohl negative als auch positive Auswirkungen auf die Beteiligung von Frauen am Arbeitsprozeß haben. Direkte Einflüsse der Ausbildung sind erhöhte Beschäftigungsmöglichkeiten für Frauen, höhere Einkommenserwartungen, höhere Opportunitätskosten der Inaktivität und eine Schlichtung des Einflusses religiöser oder kultureller Bräuche, die Frauen eine außerhäusliche Betätigung unmöglich machen. Indirekte positive Einflüsse sind eine Reduzierung der Geburtenrate, insbesondere durch spätere Eheschließungen. Damit steigt die Beteiligung der Frauen am Arbeitsprozeß durch die Ausbildung. Die Ausbildung hat einen eher negativen Effekt auf die Beschäftigung

– wenn sie die Einkommens- und Berufserwartungen in unrealistische Höhen treibt,
– wenn die Ausbildungs- und Fortbildungsmöglichkeiten qualitativ weit schlechter sind als diejenigen für Männer,

- wenn sie keinen Einfluß auf die Wiederaufnahme des Berufes nach der Geburt von Kindern hat.

Obwohl es bedeutende Unterschiede von Land zu Land gibt, ist doch eine wachsende Disparität zwischen den Opportunitäts-Einkommen von Männern und denen von Frauen festzustellen. Als einer der wesentlichsten Gründe hierfür wurde die Aufgabe der Kinderbetreuung erkannt. Es ist für viele Arbeitgeber billiger, Männer einzustellen, da der Ausfall der Frauen oder ein Wechsel am Arbeitsplatz in jedem Fall zusätzlich Geld kostet. Die Bedeutung dieser Schwierigkeiten für Frauen hängt besonders von der Höhe und der Struktur der Nachfrage nach Arbeitskräften ab und muß nicht in jedem Fall zu einem sexual dualism führen.

Es konnte festgestellt werden, daß mit steigendem Übergang zu Lohnarbeit die Diskriminierung von Frauen am Arbeitsprozeß weiter fortschreitet. Ihre relativ schlechte Ausbildung und ihre geringen Opportunitäts-Einkommen halten Frauen weiter davon ab, ihre Beteiligung am Arbeitsprozeß zu entwickeln und in dem Maße wie die traditionellen Formen der Arbeit in der Subsistenzwirtschaft abnehmen, werden Frauen immer mehr dazu getrieben, nur als secondary workers aufzutreten. Ein wichtiger Faktor zur Vermeidung solcher Entwicklungen ist, wie schon erwähnt, die Bereitstellung von Aus- und Fortbildungsfazilitäten für Frauen und die Geburtenkontrolle.

Jedoch wird weder eine traditionell ausgerichtete Lohnpolitik, noch eine liberale Familienplanung und Ausbildungsförderung ausreichen, um den sexual dualism abzubauen. All diese Anstrengungen sind notwendig, aber nicht hinreichend, da es die Arbeitsplatzstruktur ist, die letztlich eine Einteilung der Arbeitskräfte in primary und secondary workers bewirkt.

2.4. Regionale Unterschiede bei der Frauenarbeit

Da von Region zu Region gravierende Unterschiede im Beschäftigungsmuster der Frau im modernen und informellen Sektor auftreten, sollen diese kurz umrissen werden. Es ist jedoch darauf hinzuweisen, daß auch innerhalb der Regionen Unterschiede von Land zu Land beträchtlich sein können[12].

Die Situation der Frau in einigen wichtigen Regionen soll kurz charakterisiert werden.

— Afrika südlich der Sahara

Landwirtschaft und Kleinhandel wird vorwiegend von Frauen getragen. Ein Großteil der Erträge im Subsistenzbereich wird von Frauen erwirtschaftet. Frauen haben einen verschwindenden Anteil an der Lohnarbeit. Als Familienform ist die Großfamilie mit Polygamie weit verbreitet. Im modernen Sektor ist die Frau dagegen extrem unterrepräsentiert[13].

— Nordafrikanische Länder, islamische Länder West- und Südasiens

Der Islam erlaubt hier im modernen Sektor keine Beschäftigung von Frauen. Lediglich im traditionellen Sektor sind den Frauen einige wenige Beschäftigungsmöglichkeiten außerhalb der Familie vorbehalten. Entsprechend ist der Anteil der Frauen an den in landwirtschaftlichen Familienbetrieben Erwerbstätigen gering. Im offiziellen Handel sind Frauen nicht vertreten.

– Südostasien

Hier repräsentieren die Frauen etwa 1/5 der Erwerbstätigen in der Landwirtschaft. Ca. 1/4 der Lohnarbeiter ist weiblichen Geschlechts. Die Beteiligung an einer Beschäftigung im modernen Sektor ist vergleichsweise hoch. Etwa 1/5 der im Handel Erwerbstätigen sind Frauen.

– Lateinamerika

In Lateinamerika gibt es nur einen geringen Anteil von Frauen an den Erwerbstätigen in der Landwirtschaft. Dies trifft auch für den Anteil an den Lohnarbeitern zu. Der Prozentsaz der beschäftigten Frauen in den Städten ist vergleichsweise höher, vor allem im traditionellen Dienstleistungsbereich, aber auch im modernen Sektor.

3. Auswirkungen der Modernisierung auf die Lage der Frau

Die Beurteilung der Auswirkungen der fortschreitenden Entwicklung auf die Lage der Frau ist unterschiedlich. Ein großer Teil der hierüber angefertigten Studien kommt jedoch zu dem Ergebnis, daß ein negativer Zusammenhang zwischen Entwicklung und Verbesserung der Lage der Frau besteht[14].
Im Zuge der Modernisierung richteten sich Aus- und Fortbildungsmaßnahmen hauptsächlich an Männer.
Die Frau wurde weitgehend aus ihrer traditionellen Rolle als Lebensmittelerzeuger und Heimarbeiter von den Männern verdrängt. Dieser Verlust der Tätigkeitsbereiche wurde nicht durch Aufzeigen neuer Einkommensmöglichkeiten in anderen Sektoren kompensiert. Insgesamt haben die Modernisierungsmaßnahmen weitgehend die traditionellen Diskriminierungen verschärft[15]. Früher bauten die Frauen Nahrungsmittel mit ihren primitiven Werkzeugen selbst an. Als das Stadium erreicht war, in dem die Pflüge von Tieren gezogen wurden, oder aber Traktoren verwendet wurden, bestellten die Frauen die Felder nicht mehr selbst, weil die Männer und nicht die Frauen die notwendige Ausbildung für die neuen Methoden erhalten hatten. In der weiteren Entwicklung zur modernisierten Agrarwirtschaft wurden die Frauen immer weiter aus diesem, ihrem traditionellen bäuerlichen Tätigkeitsbereich verdrängt. Da nur die Männer weiter in der Landtechnik ausgebildet werden, nimmt die relative Produktivität der Frauen ab. Eine Gegenentwicklung zur Steigerung der Produktivität der Frau in anderen Bereichen findet nur statt, wenn hierzu Hilfe geleistet wird. Die Stellung der Frau wandelt sich aber hierdurch bedingt noch weiter[16].
Da die Frau nunmehr nicht mehr dominierend in die Produktion von Nahrungsmitteln beteiligt ist, wird sie auch nicht mehr die Produkte am Markt verkaufen. Daraus folgt der Verlust eines weiteren ihr seither zugehörigen Bereiches, des Kleinhandels. Hinzu kommt, daß Bargeld jetzt vom Mann eingenommen wird. Eine ähnliche Entwicklung zeigt sich in der Produktion von Kleidung und Haushaltsgeräten, die langsam immer mehr in Kleinwerkstätten und nicht mehr von Frauen gefertigt werden. Hierdurch vollzieht sich aber ebenfalls ein Wandel im Status der Frau. Da sie immer weniger zum Lebensunterhalt der Familie beitragen kann, wird ihre Rolle in der Familie weniger bedeutend. Da die Frauen nicht gleichberechtigt an den Ausbildungseinrichtungen teilhaben

können, wird ihr Ausscheiden aus den traditionellen Tätigkeitsbereichen nicht durch eine entsprechende Beschäftigung im modernen Sektor ausgeglichen. Hier werden in weiten Bereichen Produktivitätssteigerungen der Männer durch ein Sinken der Produktivität bei den Frauen aufgehoben. Daher muß die Partizipation der Frau am modernen Wirtschaftsleben auch aus gesamtwirtschaftlichen Gründen gezielt gefördert werden[17]. In diesem Zusammenhang wird allerdings oft auf das Problem der ohnehin großen Arbeitslosigkeit hingewiesen, die durch einen verstärkten Druck von Frauen auf den Arbeitsmarkt noch vergrößert würde. Dennoch kann eine in der Entwicklung befindliche Wirtschaft es sich nicht leisten, Produktivitätsgewinne auf der einen Seite durch Verluste auf der anderen Seite zu verlieren. Das Problem der Arbeitslosigkeit ist auf lange Sicht nur durch Wirtschaftswachstum und damit einen erhöhten Arbeitskräftebedarf oder durch ein reduziertes Bevölkerungswachstum zu bekämpfen. Hierbei ist jedoch die Einstellung der Frau zu dem Problem der Geburtenkontrolle zu beachten. In den meisten entwickelten Ländern konnte eine Verbindung zwischen Bildungs- und Ausbildungsstand der Frau und geringer Kinderzahl beobachtet werden. Bildung ist also einerseits ein Mittel zur Beeinflussung der Bevölkerungsentwicklung und gleichzeitig eine Möglichkeit zur Steigerung der Arbeitsproduktivität in der Wirtschaft[18].

4. Zielsetzungen für die Förderung der Frau in Entwicklungsländern

Aus der oben beschriebenen Lage heraus wurde die allgemeine Zielsetzung des Weltaktionsplanes für den Zeitraum von 1975 bis 1980 aufgestellt[19]. Sie enthält u. a.:

- Senkung des Analphabetentums der Frauen insbesondere in ländlichen Gebieten;
- Maßnahmen zur Berufsausbildung der Frau auch technischer Art;
- Schulpflicht im Elementarbereich;
- Senkung der Arbeitslosigkeit der Frau;
- Beseitigung von Diskriminierungen bei Arbeitsbedingungen;
- Verbesserung sozialer Dienste;
- Politische Gleichberechtigung im weitesten Sinne;
- Partizipation der Frau auf lokaler, nationaler und internationaler Entscheidungsebene;
- Ausbildungsmaßnahmen im Bereich Hygiene, Ernährung, Gesundheit, Erziehung und Familienplanung
- Anerkennung des wirtschaftlichen Wertes der Arbeit der Frau in Haushalt, Handel und Landwirtschaft;
- Förderung der Organisation von Frauen;
- Ausrichtung schulischer Lehrinhalte auf das neue Rollenverständnis der Frau;
- Entwicklung moderner ländlicher Technologie zur Erleichterung der Arbeit der Frau;
- Schaffung einer Einrichtung auf Regierungsebene, die die Durchsetzung der Chancengleichheit der Frau beschleunigen soll.

Die Leitlinien des Bundesministeriums für wirtschaftliche Zusammenarbeit zum Thema Förderung der Frau in Entwicklungsländern weisen auf die gravierenden Unterschiede in der sozialen Stellung der Frau in unterschiedlichen Regionen hin. Daraus ergibt sich die Notwendigkeit, nationale Besonderheiten bei der Förderung der Frau zu berücksichtigen.

Als grundsätzliche Maßnahmen, die auf eine verstärkte Einbeziehung der Frau in die Entwicklungshilfearbeit abzielen, gelten[20]

— die Erstellung eines Memorandums, das bei Regierungsverhandlungen auf die Bereitschaft der Bundesregierung zur Förderung der Frau in Entwicklungsländern hinweisen soll,

— die Erstellung von Projektprüfungskriterien zur rechtzeitigen Erfassung und gegebenenfalls zur Vermeidung von negativen Auswirkungen von Projekten auf die Frau in Entwicklungsländern,

— die Überprüfung laufender Projekte auf ihre Auswirkungen auf die ökonomische und soziale Stellung der Frau,

— die Entwicklung einer Konzeption zur integrierten ländlichen Entwicklung unter Einbeziehung der besonderen Bedeutung der Frau für die Landwirtschaft.

Als sektorale Maßnahmen werden vorgeschlagen:

— die Fortsetzung bisheriger Aktivitäten in Bereichen wie Ernährung, Gesundheit und Familie

— die Ausrichtung der bundesdeutschen Massenmedienprojekte auf die Bedürfnisse der Frau

— die verstärkte Förderung von Genossenschaften und anderen Selbsthilfeorganisationen, in denen Frauen stark vertreten sind

— die Anhebung des Prozentsatzes weiblicher Stipendiaten aus Entwicklungsländern.

Zu den grundsätzlichen Maßnahmen ist zu bemerken, daß gerade die Notwendigkeit zur Erstellung eines Memorandums einen Hinweis auf die Probleme der staatlichen Entwicklungshilfe insbesondere im Bereich Frauenfragen gibt. Es ist erforderlich, daß eine Anfrage des Empfängerlandes nach solchen Projekten bei Regierungsverhandlungen gestellt wird (Antragsprinzip). Die Empfängerländer legen jedoch oft weit mehr Gewicht auf technische oder ökonomisch ausgerichtete Projekte. Es ist also weitgehend Verhandlungssache, solche Anfragen zu erhalten. Als nächster Schritt wäre dann zu klären, wo und wie Frauen in dem entsprechenden Land oder Gebiet zu fördern wären. Hier fehlt oft der Kontakt zur Zielgruppe, so daß gerade die Äußerung der felt needs durch die Frauen selbst entfällt. Es ist aber eine Vorbedingung der Frauenprojekte, daß die Zielgruppe selbst an der Konzeption beteiligt wird. Notwendig wäre hier eine Kontaktaufnahme mit der betroffenen Zielgruppe und ein langfristiges Beobachten, um die felt needs zu erfahren. Nichtregierungsorganisationen haben hier oft besseren Kontakt und größere Chancen[21].

5. Projektarten

In der BRD wird prinzipiell unterschieden zwischen frauenspezifischen Projekten und frauenrelevanten Projekten. Während erstere direkt zur Förderung der Frau in Entwicklungsländern eingesetzt werden, wird die Auswirkung der frauenrelevanten Projekte auf die Stellung der Frau in Entwicklungsländern indirekt abgeleitet.

Problematisch ist hier die Definition von frauenspezifischen Projekten. Während zu Beginn der Förderung der Frau in Entwicklungsländern als frauenspezifisch nur solche Projekte bezeichnet wurden, die in dem ihr traditionell zugeschriebenen Bereich Familie, Ernährung und Erziehung lagen, wird inzwischen die damit verbundene Gefahr einer Festschreibung der weiblichen Rollenverteilung nach westlichem Muster durch die Entwicklungshilfe gesehen. Frauenprojekte sind auch solche Projekte, die die Frauen auf eine Beschäftigung im modernen Sektor der Wirtschaft vorbereiten. Ebenso sollen Projekte gefördert werden, die Frauen in modernen landwirtschaftlichen Produktionstechniken ausbilden, um sie weiterhin zu befähigen, in ihrem traditionellen Erwerbszweig, der Landwirtschaft, zu arbeiten.

Auch eine Förderung von Genossenschaften, die Frauen als Genossen aufnehmen, kann unter die Kategorie der frauenspezifischen Projekte fallen. Hierbei ist zu beachten, daß die zahlreichen Genossenschaftsprojekte, die eine Steigerung der landwirtschaftlichen Produktion und deren Vermarktung zum Gegenstand hatten, auch oft negative Auswirkungen auf die Lage der Frau in Entwicklungsländern hatten. Die Satzung vieler nach westlichem Muster entstandenen Genossenschaften läßt nur ein Familienmitglied als Genosse zu und das ist als Familienoberhaupt der Mann[22]. Der Mann erhält durch die Genossenschaft Zugang zu modernen Produktionsmethoden und Produktionsmitteln sowie zu besseren Vermarktungsmöglichkeiten für Marktfrüchte, also auch höhere Einkünfte. Die Frauen jedoch arbeiten weiterhin auf dem Feld.

Zu den frauenspezifischen Projekten gehören auch solche, die Frauenorganisationen gründen, fördern und stützen. Es lassen sich folgende Hauptziele von frauenspezifischen Projekten herausfiltern[23]:
— Verbesserung des Gesundheitszustandes
— Reduzierung der Arbeitsbelastung
— Einkommensschöpfung
— Bildung/Ausbildung
— Verbesserung der Organisationsfähigkeit.

In jedem Fall ist zu beachten, daß die Frau nicht als Instrument zur Befriedigung der Grundbedürfnisse anderer begriffen wird. Ihr also ein größtmögliches Mitspracherecht bei der Veränderung ihrer Lebensbedingungen eingeräumt werden muß. Es besteht die Gefahr einer Festschreibung der weiblichen Rolle nach westlichem Rollenverständnis auch durch die Entwicklungshilfe in den frauenspezifischen Projekten, die nur oder weitgehend im Bereich Hauskultur, Ernährung und Kleinkindererziehung angesiedelt werden[24].

6. Frauenrelevante Projekte

Zur Feststellung der Auswirkungen von Entwicklungshilfe-Projekten auf die Lage der Frau sind im Auftrag des BMZ Kriterien entwickelt worden, die solche Auswirkungen transparent machen sollen. Anhand dieser Kriterien werden dann frauenrelevante Projekte erfaßt[25].

Es werden Prüflisten ausgegeben, die eine Bestandsaufnahme und Kontrolle in der Projektregion für die im folgenden aufgeführten Untersuchungsbereiche ermöglichen sollen[26]:
— Bevölkerung und Lebensraum
— Familiendaten
— Familienstruktur
— Stellung und Funktion der Frau
— Aufgabenverteilung innerhalb der Familie

Arbeitsbereiche
- Haushaltsbereich
- landwirtschaftlicher Bereich
  - tierische Produktion
  - pflanzliche Produktion
- Wirtschaftsführung
- gewerblicher Bereich
- Gesundheitswesen und Hygiene
- Formales Bildungswesen
- Kommunikations- und Beratungswesen

Mit Hilfe dieser Kategorien werden die Projekte erfaßt, die Auswirkungen auf die Stellung der Frau haben und es wird so leichter, frauenrelevante Begleiterscheinungen mit in die Projektkonzeption einzubeziehen. Außerdem können und sollen Frauen, soweit sie betroffen werden, an relevanten Entscheidungen beteiligt werden.

Zusätzlich sollen die Konsequenzen der Entwicklungsprojekte für Frauen untersucht werden bezüglich der:
- Auswirkungen auf ihren Tätigkeitsbereich
- Auswirkungen auf ihre Entscheidungsbefugnisse
- Beratungsaktivitäten, die ihre Tätigkeitsbereiche tangieren
- Kreditprogramme, die traditionelle Tätigkeitsbereiche und Entscheidungsbereiche der Frauen tangieren.

7. Frauenspezifische Projekte

Frauenspezifische Projekte wollen vor allem den Nachholbedarf der Frauen in der Einkommensschöpfung und in der landwirtschaftlichen Beratung durch spezielle Förderung ausgleichen.

Daraus werden frauenspezifische Maßnahmen für folgende Bereiche abgeleitet[27]
- biologisch begründete Maßnahmen im Bereich Mutterschaft und Erziehung
- kompensatorische Maßnahmen,
  - die der Frau eine Beteiligung am Entwicklungsprozeß ermöglichen sollen,
  - die den Frauen die Übernahme rollenspezifischer Aufgaben erleichtern helfen sollen,
  - die den Frauen helfen sollen, die durch den bisherigen Entwicklungsprozeß verursachten Benachteiligungen zu überwinden.

Jede Zielgruppe der Entwicklungshilfe wird in der Funktion als Entwicklungsträger und als Nutznießer betroffen. Ihre Funktion als Entwicklungsträger wird von der Rolle bestimmt, die die Frauen in den betreffenden Gesellschaften spielen[27]:
- in der Familie
- in der Gesellschaft
- in der Landwirtschaft
- im Handwerk
- im Handel
- im öffentlichen Leben

Die Funktion als Nutznießer kann von den Bedürfnissen der Frauen abgeleitet werden[29]:
- Gesundheit und Ernährung

148

- Arbeitserleichterungen in Landwirtschaft, Haushalt, Handwerk
- Einkommensschöpfung
- Bildung und Ausbildung
- Organisationsfähigkeit
- Selbst- und Mitbestimmung

7.1. Gesundheit, Hygiene und Ernährung

Die Beratung ist hier der wichtigste Ansatz für Entwicklungsprojekte. Die Beratungsprojekte werden daher zu den «gängigsten» frauenspezifischen Projekten gezählt. Es ist jedoch zu beachten, daß auch eine Beratung und Ausbildung von Männern auf diesen Gebieten von Bedeutung ist. Man sollte vermeiden, daß durch die beratende Entwicklungshilfearbeit ein Festschreiben der männlichen und weiblichen Rollenverteilung erfolgt. Eine besondere Bedeutung erlangen hier Projekte über Beratung und Bereitstellung von Mitteln zur Geburtenregelung, die für Männer wie Frauen erfolgen sollte. Der Einsatz angepaßter Technologie, wie z. B. die Herstellung und Verwendung einfacher Wasserfilter, gehört hier ebenso dazu, wie die Ausbildung zu Hebammendiensten und die Beratung bezüglich Hausreinigung und Wäschewaschen[30].

7.2. Landwirtschaft

– Mechanisierung

Hierunter sind Projekte zur Mechanisierung von landwirtschaftlichen Arbeiten zu verstehen. Durch die Verwendung von angepaßten Technologien kann den Frauen ihr alter Erwerbsbereich trotz Modernisierung erhalten bleiben und ihre Produktivität gesteigert werden[31].

– Beratung und Kredit

Flankierend zur Mechanisierung und Modernisierung der Landtechniken sollen Beratungs- und Kreditmaßnahmen auch an die Frauen gerichtet werden. Da die Landwirtschaft in weiten Bereichen Afrikas und Asiens Hauptarbeitsgebiet der Frauen ist, müssen sie hier auch weiter ausgebildet werden, um damit eine Produktivitätssteigerung zu erreichen. Mit der Implementierung angepaßter Technologien, die durch Kreditprogramme finanziert werden, können auch Arbeitserleichterungen eingeführt werden und damit die Lebensbedingungen der Frau allgemein verbessert werden[32].

– Medien und Landwirtschaft

Mit Hilfe der Medien kann ebenfalls die Arbeit in der Landwirtschaft verbessert werden. Durch Aufklärungskampagnen können neue Methoden bekanntgemacht und ihre Einführung erleichtert werden. Ein solcher Versuch wurde u. a. für Sanaa Radio Jemen gestartet.

– Verarbeitung pflanzlicher Produkte

Hierunter fallen Nacherntearbeiten wie Getreidemahlen und die Verarbeitung von Gemüse und Obst. «In vielen Dörfern der Tropen fällt zur Reifezeit eine Unmenge an Gemüse und Obst an, das weder lokal verbraucht, noch aufgrund mangelnder Transportmittel und -wege vermarktet werden kann»[33]. Hier können Methoden des Einkochens von Marmelade oder Rohzuckerherstellung, ebenso wie die Herstellung der für die Konservierung notwendigen Tontöpfe, die Vergeudung wertvoller Nahrungsmittel verhindern. Zur Arbeitserleichterung können für Nacherntearbeiten Hirsemühlen, Reismühlen und moderne, aber angepaßte Methoden des Dreschens u. a. eingeführt werden.

– Tierhaltung

Im Bereich der Tierhaltung sollte, unterstützt und angetrieben durch Beratungsdienste und durch die Anwendung von Methoden angepaßter Technologie im Bereich Fütterungsmethoden, Kleintierhaltung, Verarbeitung von Milchprodukten und Futterzusammenstellung, die Produktion erhöht werden. All diese Verfahren sollten sich aber sowohl an Frauen als auch an Männer richten, um beiden die Möglichkeit zu geben, unter verbesserten Arbeitsbedingungen mehr zu leisten. Insbesondere aber in Bereichen, wo die Frau ohnehin bisher hauptsächlich tätig war, wie in der Kleintierhaltung, muß eine direkte Einbeziehung der Frau in Ausbildung und Beratung erfolgen. Diese Beratung sollte sich auch auf die Vermarktung der Produkte erstrecken[34].

7.3. Haushalt

– Brennstoffverbrauch

Da ein Großteil der Frauenarbeit beim Kochen im Haushalt anfällt, kann eine verbesserte Feuerstelle wesentliche Arbeitserleichterung bringen. Hierzu könnten Butangasflaschen und hierfür geeignete Herdeinrichtungen ebenso beitragen, wie in anderen Gebieten der Bau von Lehmherden oder der Übergang von teurem Holz auf Reisstroh, Biogas oder Sonnenenergie als Energieträger. Allerdings ist hierbei immer zu beachten, daß die Frauen letzten Endes selbst die Entscheidung für die Art der Essenszubereitung treffen und somit nur Erfolge zu erzielen sind, wenn sie selbst überzeugt sind, in der Veränderung der Kochstelle eine echte Erleichterung zu finden[35].

– Wasserversorgung

Ein weiterer wesentlicher Anteil der Arbeitszeit der Frau vergeht durch Wasserholen. Die Wasserversorgung ist neben der Brennstoffversorgung eine der wichtigsten Aufgaben der Frau im Haushalt. Es ist zwischen Oberflächenwasser und Brunnenwasser zu unterscheiden. Die Hygiene des Wassers hat überragende Bedeutung. Oft ergibt sich durch die Umstellung der Versorgung von Oberflächen- auf Brunnenwasser, je nach räumlicher Distanz des Brunnens vom Haushalt, auch eine veränderte Aufgabenverteilung. Sollte der Frau z. B. der Aufenthalt außerhalb ihres «häuslichen» Lebensraumes nicht gestattet sein, so muß die Frau die Aufgabe des Wasserholens an männliche Familienmitglieder oder Kinder übertragen. Dies kann dazu führen, daß beispielsweise weniger hygienisches Oberflächenwasser verwendet wird[36]. Da Wasserholen in vielen Gebieten ausschließlich Frauenarbeit ist, sind Brunnenbauprojekte in erster Linie frauenspezifische Projekte und sollten auch als solche konzipiert werden. Insbesondere die Lage der Brunnen muß auf die Gewohnheiten der Frauen und ihren Bewegungsspielraum soweit wie möglich Rücksicht nehmen.

7.4. Handwerk

Frauen spielen bei der Herstellung von handwerklichen Produkten eine große Rolle. Handwerkliche Arbeiten fallen bei der Herstellung von Haushaltsgeräten und Kleidung ebenso wie bei der Reparatur von Geräten an. Diese Arbeiten können auch eine wichtige Erwerbsquelle der Frauen darstellen, zumindest aber Geldausgaben substituieren, wenn die benötigten Gegenstände selbst gefertigt werden[37].
In manchen Ländern haben die Massenproduktion und der Import von billigen Haushaltsartikeln die Frau bereits dieser Erwerbsmöglichkeit beraubt. Dies sollte beim Einsatz handwerklicher Kleinwerkstätten als Entwicklungsprojekte beachtet werden.

7.5. Maßnahmen zur Einkommensschöpfung

Die traditionelle geschlechtsspezifische Aufteilung der Arbeitsbereiche in Landwirtschaft, Handel und Handwerk bietet in vielen Entwicklungsländern den Frauen die Möglichkeit, eigenes Einkommen zu erwirtschaften. Diese Möglichkeiten des Einkommenserwerbs sind durch entwicklungspolitische Maßnahmen häufig eingeschränkt oder gar vernichtet worden.
Künftig sollten diese negativen Effekte von Entwicklungsprojekten auf Frauen vermieden werden oder begleitende Maßnahmen zur Kompensation dieser Effekte getroffen werden.

7.6. Ausbildung/Bildung

Die Bedeutung der Alphabetisierung auch der weiblichen Bevölkerung kann durch Medien betont und propagiert werden. In jedem Fall muß die Bereitschaft und Einsicht der Eltern und Lehrer vorhanden sein, damit auch Mädchen eine Schulausbildung erhalten. Die Ausbildung von Frauen in Lesen und Schreiben, Ernährung, Gesundheit, Hygiene und handwerklichen Tätigkeiten sollte auch dann erfolgen, wenn diese für das formale Schulsystem schon zu alt sind. Denn durch die Ausbildung wird häufig eine Bewußtseinsveränderung auch der älteren Frauen ausgelöst, die diese als Mutter und Ehefrauen in die Familie neu einbringen. Die positive Einstellung zu Bildung und Ausbildung kann dadurch schneller einen gesellschaftlichen Durchbruch erlangen. Nur so läßt sich langfristig ein verändertes Selbstverständnis ebenso wie eine steigende Produktivität der Frau erreichen.

7.7. Organisation von Frauen

Ein wesentlicher Bestandteil zur Rollenveränderung der Frau ist ihre Eingliederung in Selbsthilfeorganisationen, die ihr die Möglichkeit eines Meinungsaustausches, der Fortbildung und der Unterstützung durch andere anbietet[38]. Diese Organisationen können durch Kontakte mit Frauenorganisationen aus Geberländern weiterentwickelt werden. Hierbei darf jedoch nicht der Versuch unternommen werden, westliche Problembereiche in die ganz andere Umwelt der Frau in Entwicklungsländern zu tragen.

Als entwicklungspolitische Konsequenz ergibt sich die

— Initiierung von Selbsthilfegruppen und -organisationen
— Ausbildung von Frauen für ihre Mitarbeit in Genossenschaften
— Förderung von Zusammenschlüssen und Selbsthilfegruppen[39].

In diesem sicher nicht vollständigen Überblick über frauenspezifische Projektansätze lassen sich drei Kategorien der Nutzbarmachung angepaßter Technologie für Frauen in Entwicklungsländern identifizieren[40]:

— zeit- und kraftsparende Technologien wie Brunnenbau, Hirsemühlen etc.
— Methoden zur Produktivitätssteigerung wie Ölmühlen, Webstühle, Hühnerställe und Töpferscheiben
— Technologien für Gesundheit, Ernährung und Hygiene wie z. B. Wasserfilter etc.

8. Eine mögliche Vorgehensweise bei frauenspezifischen Projekten

Wie schon eingangs betont, gibt es zwei Ebenen, an denen bei frauenspezifischen Projekten angesetzt werden kann. Einmal die Ebene, die die Rahmenbedingungen erfassen soll, unter denen Aktivitäten erst möglich werden. Die zweite Ebene ist die konkrete dörfliche Ebene, die den Kontakt zu den Frauen erst ermöglicht[41].

Die Rahmenbedingungen sind Faktoren, die sich außerhalb des Einflußbereiches der einzelnen Frau befinden, wie die rechtliche Stellung der Frau, insbesondere ihre Rechte gegenüber dem Mann, gesellschaftliche Normen, die der Frau ein bestimmtes Rollenverhalten aufzwingen und ökonomische Zwänge, wie die Arbeitsmarktlage sowie Besitzstand ihrer Familie bzw. der Familie ihres Mannes[42]. Dies sind Faktoren, die sich nur langfristig auf nationaler Ebene und sehr langsam ändern lassen.

Beide Ansätze müssen möglichst gleichzeitig nebeneinander beeinflußt werden. Die konkrete Ausgestaltung der ersten Kontaktmöglichkeit mit den Frauen muß länderspezifisch bzw. spezifisch für die Projektregion vorbereitet werden, um den Mentalitätsunterschieden Rechnung zu tragen. Durch Kontakte mit den Frauen in ihrer natürlichen sozialen Umwelt muß erreicht werden, daß diese ihre spezifischen «felt needs» zunächst selbst artikulieren. Eine erfolgreiche Selbsthilfe der Frau ist nur dann langfristig möglich, wenn sie die Verbesserung ihrer Situation als Ziel des Projektes deutlich erkennt.

Als Wegweiser für die Planung von Entwicklungsprojekten können folgende Schritte betrachtet werden:

— Vorstudien zur Feststellung der Rolle und Lage der Frau in der Projektregion
— Identifizierung prioritärer Bedürfnisse unter Mitarbeit der Zielgruppe
— Informationen an die Zielgruppe über beabsichtigte Maßnahmen und deren Auswirkungen auf den eigenen Bereich (Rechte und Pflichten)
— Etablierung von Partizipationsmöglichkeiten der Zielgruppe
— Bereitstellung von genügend einheimischen weiblichen Counterparts
— Entsendung auch von weiblichen Experten in der technischen Hilfe
— begleitende Evaluierung und laufende Korrektur (Monitoring).

Anmerkungen

[1] Zur Frage der Grundbedürfnisstrategie siehe den Beitrag von Schmidt, B. C., Grundbedürfnis-orientierte Entwicklungspolitik.

[2] Bundesministerium für wirtschaftliche Zusammenarbeit (BMZ), Grundbedürfniskonzept, BMZ aktuell vom 6. Nov. 78.

[3] Gesellschaft für technische Zusammenarbeit (GTZ), Orientierung auf Grundbedürfnisse, Eschborn 1979, S. 1 ff.

[4] Ebenda, S. 12.

[5] Ebenda, S. 13.

[6] Vgl. hierzu BMZ, Förderung der Frau in Entwicklungsländern, Grundsatzpapier, Bonn 1978 (255-k8198-8/78), S. 1 f.

[7] Ebenda, S. 4.

[8] Ebenda, S. 5.

[9] Vgl. Weekers-Vagliani, W., Women in Development (OECD), Paris 1980.

[10] BMZ, Förderung der Frau in Entwicklungsländern, Grundsatzpapier, a.a.O., S. 6.

[11] Standing, G., Labour Force Participation and Development, ILO, Genf 1978, S. 67.

[12] Vgl. im folgenden BMZ, Förderung der Frau in Entwicklungsländern, Grundsatzpapier, a.a.O., S. 7–9.

[13] Vgl. hierzu auch Boserup, E., Woman's Role in Economic Development, New York 1970.

[14] Vgl. Bruchhaus, E.-M., Leßner-Abdin, D., Wolsky, M.; Frauen in Entwicklungsländern Freiburg/Br. 1979, S. 37 ff und insbesondere auch Boserup, E., Womens Role in Economic Development, New York 1970.

[15] BMZ, Förderung der Frau in Entwicklungsländern, Grundsatzpapier, a.a.O., S. 10 und Bruchhaus et al., Frauen in Entwicklungsländern, a.a.O., S. 22.

[16] Vgl. de Vries, M., G., Frauen, Berufe und Entwicklung, in: Finanzierung und Entwicklung 4/71, S. 7.

[17] Bruchhaus, E.-M., et al., Frauen in Entwicklungsländern, a.a.O., S. 26.

[18] Vgl. de Vries, M. G., Frauen, Berufe und Entwicklung, a.a.O., S. 8 f.

[19] United Nations, Weltaktionsplan NY zitiert nach: BMZ, Förderung der Frau in Entwicklungsländern, Grundsatzpapier, a.a.O., S. 12 ff.

[20] Vgl. hierzu BMZ, Förderung der Frau in Entwicklungsländern, Grundsatzpapier, a.a.O., und Bauer, Michael, Was die Entwicklungspolitik der Bundesregierung für die Frauen tun will, in: Entwicklung und Zusammenarbeit, 5/78, S. 8.

[21] Vgl. Böll, W., Das Problem der Frauen bei der Verwirklichung von Entwicklungsprojekten, Erfahrungen mit den Partnern der Zusammenarbeit, in: Leßner-Abdin, D., Hrsg., Förderung von Frauen in Entwicklungsländern, Freiburg/Br. 1980, S. 51–57.

[22] Vgl. Bruchhaus, E.-M.; Frauen als Opfer wohlgemeinter Entwicklungshilfe, in: Entwicklung und Zusammenarbeit 5/78, S. 6.

[24] Vgl. Bruchhaus, E.-M., Planung und Evaluierung von Maßnahmen für Frauen, in: Leßner-Abdin, D., Hrsg., Förderung von Frauen in Entwicklungsländern, a.a.O., S. 77 f.

[24] Vgl. Bruchhaus, E.-M., als Opfer wohlgemeinter Entwicklungshilfe, in: Entwicklung und Zusammenarbeit 5/78, S. 7.

[25] Martius v. Harder, G., Frauenrelevante Projektkriterien zur Planung, Durchführung und Evaluierung von bilateralen Projekten der deutschen technischen und finanziellen Zusammenarbeit, im Auftrag des BMZ, Berlin 1978.

[26] Ebenda, S. 8 ff.

[27] Vgl. Bruchhaus, E.-M., et al., Frauen in Entwicklungsländern, a.a.O., S. 159.

[28] Ebenda, S. 160 f.

[29] Ebenda, S. 161.

[30] Vgl. Bruchhaus, E.-M., Frauen, Technologie und Grundbedürfnisse, a.a.O., S. 16 ff. und Martius v. Harder, G., Die Frau im ländlichen Bangladesh, a.a.O., S. 165 ff.

[31] Vgl. Myntti, C., Women and Development in Yemen Arab Republic, Eschborn 1979, S. 100 f.

[32] Vgl. Bruchhaus, E.-M., Frauen, Technologie und Grundbedürfnisse, in: Entwicklungspolitik 16/79, S. 15–18.

[33] Bruchhaus, E.-M., Frauen, Technologie und Grundbedürfnisse, a.a.O., S. 16.

[34] Vgl. Martius v. Harder, G., Die Frau im ländlichen Bangladesh, a.a.O., S. 155 ff und Myntti, C., Women and Development in Yemen Arab Republic, a.a.O., S. 102.

[35] Bruchhaus, E.-M., Frauen, Technologie und Grundbedürfnisse, a.a.O., S. 15 und Myntti, C., Women and Development in Yemen Arab Republic, a.a.O., S. 102.

[36] Vgl. Martius v. Harder, G., Die Frau im ländlichen Bangladesh, a.a.O., S. 119.

[37] Vgl. ebenda, S. 124 ff.

[38] Vgl. hierzu den Beitrag über Selbsthilfeorg. von Thene, C.

[39] Vgl. Bruchhaus, E.-M., et al., Frauen in Entwicklungsländern, a.a.O., S. 71.

[40] Vgl. Bruchhaus, E.-M., Frauen, Technologie und Grundbedürfnisse, a.a.O., S. 17.

[41] Vgl. hierzu Weekers-Vagliani, W., Women in Development, Hrsg. OECD, Paris 1980, S. 19.

[42] Vgl. Bruchhaus, E.-M., et. al., Frauen in Entwicklungsländern, a.a.O., S. 170.

Förderung von Selbsthilfeorganisationen

Karin Thöne

1. Die Stellung der Selbsthilfe im Rahmen der Instrumente der Sozialpolitik

Selbsthilfe kann definiert werden als Notabwendung aus eigenen Kräften. Sozialpolitisch relevant wird sie, wenn mit ihr Ziele verfolgt werden aus dem Bereich der sozialen Sicherheit oder der Verbesserung von Lebens- und/oder Arbeitsbedingungen. Selbsthilfe kann dabei resultieren aus individuellen Anstrengungen, familiärem Zusammenwirken oder dem Solidarverhalten einer sozialen Gruppe. In den Bereich der internationalen Sozialpolitik ist dieses Thema dann einzuordnen, wenn es sich bei der Förderung von Selbsthilfeorganisationen um Maßnahmen handelt, die darauf abzielen, sowohl das internationale Einkommensgefälle zu verringern, als auch auf soziale und ökonomische Verbesserungen im Entwicklungsland selbst hinzuwirken, um so die Lage der ärmsten Bevölkerungsschichten zu verbessern.

1.1. Selbsthilfe im europäischen Raum

Entwicklungsgeschichtlich bedeutsam wurde die Selbsthilfebewegung im europäischen Raum durch die Genossenschaftsbewegung des 19. Jahrhunderts. Sie wurde von den Kolonialmächten auch nach Afrika und Asien, von Auswanderern nach Südamerika gebracht und trat dort – häufig mit wenig Erfolg – in Konkurrenz zu traditionalen Kooperationsformen.

In Europa wurde die Bewegung von sozial schwachen Gruppen getragen mit dem Ziel «. . . ihre Lage dadurch zu verbessern, daß sie in freiem solidarischen Zusammenwirken selbst Wirtschaftsgebilde schaffen, die ihnen entweder unter Ausschluß eigenen Gewinnstrebens wirtschaftliche Funktionen abnehmen, zu deren Wahrnehmung . . . sie nicht oder nicht ausreichend imstande sind, oder ihnen gemeinsam eine selbständige wirtschaftliche Existenz und damit eine Lebenslage bieten, welche die wirtschaftlich Schwachen einzeln nicht erreichen können»[1]. Die Selbsthilfebewegung hatte damit zum Ziel, die wirtschaftliche Selbständigkeit von schwachen Bevölkerungsgruppen herbeizuführen.

1.2. Selbsthilfe als entwicklungspolitischer Ansatzpunkt

Selbsthilfe in Form von genossenschaftlichen Zusammenschlüssen wird von internationalen Organisationen bereits seit nahezu 50 Jahren gefördert[2] und ist seit dem Ende des Zweiten Weltkriegs ein Programmpunkt entwicklungspolitischer Strategien, der im Verlauf der letzten 30 Jahre immer stärkere Beachtung gefunden hat.

In der *ersten Entwicklungsdekade* nach dem Krieg ging die Entwicklungshilfe davon aus, daß das zentrale Problem der Unterentwicklung der *Kapitalmangel* in den Entwicklungsländern sei und durch Kapitalhilfe seitens der reichen Nationen ein wesentlicher Beitrag zur Entwicklung geleistet werden könne. In der *zweiten Entwicklungsdekade* setzte sich immer mehr die Erkenntnis durch, daß der langwierige wirtschaftliche und soziale Wandel nicht ohne die *Mobilisierung der Bevölkerung,* die in weiten Bereichen noch in traditionalen Verhaltensmustern verharrte, voranschreiten könne. Dies sollte durch Ausbau und Verbesserung der Selbsthilfe erfolgen. Der europäische Genossenschaftsgedanke wurde solchen Selbsthilfeeinrichtungen zugrundegelegt.

Zielgruppen für die Initiierung neuer Kooperationsformen waren Bevölkerungsgruppen, die durch die Genossenschaft wirtschaftliche oder soziale Vorteile erwarten konnten, vor allem selbständig Erwerbstätige, die in Kleingewerbe, Handwerk, Landwirtschaft, Fischerei oder Handel tätig sind oder abhängig Beschäftigte. Dabei waren bestimmte Voraussetzungen zu erfüllen, die für die Funktionsfähigkeit von Genossenschaften unabdingbar sind:

– Die Mitglieder müssen in der Lage sein, einen Beitrag zum Anfangskapital zu leisten,
– die Produktion muß regelmäßig den Eigenbedarf übersteigen,
– die Genossen müssen zu eigenen Entscheidungen fähig und bereit sein (Beitritt, Kritik und Kontrolle der Funktionäre),
– die geistigen und sozialen Anforderungen hinsichtlich der freiwilligen Einordnung, der Mitarbeit und der Einsatzbereitschaft müssen erfüllt werden[3].

Das Scheitern von Genossenschaften nach europäischem Vorbild als Träger entwicklungspolitischer Projekte infolge zu hoher Anforderungen in bezug auf die Trägerqualitäten, mangelnder Anpassung an regionale Verhältnisse oder unzureichender Projektplanung[4] zwang zum Überdenken der Grundprinzipien und zur Suche nach anderen, den jeweiligen Entwicklungsländern angemesseneren Modellen der Kooperation, wobei aber weiterhin der Gedanke der Selbsthilfe eine zentrale Forderung blieb.

Mit der *Neuorientierung* in diesem Bereich der Entwicklungshilfe war auch eine Akzentverschiebung in der Förderungszielsetzung verbunden. Es wurde deutlich, daß die bislang im Rahmen der Entwicklungshilfe geförderten Bevölkerungsgruppen ohnehin bereits zu den besser gestellten Personenkreisen gehörten, und die *ärmeren Schichten* nur sehr unzureichend gefördert werden konnten. Wollte man aber diese in den Entwicklungsprozeß integrieren, so erforderte das eine Strategie, die sowohl darauf hinwirkt, die Hindernisse, die im rechtlichen ökonomischen und politischen System liegen (z. B. althergebrachte Bodenbesitzverhältnisse) zu beseitigen als auch die Möglichkeit einräumt und die Bereitschaft schafft, diese Zielgruppen zu aktivieren und einen längerfristigen Verhaltenswandel herbeizuführen.

Ferner hatten die Erfahrungen deutlich gemacht, daß die Entwicklungshilfe an den Wertvorstellungen derer anknüpfen muß, die die Selbsthilfeorganisationen tragen sollen. Dabei muß man davon ausgehen, daß ökonomische Zielsetzungen möglicherweise gegenüber anderen Werten geringere Bedeutung besitzen, während traditionelle Werte erheblich größeres Gewicht haben. Es kann nur eine allmähliche Änderung in der Orientierung angestrebt werden. Auch schien es zweckmäßiger, die verschiedenen Formen der

Kooperation, die in den Entwicklungsländern anzutreffen sind, zu nutzen und bei der Förderung an den bestehenden Gruppen anzusetzen.

2. Förderung der Selbsthilfe als entwicklungspolitische Aufgabe

Die Förderung von Selbsthilfe verfolgt neben gesellschaftlichen und politischen vor allem wirtschaftliche Ziele[5], wie z. B.:
- Aktivierung von Massen für den Entwicklungsprozeß,
- Zusammenfassung kleiner und schwacher Einheiten zu leistungsfähigen Wirtschaftskomplexen,
- Planung und Artikulation der Entwicklungsziele,
- Strategie zur Deckung der Grundbedürfnisse,
- Erschließung des Zugangs zum informal sector.

Die Entwicklungshilfegeber sehen sich bei der Förderung von Selbsthilfeorganisationen vor folgende Aufgaben gestellt:
- Den Prozeß des wirtschaftlichen und sozialen Wandels zu beschleunigen und damit die Armut breiter Bevölkerungsschichten schneller zu beseitigen,
- die Fähigkeit zur Selbsthilfe zu entwickeln und zu fördern, sowohl in ökonomischer, technischer als auch institutioneller Sicht,
- die Partizipation der Bevölkerung bei der Konkretisierung von entwicklungspolitischen Programmen und der politischen Willensbildung zu aktivieren,
- die soziale Desintegration, die sich aus der gesellschaftlichen Umschichtung in den Dörfern und durch die Wanderung in die Städte ergeben hat, zu verringern.

2.1. Ökonomische Zielsetzung bei der Förderung von Selbsthilfe im ländlichen Bereich

Selbsthilfe dient als Instrument zur besseren Realisierung entwicklungspolitischer Ziele. Dabei stehen wachstumspolitische Zielsetzungen im Vordergrund. Ein Problem der Entwicklungspolitik ist, die verfügbaren Produktionsfaktoren für den Entwicklungsprozeß zu mobilisieren. Darin besteht nach allgemeiner Auffassung eine bedeutende Aufgabe: «Die Mobilisierung des wirtschaftlichen Potentials im ländlichen Raum kann nur gemeinsam mit der dort lebenden Bevölkerung erfolgreich betrieben werden. Eigeninitiative und Motivation müssen zu den treibenden Kräften werden»[6].

In Abhängigkeit vom Entwicklungsstand können dabei als Entwicklungsziele gelten:
- Diversifizierung der landwirtschaftlichen Produktion,
- Verbesserung der Subsistenz,
- Einkommenssteigerung in der Landwirtschaft,
- Steigerung der Wertschöpfung in der Region,
- Verringerung der Landflucht,
- Versorgung der nationalen Verbraucherzentren,
- Substitution von Importen durch inländische Produkte,
- Export von Agrarprodukten,
- Erwirtschaftung von Devisen.

Das bedeutet, daß über Produktionssteigerung, Diversifizierung und Qualitätsverbesserung in den landwirtschaftlichen Betrieben und über bessere Vermarktung sowohl die Position der Produktionseinheiten als auch das Versorgungsniveau in der Volkswirtschaft angehoben werden soll. Es stehen dazu folgende Instrumente zur Verfügung, die entsprechend der räumlichen, klimatischen, kulturellen und wirtschaftlichen Bedingungen ausgewählt und angewandt werden müssen:
– Einführung neuer Produktionsverfahren,
– Herstellung neuer Produkte,
– Schaffung von Lager- und Absatzeinrichtungen,
– Einrichtung von Verarbeitungsstätten.
Dies ist aber nicht durchsetzbar, wenn nicht gleichzeitig Maßnahmen implementiert werden, die auf die Beseitigung bestehender Hindernisse wie mangelnde Ausbildung, fehlende Informationen über moderne Produktionsmethoden und unzureichende Kapitalausstattung gerichtet sind.
Als Wege bieten sich an
– Ausbildung am Arbeitsplatz,
– Beschaffung technischer und chemischer Hilfsmittel,
– Kreditgewährung an die Produktionseinheiten[7].
Ist aufgrund von traditionalem Verhalten die Bereitschaft der Bevölkerung zur Mitwirkung an Selbsthilfeprojekten gering, so läßt sich mitunter ein Anreiz über Musterprojekte schaffen[8]. Aber auch Änderungen im sozialen, politischen und wirtschaftlichen Rahmen müssen die Grundlage für einen Erfolg von Selbsthilfeprojekten schaffen.

2.2. Sozialstruktur und Selbsthilfeorganisationen

Aus Afrika sind verschiedene autochthone Selbsthilfegruppen bekannt, an deren Beispiel Grundsätzliches aufgezeigt werden kann. Selbsthilfeorganisationen sind häufig entstanden aus traditionellen Familienverbänden (Bsp. das traditionelle Zusammenleben im Compound in Nigeria, die Nachbarschaftshilfe zwischen den Familien und der Dorfgemeinschaft[9]), bei denen zunächst ein natürlicher Zusammenhalt gewährleistet war. Daneben gab es aber auch schon sehr früh Arbeitsgenossenschaften, Spargenossenschaften und Handwerkergilden. Auch von einer Handels- und Kampfgenossenschaft (dem Kanuhaus bei den Ijaws) wird berichtet[10]. Die Kooperation in diesen Genossenschaften basierte nicht oder nicht primär auf familiärem Zusammenhalt, sondern auf Mitgliedschaft. Aus solchen autochthonen Gruppen bildeten sich beispielsweise in Liberia bei allen Stämmen Arbeitsgenossenschaften oder genossenschaftsähnliche Organisationen, die bestimmte landwirtschaftliche Aufgaben übernahmen und Spargenossenschaften, die sich teilweise zu Kreditgenossenschaften weiterentwickelten und heute eine bedeutsame Rolle im Entwicklungsprozeß spielen.
Im Gegensatz dazu stehen Berichte über andere Selbsthilfeorganisationen, beispielsweise in Thailand, wo seit etwa 60 Jahren Erfahrungen mit Selbsthilfeorganisationen gesammelt werden. Heim[11] berichtet von landwirtschaftlichen Genossenschaften, die sobald die Unterstützung von außen abgebaut wurde, recht rasch wieder an Bedeutung verloren. In Indien, wo die Genossenschaftsförderung einen wesentlichen Baustein bei der Agrarreform nach 1947 leistete, wurden die Genossenschaften häufig von genossenschaftsfeindlichen Schichten durchsetzt (von den landlords, dem moneylender oder dem middleman), die dafür sorgten, daß die Hilfsmaßnahmen in erster Linie ihnen selbst zugute kamen[12]. Oft waren es die Organisationsstruktur, eine hohe Verschuldung in der

Landwirtschaft, geringe Produktivität und damit auch ungenügende Produktionsmengen, die eine Entwicklung der Genossenschaften zu echten Selbsthilfeeinrichtungen verhinderten.

Für das mangelhafte Funktionieren wird eine Vielzahl von Faktoren verantwortlich gemacht. Häufig zeigen sich Mängel, die mit der Führungsrolle verbunden sind, wie:
- die mangelnde Bereitschaft, die Führung in einer Selbsthilfeorganisation zu übernehmen,
- den Mißbrauch der Führungsposition durch Korruption, Ausnutzung der Stellung als politische Machtbasis,
- die Tatsache, daß die Führung auch bei Mißerfolgen oder Mißbrauch oft nicht abgewählt wird. Dafür sorgt eine Zahl von Gefolgsleuten, die sich um die Führung gruppiert, während die übrigen Mitglieder keine besondere Konfliktbereitschaft zeigen,
- das stark individualistische Verhalten der Mitglieder.

Wesentliche Mängel sind auch darin begründet, daß Selbsthilfeorganisationen meist aufgrund politischer Entscheidungen und nicht aus existentieller Notwendigkeit, entstanden sind. Oft erweisen sich Selbsthilfeorganisationen nicht als konkurrenzfähig mit traditionell gewachsenen Institutionen, die wie beispielsweise die thailändischen Händler über Informationen und Marktkanäle verfügen. Mangelnder Zugang zu Finanzierungsquellen erschwert den Selbsthilfeorganisationen die Aufrechterhaltung der Arbeitsfähigkeit, mangelnde Infrastruktur die Kontakte zwischen den Gruppen.

Das führt zu folgenden Thesen über die Rahmenbedingungen autochthoner Prozesse der Partizipation und Selbsthilfe:

Es ist zu unterscheiden[13] zwischen relativ *offenen* und *geschlossenen* Gesellschaften. Die *offenen* Gesellschaften sind (in Afrika und Ozeanien) kleingesellschaftlich, meist segmentär strukturiert. Es gibt keine erbliche Reichtums- und Machtstruktur. Freier Wettbewerb um Ansehen und Aufstieg bestimmt die intergenerationelle Position. Zentrale Werte sind individuelle Leistung und wirtschaftliche Gleichheit. Soziale Kontrollmechanismen sind so beschaffen, daß die Einhaltung der Gleichheitsnorm ermöglicht wird. Maximale Partizipation kennzeichnet die politischen, wirtschaftlichen und sozialen Prozesse. Selbsthilfeorganisationen sind hier leichter zu etablieren als in *geschlossenen* Gesellschaften. Diese sind großgesellschaftlich und hierarchisch organisiert. Macht und Reichtum werden weitervererbt. Die individuelle Leistung ist nicht maßgeblich für die gesellschaftliche Position. «Zentrale Werte . . . sind Gehorsam und Beharren in der angeborenen sozialen Lage unter strikter Befolgung der für jede Soziallage festgelegten Verhaltensregeln.»[14] Kontrollmechanismen gewährleisten die Ungleichheitsnorm. Sofern es hier gelingt, Selbsthilfeorganisationen zu etablieren, muß damit gerechnet werden, daß sie entwicklungspolitischen Zielen nur dann gerecht werden, wenn diese mit den Zielvorstellungen der Führer harmonieren oder wirksame Kontroll- und Sanktionsmechanismen für die Durchsetzung der gesellschaftlichen Zielvorstellung eingerichtet werden.

2.3. Trägergruppen der Selbsthilfe

Zielgruppen der Entwicklungshilfe sind im Rahmen der Selbsthilfeförderung «wirtschaftlich und sozial relativ schwache Bevölkerungsgruppen», die «bereit und in der Lage sind, sich zu Selbsthilfeorganisationen (SHO) zusammenzuschließen oder sich bereits zusammengeschlossen haben»[15].

Die Förderung von Selbsthilfeorganisationen erfolgt sowohl von internationalen, als auch von nationalen offiziellen und privaten Einrichtungen. Sie alle suchen nach Formen der Kooperation, die dem Entwicklungsstand und dem politischen und sozialen Klima des jeweiligen Landes angemessen sind.

Wird der Selbsthilfegedanke als Kern der entwicklungspolitischen Strategie angesehen, so ergeben sich daraus auch die Zielgruppen: sie sind in der oberen Unterschicht und der unteren Mittelschicht des jeweiligen Entwicklungslandes zu vermuten; es sind beispielsweise die Kleinbauern, die Bevölkerung im ländlichen Raum, die Problemgruppen in den Städten, die über die wirtschaftliche Grundlage verfügen, um sich an einer Selbsthilfeorganisation zu beteiligen oder diese in der Anlaufphase erwerben.

Kritisch kann hier eingewendet werden, daß damit wieder nicht die ärmsten Bevölkerungsgruppen in den Wirkungsbereich der Entwicklungshilfe gelangen. Aber: Die SHO-Förderung kann als Instrument dort nicht eingesetzt werden, wo die Bevölkerung mangels Eigeninitiative, Kooperationsbereitschaft, minimaler Bildungs- und Versorgungsstandards nicht oder noch nicht zur Selbsthilfe in der Lage ist. Hier müssen zunächst über andere rechtliche, wirtschafts- und sozialpolitische Maßnahmen die Voraussetzungen geschaffen werden, die dann später die Grundlage für Selbsthilfe bilden können. So zeigt sich, daß – obwohl in Entwicklungsländern häufig autochthone Kooperationsformen vorhanden sind – es meist nicht ohne äußere Hilfe gelingt, diese für den Entwicklungsprozeß nutzbar zu machen. Dem Selbsthilfe-Gedanken gemäß darf die äußere Hilfe aber nicht in dauerhafter Unterstützung bestehen, vielmehr muß darauf abgezielt werden, die ökonomische Unabhängigkeit und Leistungsfähigkeit der Selbsthilfeorganisationen herbeizuführen. Soll die Beteiligung der ärmeren Bevölkerungsgruppen am Wirtschaftsleben erreicht werden, so bedeutet das, daß ihnen Verfügungsmöglichkeiten über Produktionsmittel, bessere Ausbildungschancen und Arbeitsmöglichkeiten einzuräumen sind. Entsprechend müssen ihnen die Ergebnisse der Produktion in Form von Einkommen und Gütern zugänglich sein[16]. Landreform ist eine wichtige Voraussetzung hierfür.

Da bei niedrigem Entwicklungsniveau und daraus resultierendem geringem Versorgungsniveau der ärmeren Schichten diese Verteilung weniger nach Leistungs- als nach Bedarfskriterien erfolgt, ist soziales Verhalten seitens der Mitglieder erforderlich. Fehlt dies, so bildet sich leicht ein Parasitentum heraus, was die Funktionsfähigkeit von Selbsthilfeorganisationen bald außer Kraft setzt[17]. Das Problembewußtsein fehlt, vielfach ist auch unbekannt, daß und wie bewußte Probleme bewältigt werden können.

2.4. Voraussetzungen für die Funktionsfähigkeit von Selbsthilfeorganisationen

Selbsthilfe als Teil einer entwicklungspolitischen Konzeption ist an verschiedene *Voraussetzungen* geknüpft, die bei entsprechenden, entwicklungspolitischen Fördermaßnahmen zu beachten sind:

Als sozioökonomische und politische Rahmenbedingungen sind anzusehen:
– die Wirtschaftsordnung muß Raum für Leistungsanreize geben,
– die politische und rechtliche Ordnung muß freiwillige Zusammenschlüsse auf lokaler, regionaler und nationaler Ebene zulassen und schützen,
– Bodennutzungssystem und Arbeitsverfassung müssen auch sozial Schwachen die Chance und das Recht auf Teilnahme gewähren,
– Selbsthilfeorganisationen müssen in der Entwicklungspolitik verankert sein,
– die Sozialstruktur muß flexibel sein.

Die *Funktionsfähigkeit* der Selbsthilfeorganisationen selbst ist abhängig von
- ihrer ökonomischen Leistungsfähigkeit. Ist diese Voraussetzung nicht erfüllt, so ist die Organisation nicht lebensfähig und von dauernder äußerer Unterstützung abhängig, was dem Prinzip der Selbsthilfe widerspricht.
- der Disziplin ihrer Mitglieder. Sie hilft zu vermeiden, daß die Selbsthilfeorganisation weder von den am wenigsten leistungsfähigen Mitgliedern ausgenutzt wird noch von den Leitern mißbraucht wird, um eigene Interessen besser zu realisieren.
- einer höchstmöglichen Übereinstimmung der Interessen der Mitglieder. Nur so kann ein schneller Zerfall der Gruppe vermieden werden.
- der Entwicklung eines geeigneten Konzepts für den Einsatz, die Organisation und die Förderung von Selbsthilfeorganisationen.

2.5. Organisationsformen der Selbsthilfe

Die Bundesregierung hat die Grundsätze für die Förderung von Selbsthilfeorganisationen überdacht und den organisatorischen Rahmen für die Selbsthilfe sehr weit gesteckt. Sie formuliert: «Selbsthilfeorganisationen sind solche Organisationen, deren (personelle) Mitglieder sich aufgrund gemeinsamer Interessen zusammengeschlossen haben, um die dauerhafte Verfolgung ihrer übergeordneten Ziele durch Verbesserung ihrer wirtschaftlichen und sozialen Situation anzustreben. Dabei soll diese Verbesserung nicht durch geldliche Zuwendungen . . ., sondern durch die Erbringung von Dienstleistungen im weitesten Sinne erreicht werden»[18]. Diese Definition schließt eine Vielzahl von Kooperationsformen ein, die von den registrierten Genossenschaften bis hin zu traditionellen autochthonen Gruppen reichen. Damit soll den Entwicklungsländern die Möglichkeit gegeben werden, ihren Zielsetzungen und Organisationsfähigkeiten angemessene Formen der Selbsthilfe zu entwickeln.

Dülfer[19] hat eine Übersicht über Selbsthilfeorganisationen erstellt, die die *formalen* und *informalen Organisationstypen* erfaßt, die nun im Rahmen der Selbsthilfe gefördert werden können (siehe graphische Übersicht).

Als formale Selbsthilfeorganisationen werden solche Einrichtungen bezeichnet, in denen Rechte und Pflichten der Mitglieder und ihre Vertretung nach außen eindeutig geregelt sind (was bei den informalen SHO nicht der Fall ist). Die Regelung kann auf vertraglicher Abmachung oder auf gewohnheitsrechtlicher Regelung basieren (traditionelle autochthone Gruppen aus früheren Sozialstrukturen). Formale Selbsthilfeorganisationen mit Organbetrieb sind Einrichtungen, die, wie beispielsweise Genossenschaften, einen Wirtschaftsbetrieb oder eine ähnlich organisierte operative Einheit besitzen.

Die Förderung von Selbsthilfe setzt nicht voraus, daß eine Selbsthilfeorganisation bereits existiert. Die Förderungsmaßnahmen können auch durch Selbsthilfe-Förderungsinstitutionen an soziale Gruppen gerichtet werden, um einen Anreiz für die Bildung einer Selbsthilfeorganisation zu geben.

2.6. Förderung der Gründung von Selbsthilfeorganisationen

Um die Selbsthilfemöglichkeiten im Rahmen der Entwicklungshilfe zu nutzen, ist für die deutsche Entwicklungshilfe ein Phasenschema vorgesehen, nach dem bei der Auswahl der Förderungsmaßnahmen vorgegangen werden soll, um eine Reihe von Fehlern und

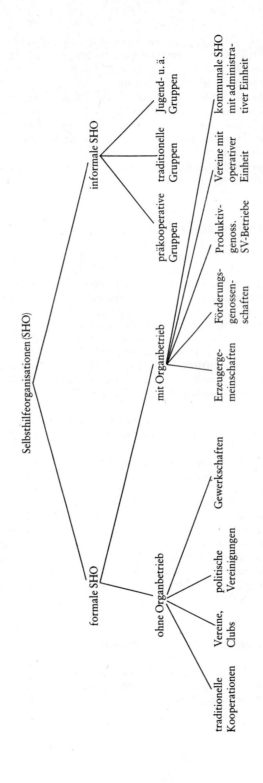

Fehlentwicklungen der Vergangenheit zu vermeiden. In der ersten Phase erfolgt die Initiierung der Selbsthilfe und der Entwurf eines operativen Konzepts, in Phase 2 wird der Kreis der Gründungsmitglieder festgelegt und durch Schulung auf die Selbsthilfeaufgabe vorbereitet und für seine Tätigkeit motiviert. Die weiteren Phasen sehen die organisatorische und ggfs. rechtliche Gründung der Selbsthilfeorganisationen (Phase 3), die Herstellung der Betriebsbereitschaft (Phase 4), die Aufnahme des Betriebs (Phase 5), die Betriebsführung mit Förderung von außen (Phase 6) bis hin zu einer selbständigen, von äußerer Förderung unabhängigen Betriebsführung (Phase 7) vor.

Die Initiative zur Gründung einer Selbsthilfeorganisation kann von verschiedenen Seiten kommen. Häufig sind es Rückkehrer aus anderen Regionen, die dort den Selbsthilfegedanken kennengelernt haben und ihn in ihre meist ländlichen Heimatgebiete einführen. Auch kommunale Institutionen oder Beamte aus entwicklungspolitisch besonders relevanten Sektoren (Landwirtschaft, Gesundheit) werden als Initiatoren tätig. Hierbei ist die Gefahr, daß die Selbsthilfeorganisation zu wenig auf die soziokulturellen und soziopolitischen Gegebenheiten Rücksicht nimmt, weniger groß als wenn die Selbsthilfeorganisation durch äußeren Einfluß, beispielsweise über Technische Hilfe, angeregt wird.

Aus dieser Erfahrung heraus wird der ersten Phase der Selbsthilfe-Initiierung bei der Förderung von Selbsthilfeorganisationsgründungen große Bedeutung zugemessen. Die Feststellung eines Selbsthilfe-Zieles (die Notlage und die Entwicklung eines überzeugenden Projektplans in dieser Phase) ist Voraussetzung dafür, daß eine ausreichende Zahl von Gründungsmitgliedern gefunden und motiviert werden kann. Langfristig hängt auch die Funktionsfähigkeit der Selbsthilfeorganisation davon ab, ob es ihr gelingt, die wirtschaftliche Unabhängigkeit zu erreichen. Gegebenenfalls muß auch geklärt werden, in welchem Umfang staatlicher Schutz und Unterstützung gewährt werden kann, um die Selbsthilfeorganisation arbeitsfähig werden zu lassen.

Das ist vor allem dann erwägenswert, wenn andererseits die Gefahr besteht, daß die Selbsthilfeorganisation ohne staatlichen Schutz von einzelnen Mitgliedern ökonomisch oder politisch mißbraucht wird, um die eigene (Führungs-)Position zu stärken und auszubauen.

2.6.1. Grundbedürfnisstrategie als Motivationsgrundlage

Geht man davon aus, daß in vielen Entwicklungsländern im landwirtschaftlichen Sektor die Subsistenz der Bevölkerung nicht gesichert ist, so scheint es sinnvoll, zunächst die Sicherung der physiologischen Grundbedürfnisse und der materiellen Sicherheit anzustreben, bevor die Produktion für Märkte initiiert wird[20]. Dabei muß berücksichtigt werden, daß der Eigeninitiative Raum gelassen wird, die Gruppenziele zu definieren und die Verfahrensweisen den kulturellen und sozialen Gepflogenheiten anzupassen. Erst wenn Selbsthilfeorganisationen bereits arbeiten, können nach und nach auch über die Grundbedürfnisse hinausgehende weitere Ziele initiiert werden, wie das der Partizipation an kommunalen oder überörtlichen politischen Problemen.

2.6.2. Integrale Bedingungen der Partizipation an Selbsthilfeorganisationen und des Erfolges der Arbeit von Selbsthilfeorganisationen

Um zu vermeiden, daß die Selbsthilfeorganisation aufgrund mangelnder Motivation und Partizipation der Mitglieder zum baldigen Scheitern verurteilt ist, müssen die Voraussetzungen geklärt werden, die eine stabile Gruppe entstehen lassen und arbeitsfähig erhalten.

– Überschaubare Gruppengröße

Dabei ist zunächst die Mitgliederzahl von großer Bedeutung. Obgleich Organisationen um so mächtiger sind, je größer die Zahl ihrer aktiven Mitglieder ist, muß wohl davon ausgegangen werden, daß die Gruppe zunächst überschaubar gehalten werden muß. Das kann am besten dadurch erreicht werden, daß örtlich gewachsene Gruppen zu Selbsthilfeorganisationen motiviert werden. Die notwendige Mitgliederzahl wird durch den Zweck ihrer Gründung zwar nicht normiert, aber häufig eingegrenzt. So ist die Bildung einer landwirtschaftlichen Produktionsgenossenschaft daran gebunden, daß eine ausreichend große bewirtschaftbare Fläche vorhanden ist, daß andererseits eine obere Besitzgröße für den Beitritt festgelegt wird – um zu verhindern, daß Kleinbesitzer von Großbauern dominiert werden, und daß die körperliche Mitarbeit in der Gruppe gewährleistet wird[21].

Auf die Diskriminierung der Subsistenzlandwirtschaft im Fall ihrer Integration in die absatzorientierte Landwirtschaft weist Dams[22] hin. Sie resultiert aus verschiedenen Faktoren – vor allem der fehlenden Wettbewerbsfähigkeit der Kleinst- und Kleinbauern gegenüber Großbetrieben, fehlenden Zugangsmöglichkeiten zum Kreditsektor, Marktunvollkommenheiten und einer für den Agrarbereich ungünstigen Markt- und Preispolitik. Hiergegen ist Vorsorge zu treffen.

Andererseits muß die Selbsthilfeorganisation genügend groß sein, um bestimmte formale Normen zu erfüllen (z. B. vorgeschriebene Zahl von Gründungsmitgliedern bei Genossenschaften), oder um ihre Zielsetzungen realisieren zu können («Gegenmacht»).

Ferner ist in Abhängigkeit von der Gruppengröße ein qualitativer Unterschied festzustellen hinsichtlich Gruppenbewußtsein und Massenverhalten. Eine intensive Zusammenarbeit ist nur bei übersichtlichen kleinen Gruppen zu erwarten. Dort ist auch der emotionale Zusammenhalt größer. Bei größeren Gruppen sind mehr Verhaltensnormen erforderlich, um die Arbeitsfähigkeit der Organisation zu gewährleisten. In Entscheidungssituationen dominiert eher die rationale Orientierung an Eigeninteressen als am Gruppeninteresse[23].

– Wert- und Interessenidentität

Damit ist eine weitere wichtige Voraussetzung für die Entstehung einer stabilen Organisation angesprochen: Das Organisationsziel muß die Interessen seiner Mitglieder zum Inhalt haben. Die Organisation muß besser in der Lage sein, die Individualinteressen zu erfüllen als die bisherige Arbeits- oder Organisationsform.

Setzt die Selbsthilfeförderung bei einer bestehenden Gruppe an, so ist eher zu erwarten, daß die Gruppe nicht wegen unterschiedlicher Interessen oder Wertvorstellungen nach kurzem Bestehen wieder auseinanderbricht. Zur Steigerung der Motivation von SHO-Mitgliedern ist zu prüfen, ob die Realisierung ihrer Interessen durch die SHO ausreichend gefördert wird, oder ob nicht durch flankierende Maßnahmen die Funktionsfähigkeit erhöht werden kann[24].

2.7. Förderung bestehender Selbsthilfeorganisationen

Die Förderung von bereits bestehenden SHO mit ausländischer Hilfe wird nur dann benötigt, wenn die Leistungsfähigkeit der Organisation den Zielvorstellungen nicht entspricht oder verbessert werden kann. Dabei können einer oder mehrere Faktoren für die

unbefriedigenden Ergebnisse verantwortlich sein. Aus dem Projekt heraus ergeben sich in der Regel Anhaltspunkte für Schwachstellen. Diese können liegen in:
– der Grundkonzeption der SHO.
Der SHO muß ein klares Organisationsschema zugrunde liegen, das die lokalen, rechtlichen, sozio-kulturellen Bedingungen berücksichtigt.
– dem Management.
Dieses muß über die fachlichen Fähigkeiten verfügen, die das Organisationsziel voraussetzt, und über die persönliche Qualifikation, die Organisation gemäß ihrer Satzung zu leiten.
– der Mitgliederstruktur.
Gruppengröße, Leistungsfähigkeit und Motivation der Mitglieder wurden bereits oben als Faktoren gekennzeichnet, die über den Erfolg der SHO mitentscheiden.
– der Finanzierungsstruktur.
Sowohl eine ausreichende Eigenkapitaldecke als auch die Form der Fremdfinanzierung können darüber entscheiden, ob die Organisation ihre Zielsetzungen ausreichend verfolgen kann, und ob sie in ihren Entscheidungen weitgehend von Außeneinflüssen frei ist.
– den Projektzielen.
Es sei nochmals darauf verwiesen, daß die Motivation der Organisationsmitglieder dann besonders hoch ist, wenn die Projektziele möglichst mit den Individualzielen übereinstimmen. Ferner ist zu prüfen, ob die Projektziele genügend Realitätsnähe aufweisen und nicht zu umfassend oder zu eng formuliert sind. So lassen sich beispielsweise durch Einbeziehung zusätzlicher Funktionen gelegentlich auch die ursprünglichen Zielsetzungen besser verwirklichen.
– dem Projektplan.
Hier muß deutlich werden, daß das Projektziel mit den vorhandenen oder zu beschaffenden Mitteln erreichbar ist. Zu diesem Zweck muß der Projektplan anschaulich machen, mit welchen finanziellen und technischen Mitteln und in welchem Zeitraum Erfolge zu erwarten sind. Außerdem sollte er flexibel genug sein, damit bei partiellen Mißerfolgen nicht sofort der gesamte Plan hinfällig wird.
– den allgemeinen Rahmenbedingungen.
Eine Vielzahl von äußeren Einwirkungen kann über Erfolg oder Mißerfolg von SHO entscheiden. Sie hier nochmals darzustellen, würde diesen Beitrag sprengen. Einleitend war aber bereits darauf hingewiesen worden, daß neben den rechtlichen und wirtschaftlichen Voraussetzungen die aktive Einbeziehung der SHO-Mitglieder in die Formulierung entwicklungspolitischer – nicht nur ökonomischer – Zielsetzungen gewährleistet sein muß. Damit verbunden darf der Wandel im Sozialsystem nicht blockiert sein.

2.8. Kapitalversorgung der Selbsthilfeorganisationen

Die Finanzierung der Aufgaben der Selbsthilfeorganisationen kann – geht man von den üblichen Finanzierungsformen aus –, aus eigenen Mitteln oder mit Hilfe von Fremdkapital erfolgen, das wiederum aus verschiedenen Quellen stammen kann, nämlich vom inländischen Kreditsystem oder von ausländischen Hilfsinstitutionen. Je nach den ländlichen Gegebenheiten und dem Organisationgrad von Selbsthilfeorganisationen treten aber erhebliche Schwierigkeiten auf: wegen fehlender Verfügungsmöglichkeiten über Sachkapital und Boden und mangelnder Sparfähigkeit ist anfänglich häufig die Eigenfinanzierung ebenso unmöglich wie eine Fremdfinanzierung über den Kredit- und Kapitalmarkt. Es fehlt sowohl das Startkapital als auch die Grundlage für eine Sicherung des Fremdkapitals[25].

Will man erreichen, daß die Selbsthilfeorganisation langfristig von externen Förderungsmaßnahmen unabhängig wird, so ist der Schaffung einer soliden Finanzierungsstruktur großes Gewicht beizumessen. Das bedeutet, daß häufig zunächst besondere Hilfeleistungen erfolgen müssen, um die Selbsthilfeorganisation funktionsfähig zu gestalten, daß sie aus eigenen Mitteln und unter Zuhilfenahme der finanziellen Infrastruktur des Landes ihre Betriebsführung sichern kann. Die Mobilisierung finanzieller Ressourcen der Mitglieder, auch über die Auswahl und Ausdehnung der Zahl der Mitglieder ist die erste wesentliche Voraussetzung für die Finanzierung der Selbsthilfeorganisation mit Eigenkapital. Daneben ist in bestehenden Organisationen das Problem der Lenkung des Kapitals in diejenigen Bereiche, denen die Mitglieder eine hohe Bedeutung zumessen, zu lösen.

Die externe Finanzierungshilfe kann folgende Zwecke verfolgen:

— Kapitalversorgung der Selbsthilfeorganisation oder ihrer einzelnen Mitglieder für die Anschaffung von Anlageinvestitionen oder für laufende Betriebsausgaben (Betriebsmittel, Fachkräfte) in Form von Rotationsfonds, Zuschüssen oder Krediten, in Verbindung mit Förderungsmaßnahmen, die den effizienten Einsatz des Kapitals und die vereinbarungsgemäße Rückzahlung der Kredite sichern,
— Finanzierung von Sanierungsmaßnahmen bestehender Selbsthilfeorganisationen, sofern die Ursachen ermittelt und beseitigt wurden,
— zeitlich begrenzte Finanzierung von Gehältern für das Führungspersonal, um die Identifikation mit dem Projekt besser zu erreichen[26].

Bei der Versorgung mit Finanzierungsmitteln sind verschiedene Voraussetzungen zu beachten, die sichern sollen, daß die Mittel bedarfs- und phasengerecht eingesetzt werden. Dabei kann den länderspezifischen Besonderheiten der wirtschaftlichen Leistungsfähigkeit sowie institutionellen Gegebenheiten Rechnung getragen werden.

Den Entwicklungsphasen der Selbsthilfeorganisation entsprechend wird in den Phasen der Initiierung bis zur Gründung nur wenig Kapitalbedarf bestehen. Externe Finanzierung kann sich hier beziehen auf die Förderung der Planungstätigkeit, der Beratung und Konsolidierung der Gruppe (Phase 2) und der Vergabe kurz- und mittelfristiger zinsgünstiger Kredite an eine Selbsthilfeförderungseinrichtung für eine Beteiligungsfinanzierung[27] zur Erhöhung der Kapitalerstausstattung der Selbsthilfeorganisation. In den folgenden Phasen, in denen die Selbsthilfeorganisation ihren Betrieb aufnimmt (Phase 4: Herstellung der Betriebsbereitschaft des Organbetriebs, Phase 5: Einübung des Dauerbetriebs bis zur Verselbständigung, Phase 6: Selbständiger Dauerbetrieb mit Förderungsbedarf) wächst auch ihr Kapitalbedarf. Gleichzeitig werden finanzielle Hilfen in Form von Krediten gewährt, deren Konditionen so ausgestaltet werden sollen, daß die Selbsthilfeorganisation in der Phase 7 von ausländischer Förderung unabhängig ist.

2.9. Förderung von Selbsthilfeorganisationen über Ausbildung und Beratung

Eine besondere Rolle kommt bei der Förderung von Selbsthilfeorganisationen der Beratung und Ausbildung zu. Wie einleitend bereits festgestellt wurde, kann langfristig wirtschaftlicher und sozialer Wandel nur über einen Verhaltenswandel der Bevölkerung und eine Mobilisierung der Massen erreicht werden. Dafür sind verschiedene Voraussetzungen zu erfüllen, die durch technische Hilfe unterstützt werden können.

— Der Zweck, der gemeinschaftlich erreicht werden soll, muß spezifiziert werden. Dabei ist es wichtig, die Zusammenarbeit der Gruppe nicht zu überfordern, indem zu viele Bereiche in die Selbsthilfe-Aufgabe eingeschlossen werden. Zunächst wird sich die Aufgabenstellung sinnvollerweise nur auf einen Bereich beziehen[28]. Die Hilfe kann sich hier nur auf die Beratung für die Planung und Entwicklung einer Aufbaustrategie beschränken.

- Die Mitglieder müssen motiviert werden, an der Selbsthilfe-Aufgabe aktiv mitzuwirken. Positiv kann sich dabei auswirken, wenn bestehende Sozialstrukturen und Kooperationsformen genutzt werden können[29]. Die Förderung läßt sich hier über Programme zur Motivierung durchführen, die die Notlage bewußt machen, die Kooperationsneigung stärken, die Konzeption der Zusammenarbeit verdeutlichen und das individuelle Bewußtsein der Vorteile aus der Kooperation fördern[30],
- Kenntnisse und Fähigkeiten müssen vermittelt werden, die die gestellte Aufgabe lösbar machen. Diese beziehen sich auf den organisatorischen Rahmen der Zusammenarbeit, auf die Gewinnung geeigneter Führungspersönlichkeiten und ihre fachliche Ausbildung und auf die Schulung der Selbsthilfeorganisations-Mitglieder, um diese in die Lage zu versetzen, die gestellten Aufgaben technisch zu bewältigen.

3. Bewertung des Beitrages von Selbsthilfeorganisationen zu den entwicklungspolitischen Zielsetzungen

Der Beitrag von Selbsthilfeorganisationen zu den entwicklungspolitischen Zielen[31] kann aufgespalten werden im Hinblick auf die Erreichung organisationsspezifischer Ziele und den gesamtgesellschaftlichen Entwicklungsbeitrag. Die Bewertung wäre auszurichten am Zielsystem und dem Beitrag, den Selbsthilfeorganisationen zur Realisierung geleistet haben. Erwartungsgemäß ergeben sich dabei große Probleme. Sie sind vor allem darin begründet, daß ein vieldimensionales Zielsystem berücksichtigt werden muß.

Selbsthilfeorganisationen sollen
- entwicklungspolitische Ziele,
- Ziele der Selbsthilfeorganisation,
- Ziele des Leiters der Organisation und
- Ziele der einzelnen Mitglieder

erfüllen helfen; diese Ziele sind nicht nur ökonomischer Art, sondern sozialer, politischer und anderer Natur und konkurrieren auch miteinander. Will man eine Bewertung durchführen, so muß zunächst eine Zielanalyse erfolgen und ein geeignetes Bewertungsverfahren angewandt werden.

Beschränkt man sich bei der Wirksamkeitsanalyse auf die Prüfung, ob die Selbsthilfeorganisation die Organisationsziele erreicht hat, so sind selbst dabei noch viele Schwierigkeiten zu bewältigen. Neben der Messung der einzelnen Zielerreichungsgrade, die eine Feststellung der Ziele und eines jeweils geeigneten Maßstabes für die Beurteilung voraussetzt, wie «gut» das Ziel erreicht worden ist, ist das Problem zu bewältigen, wie die Ergebnisse, die bei den verschiedenen Zielen erreicht wurden, zusammengefaßt werden können. Genauere Aussagen über die gesamte Wirkung sind bei der Erstellung einer Zielmatrix zu erwarten. Aber auch hier wird die Frage der größeren Effizienz von Maßnahmen nur bei vergleichbaren Organisationen und Situationen zu beantworten sein.

Ein bedeutendes Problem, das bei der Effizienzbeurteilung zu beachten ist, ist das des großen Zeitbedarfs, ehe Selbsthilfeorganisationen wirkungsvoll arbeiten. In verschiedenen Ländern wurden gesetzliche Grundlagen geschaffen, die eine Anlaufphase von mindestens zwei Jahren vorsehen (Kenya, Tanzania, Uganda, Elfenbeinküste, Senegal). Die Erfahrungen zeigten jedoch, daß dieser Zeitraum meist zu gering war, um tragfähige Einheiten zu bilden.

Ergänzend zu den bereits erörterten Problemen der Feststellung und Messung der Effizienz von Selbsthilfeorganisationen in entwicklungspolitischer Sicht sei hier nur noch angeführt, daß ein hoher gesamtwirtschaftlicher Beitrag durch Selbsthilfe nur dann zu erwarten ist, wenn die Entwicklungsziele der Selbsthilfeorganisationen und die des Landes übereinstimmen.

4. Mängel in der Förderung von Selbsthilfeorganisationen als Instrument der internationalen Sozialpolitik

Internationale Sozialpolitik strebt definitionsgemäß u. a. die Verringerung des internationalen Einkommensgefälles und die Verbesserung der sozialen und ökonomischen Stellung der Ärmsten an.

Die sozialen Effekte der Umorientierung in der Vergabepolitik der nationalen Entwicklungshilfe sind – das sei hier noch einmal zusammengefaßt – darin zu sehen, daß
– Hilfe an Gruppen ermöglicht wurde und wird, die bislang an der Entwicklungshilfe nicht teilhaben konnten,
– durch die Zielrichtung auf die Motivation zur Selbsthilfe und die Förderung von Kooperation schwacher Bevölkerungsgruppen deren Partizipation am Entwicklungsprozeß erreicht werden soll,
– die Grundbedürfnisstrategie, die als Förderungskonzept auf die Versorgung der Bevölkerung abzielt und damit eine Verbesserung der sozialen Lage anstrebt, auch hier Anwendung findet.

Kritisch bleibt anzumerken, daß die Förderung von Selbsthilfe letztendlich an der ökonomischen Tragfähigkeit ausgerichtet ist und somit die wirtschaftliche Leistungsfähigkeit derer, die als Trägergruppen gewonnen werden sollen, voraussetzt bzw. sie in absehbarer Zeit herstellen muß. Das schließt wiederum eine große Zahl Hilfebedürftiger aus, die nach anderen Programmen gefördert werden müssen, die aber nicht oder nicht in ausreichendem Umfang zur Verfügung stehen. Ihnen kann nur über eine Ausweitung der entwicklungspolitischen Leistungen Hilfe gewährt werden.

Anmerkungen

[1] Weisser, G., Selbsthilfeunternehmungen. In: Handwörterbuch der Sozialwissenschaften, Band 9, Stuttgart/Tübingen/Göttingen 1956, S. 218.
[2] Vgl. dazu Internationale Arbeitskonferenz, Die Rolle der Genossenschaften in der wirtschaftlichen und sozialen Entwicklung der Entwicklungsländer, 49. Tagung, Genf 1964, S. 2.
[3] Bergmann, T., Funktionen und Wirkungsgrenzen von Produktionsgenossenschaften in Entwicklungsländern, Frankfurt a. M. 1967, S. 31 ff.
[4] Vgl. dazu bspw. Dülfer, E., Pro und Contra zur Effizienz von Genossenschaften in Entwick-

lungsländern. In ders.: (Hrsg.), Zur Krise der Genossenschaften in der Entwicklungspolitik. Marburger Schriften zum Genossenschaftswesen, Reihe B/Bd. 10, Göttingen 1975. Zit. als «Zur Krise . . .».

[5] Bundesminister für wirtschaftliche Zusammenarbeit, 312-T 7410-51/77, Grundsätze für die Förderung von Selbsthilforganisationen in Entwicklungsländern, Bonn 1977.

[6] Hornung, H., Ergänzende Ausführungen zur GTZ-Konzeption und zu den GTZ-Grundsätzen für die Förderung von SHO in: Deutsche Stiftung für internationale Entwicklung (DSE) Hrsg.), Selbsthilforganisationen als Instrument der ländlichen Entwicklung. Seminarbericht (Berlin) 1979, S. 46.

[7] Dülfer, E., Bewertungs- und Meßprobleme bei der Evaluierung von Genossenschaften in Entwicklungsländern. In: ders. (Hrsg.), Zur Krise . . ., S. 32 ff.

[8] Ghaussy, A. G., Das Genossenschaftswesen in den Entwicklungsländern, Freiburg, 1964, S. 22.

[9] Schmölder, K., Hielscher, H., Nigeria- von der traditionellen Gemeinschaft zur angepaßten Sozialpolitik – Eine Enquête über Einrichtungen sozialer Sicherung in Nigeria, Stuttgart 1966, S. 14 ff.

[10] Seibel, H. D., Autochthone Kooperationsgruppen und ihre Eignung für die Projektarbeit: Ansätze zu einer «Entwicklung von unten und innen» durch einheimische Organisationen und Vereinigungen in ländlichen Gebieten, in: DSE, a.a.O., S. 132 ff.

[11] Gangolf-Heim, F., Problems and Constraints of Formal Self Help Organizations in Thailand. In: Entwicklung und ländlicher Raum, 14. Jg., H. 6, Dez. 1980, S. 17.

[12] Vgl. Bergmann, T., a.a.O., S. 127 ff, sowie Leinmüller, D., Die Mobilisierung inländischer Ersparnisse. Zur Finanzierung des Entwicklungsprozesses – Das indische Beispiel –, Diss. Stuttgart 1975, S. 101. Ähnliches wird auch in anderen Entwicklungsländern beobachtet, bspw. aus Ägypten, wo der beamtete Supervisor die Genossenschaften kontrolliert, wird ebenfalls von Machtmißbrauch und Korruption berichtet. Vgl. Klöwer, G. G., Der Genossenschaftsaufbau in Ägypten unter Anwar el Sadat. In: Entwicklung und ländlicher Raum, 16. Jg., H. 1, S. 22 f.

[13] Vgl. Seibel, H. D., a.a.O., S. 135 ff.

[14] Ebenda, S. 137.

[15] BMZ 312-Z 7410 – 51/77, S. 10 f.

[16] Kötter, H., Selbsthilforganisationen als Instrument der «Integrierten ländlichen Entwicklung». In: DSE, a.a.O., S. 17.

[17] Baldus, R. D., Eigenständige Selbsthilforganisationen und ihre Anwendung in der Entwicklungspolitik. In: DSE, a.a.O., S. 121.

[18] BMZ 312-Z 7410-51/77, S. 12.

[19] Dülfer, E., Aufbau und Förderung von Selbsthilforganisationen in Entwicklungsländern nach dem «Phasenschema». In: Zeitschrift für das gesamte Genossenschaftswesen, Bd. 27, H. 1, 1977, S. 17.

[20] Müller, J. O., Motivation und Anleitung zur Partizipation bei Mitgliedern von Selbsthilforganisationen. In: DSE, a.a.O., S. 182 ff.

[21] Vgl. dazu bspw. Bergmann, T., a.a.O., S. 29 ff.

[22] Dams, T., «Grüne Revolution» oder «Integrierte ländliche Entwicklung» – Ausweg aus der Welternährungskrise. In: Landeszentrale für politische Bildung des Landes Nordrhein-Westfalen (Hrsg.), Neue Weltwirtschaftsordnung – Bedingung für eine Zukunft des Friedens?, Köln 1979, S. 82 ff.

[23] Vgl. dazu insb. Endreß, R., Strategie und Taktik der Kooperation: Grundlagen der zwischen- und innerbetrieblichen Zusammenarbeit, Münster 1975, S. 62 ff.

[24] Kuhn, J., Zu den Interessen von Mitgliedern landwirtschaftlicher Genossenschaften in Entwicklungsländern. In: Dülfer, E., Zur Krise . . ., S. 102, weist darauf hin, daß beispielsweise Beratungsdienste im landwirtschaftlichen Bereich erst dann wirkungsvoll werden, wenn gleichzeitig die Absatzbedingungen für landwirtschaftliche Produkte verbessert werden.

[25] Chukwu, S. C., Moderne Kreditsicherung im Rahmen afrikanischer Gesellschaftsordnungen, Marburger Schriften zum Genossenschaftswesen, Reihe B, Bd. 12, Göttingen 1976, berichtet über die Möglichkeiten der Kreditsicherung in afrikanischen Ländern.

[26] BMZ 312-T 7410-51/77, S. 23 f.

[27] Vgl. dazu Stockhausen, J. v., Finanzierung von Selbsthilfeorganisationen in Entwicklungsländern. Vortrag auf der Tagung der DSE «Selbsthilfeorganisationen als Instrument der ländlichen Entwicklung» v. 1.–12. 10. 1979 in Berlin, Manuskript, S. 29 f.

[28] Trappe, P., Aspekte der Massenmobilisierung. In: Giordano, Ch. u. R. Hettlage, Mobilisierung oder Scheinmobilisierung. Genossenschaften und traditionelle Sozialstruktur am Beispiel Siziliens, Basel 1975, S. XII.

[29] Ebenda, S. 13.

[30] Vgl. dazu Müller, J. O., Voraussetzungen und Erfahrungen bei der Errichtung von Genossenschaften in Europa vor 1900, Göttingen 1976, S. 75 ff.

[31] Dazu sind verschiedene Beiträge enthalten in Dülfer, E. (Hrsg.), Zur Krise . . ., a.a.O.

Sachregister

Ludwig-Erhard-Stiftung

Symposium IX
Marktwirtschaft draußen
Beispiele geglückter Übernah-
men oder Ansätze in Ländern der
Dritten Welt
1982. Etwa 120 S., kart. etwa
DM 36,–

Symposium VIII
**Soziale Marktwirtschaft im
vierten Jahrzehnt ihrer
Bewährung**
1982. VIII. 196 S., kart. DM 38,–

Symposium VII
**Zwischenbilanz der Diskus-
sion über eine neue Weltwirtschaftsordnung**
1981. VI, 151 S., kart. DM 28,–

Symposium VI
**Brauchen wir wirtschaftliches
Wachstum?**
1980. V, 97 S., kart. DM 24,–

Symposium V
**Informationstechnik und
Liberalität**
1980. VI, 153 S., 23 Abb., kart.
DM 28,–

Symposium IV
Wilhelm Röpke
Beiträge zu seinem Leben und
Werk
1980. VI, 123 S., kart. DM 28,–

Symposium III
**Sicherung und Fortent-
wicklung der sozialen Marktwirtschaft**
Ordnungspolitische Aufgaben
1979. VIII, 275 S., kart. DM 38,–

Stützel/Watrin/Willgerodt/
Hohmann
**Grundtexte zur Sozialen
Marktwirtschaft**
Zeugnisse aus zweihundert
Jahren ordnungpolitischer
Diskussion
1981. 484 S., kart. DM 48,–

Stützel/Watrin/Willgerodt/
Hohmann
**Standard Texts an the Social
Market Economy**
Two Centuries of Discussion
1982. Approx. 400 pp., pb. approx.
DM 56,–

 **Gustav Fischer Verlag
Stuttgart · New York**